ullstein

Wir sind doch alle längst gleichberechtigt? Wirklich? Wieso gibt es dann immer noch einen signifikanten Gender-Pay-Gap, wieso verdient eine Frau, die Mutter geworden ist, im Laufe ihres Lebens knapp 61 Prozent weniger als ein Mann, und wieso gehen dann immer noch 58 Prozent aller Väter überhaupt nicht in Elternzeit? Nicht mal einen Monat lang? Alexandra Zykunov hat in diesem Buch nicht nur die schlimmsten Bullshitsätze gegen Frauen versammelt, sondern sie auch alle einzeln und gründlich zerlegt. Damit bei der nächsten Familienfeier einmal Fakten statt Fake News auf den Kaffeetisch kommen.

„Wenn das Patriarchat kommt, dann sagt es nicht ‚Achtung, ich werde dich unterdrücken', sondern es sagt: ‚Toll, wie viel dein Mann dir zu Hause hilft.' Alexandra Zykunov hat gesammelt, was wir uns nicht mehr anhören sollten."

Lara Fritzsche, stv. Chefredakteurin *SZ Magazin*

Alexandra Zykunov, geb. 1985, ist Co-Redaktionsleiterin des Magazins *Brigitte BE GREEN*, Redakteurin für feministische und gesellschaftliche Themen bei der *BRIGITTE* und Keynote-Speakerin. Außerdem ist sie als *@alexandra___z* eine reichweitenstarke Stimme auf Instagram. Ihre pointierten Texte über die Unsichtbarkeit von Frauen- und Familienthemen in der Politik sprechen Tausenden von Frauen aus der Seele und gehen regelmäßig viral. Sie lebt mit ihrem Partner und zwei Kindern in Hamburg.

Von Alexandra Zykunov ist in unserem Hause außerdem erschienen:
Was wollt ihr denn noch alles?!

Alexandra Zykunov

„wir sind doch alle längst gleich berechtigt!“

25 Bullshitsätze
und wie wir sie
endlich zerlegen

Ullstein

Besuchen Sie uns im Internet:
www.ullstein.de

Wir verpflichten uns zu Nachhaltigkeit
- Papiere aus nachhaltiger Waldwirtschaft und anderen kontrollierten Quellen
- ullstein.de/nachhaltigkeit

MIX
Papier | Fördert gute Waldnutzung
FSC® C021394
www.fsc.org

Originalausgabe im Ullstein Taschenbuch
1. Auflage März 2022
8. Auflage 2024

Umschlaggestaltung: zero-media.net, München
Titelabbildung: © privat
Satz: Pinkuin Satz und Datentechnik, Berlin
Gesetzt aus der Kepler Std light
Druck und Bindearbeiten: ScandBook, Litauen
ISBN 978-3-548-06533-5

Dieses Buch ist für
meinen Sohn und meine Tochter.
Damit sie in 30 Jahren hoffentlich nicht dieselben
Grabenkämpfe ausfechten
müssen wie wir heute.

Inhalt

„Einer der Hauptgründe für die Diskriminierung von Frauen in der Arbeitswelt ist ein überkommener, aber weitverbreiteter Irrglaube, der jeglicher Grundlage entbehrt, nämlich dass Frauen und Kinder zusammengehören und Männer und Arbeit."

Ruth Bader Ginsburg

Vorbemerkung

Es geht in diesem Buch sehr viel um Verhaltensmuster von „Männern“ und „Frauen“, um Rollenbilder, die typischerweise „Männern“ und „Frauen“ zugeordnet werden, und die Erwartungshaltung unserer Gesellschaft, die an „Männer“ und „Frauen“ in verschiedenen Alltagssituationen herangetragen werden. Dabei verwende ich die Begriffe „Männer“ und „Frauen“ immer wieder verallgemeinernd, was an sich natürlich Quatsch ist, weil es nicht *die* Männer oder *die* Frauen gibt.

Ich schreibe ebenfalls viel über Partnerschaften, Ehen und Familien, die aus Männern und Frauen bestehen, und verwende auch diese Begriffe verallgemeinernd, obwohl das natürlich genauso ein Quatsch ist, weil es nicht *das* Beziehungs- oder Familienmodell gibt.

Zum Glück leben wir in einer Gesellschaft, in der es vielfältige Geschlechtsidentitäten gibt. Zum Glück leben wir in einer Gesellschaft, in der es vielfältige Beziehungs-, Lebens-, und Familienmodelle gibt. Das Problem ist nur, dass diese Vielfältigkeit ständig und überall unterdrückt und verschleiert wird, von einem durch und durch patriarchalen System und einem durch und durch einseitigen Familien- und Rollenbild: „Es gibt *die* heterosexuelle cis-Frau, es gibt *den* heterosexuellen cis-Mann, und wenn sie sich verlieben und zusammen ein Kind bekommen, sind sie die perfekte heterosexuelle cis-Vorzeigefamilie und leben glücklich und zufrieden bis an ihr Lebensende.“

Um also die patriarchalen Strukturen aufzuzeigen, die uns immer wieder in diese typischen Rollenzuschreibungen zwängen, muss ich mit den Begrifflichkeiten aus ebendiesen typischen Rollenzuschreibungen argumentieren – um sie herauszuarbeiten und dadurch zu entlarven.

Es gibt also nicht „die" Frau oder „den" Mann – nur wird uns leider ständig eingetrichtert, dass es so zu sein hat.

Ein paar Worte, bevor es richtig losgeht

Ich sage es euch, wie es ist: Ich hasse Einleitungen in Büchern. Ich denke dann immer: „Komm zum Punkt, ich will mit dem Text loslegen!" Gleichzeitig aber traue ich mich meist nicht, die Einleitung nicht zu lesen, weil ich Angst habe, etwas zu verpassen. Also halte ich es hier sehr kurz, für alle, denen es auch so geht.

Warum schreibe ich dieses Buch? Weil ich, vor allem seit ich Mutter bin, einfach zu oft Sätze gehört habe wie „Vermisst du dein Kind nicht, wenn du das Wochenende wegfährst?" oder „Die meisten Frauen wollen doch gar keine Karriere machen" oder „Frauen können das mit dem Geschenkebesorgen von Natur aus besser" oder, der absolute Klassiker, „Ein Kind gehört nun mal zur Mutter". Je mehr ich als Journalistin oder Content Creatorin diese Sätze thematisierte, je mehr ich mich darüber ausließ, desto mehr neue Leserinnenbriefe und Nachrichten erhielt ich. Nachrichten von Frauen, die mir erzählten, dass auch sie solche Sätze ständig und überall zu hören bekommen. Ob wir denn, ohne es mitzubekommen, wieder in die 1960er-Jahre katapultiert wurden, fragten sie mich. Und was zur Hölle sie denn auf diese Bullshitsätze ihrer Großonkel, Schwiegerväter, Ehemänner oder eben auch Freundinnen und Kitamütter antworten sollen. Je mehr ich mich damit beschäftigte, je tiefer ich in der Klischeekiste herumwühlte, desto weniger konnte ich fassen, was ich da las, desto weniger konnte ich glauben, *wie viele* Menschen und Gruppen in unserer Gesellschaft diese

Klischees tatsächlich noch glauben, und desto wütender wurde ich.

„Um Wandel herbeizuführen, braucht es Wut", sagt Autorin Ciani-Sophia Hoeder[1]. Nur wird diese Emotion bei Frauen leider nicht so gern gesehen. Sie stört. Und zwar vor allem die, die wollen, dass alles so bleibt, wie es ist. Folglich ist gerade weibliche Wut ein direkter Hebel, um Sachen zu verändern. Wie praktisch also, dass auch ihr beim Lesen dieses Buches ziemlich wütend sein werdet. Wieso? Weil das Buch euch mit dem Zerlegen der Bullshitsätze Stück für Stück und Ebene für Ebene zeigen wird, wie sehr Frauen (und insbesondere Mütter) in diesem reichsten Land Europas im Jahr 2022 noch immer benachteiligt, finanziell abhängig und kleingehalten werden. Und wer davon eigentlich profitiert. Mit System und voller Absicht.

Denn es ist eben nicht „jede ihres Glückes Schmiedin", und die Frauen haben sich das auch nicht „alles freiwillig so ausgesucht". Nur möchte jemand unbedingt, dass wir daran glauben. Spoiler: Es ist das Patriarchat. Das möchte nicht, dass wir uns des Systems hinter der Unterdrückung bewusst werden. Es möchte nicht, dass wir wütend werden. Und es möchte schon gar nicht, dass wir kollektiv wütend werden. Wie blöd, denn am Ende jedes Kapitels werden wir alle sehr wütend werden.

Und ich schreibe dieses Buch auch, weil ich diese Vorstellung im Kopf habe, von einem Gespräch mit meiner erwachsenen Enkeltochter. Wie ich ihr in 50 Jahren erzähle, wie es in den Zwanzigerjahren so war, als Frau in Deutschland. Und wie sie beim Zuhören ihren Mund kaum zubekommen wird. Ich höre, wie sie mir Fragen stellen wird wie „Wirklich, Oma, bei euch haben sich fast nur Mütter um die Babys gekümmert? Wie, es gab kein Care-Arbeitsgeld für diese Frauen? Wie ging denn das finanziell? Dann hattet ihr damals ja nur die Wahl zwischen Abhängigkeit vom Mann und Altersarmut. Und für Allerziehende war das ja der komplette Super-GAU Und wieso bitte haben Frauen bei euch für dieselbe Arbeit weniger Geld bekommen? Wieso haben denn da eure Politiker*innen nichts unternommen?“

Ich möchte genau in diesem Moment ihre Hand nehmen, nicken und dieses wohlig-warme Gefühl spüren, das sich in mir ausbreitet, weil ich wissen werde, dass sie nur deswegen so fassungslos ist, weil ihre Realität längst eine andere ist. Weil wir es geschafft haben. Weil wir es tatsächlich geschafft haben, Parität herzustellen. Und zwar schneller als in den 120 Jahren, die uns die aktuelle Forschung für das Erreichen dieses Zieles vorhersagt. Wäre super, wenn wir es vielleicht doch in den nächsten 50 Jahren hinkriegen würden. Sodass ich es noch erlebe und weiß, dass sich der ganze Stress gelohnt hat.

Also, macht es euch bequem, legt euch ein paar beruhigende Tees und ein bisschen Baldrian zurecht, habt eure Handys griffbereit mit entspannendem Cat-Content oder Meeresrauschen-Videos für zwischendurch. Es geht los.

„Hast du ein Glück, dass dein Mann zu Hause so viel mithilft!“

Beginnen wir unsere Reise der Zerlegung mit einem Klassiker der Bullshitsätze. Und zwar mit einem, der ganz besonders wehtut – weil man erstens auf Anhieb nicht unbedingt versteht, was daran jetzt eigentlich schlimm sein soll, und zweitens, weil man sich dabei häufig ertappt fühlt. Man hat diesen Satz vielleicht schon selbst gehört oder – noch schlimmer – ihn einer anderen Frau gegenüber schon mal genau so formuliert. Warum, könnten jetzt einige fragen, ist dieser Satz denn überhaupt ein Bullshitsatz? Es ist doch eigentlich eine gute Entwicklung, wenn ein Mann mehr im Haushalt hilft als zum Beispiel seine Kumpels oder Kollegen. Stimmt, das wäre eine gute Entwicklung – wenn wir im Jahr 1960 leben würden. Dieser Satz ist aber auch im Jahr 2022 überall auf Spielplätzen, in Kinderbüchern und in den Kommentarspalten Tausender Social-Media-Beiträge genau so zu lesen. Und das ist ein sehr großes Problem. Aber eins nach dem anderen.

Das Schlimmste an dem Satz ist das harmlose Verb: „hilft“. Ich h e l f e der Freundin, wenn ihr der Kaffee auf dem Schreibtisch ausgekippt ist. Ich helfe dem Vater, dessen Fahrrad umgefallen ist und der die Hände voll mit Taschen, Windeln und Kind hat. Oder der Kollegin bei ihrer Präsentation, weil sie mich darum gebeten hat. Das ist der Knackpunkt: Meine Hilfe ist freiwillig, ich tue der zu Helfenden einen Gefallen, es ist nicht meine Verantwortung, ihr zu helfen, es ist nicht mein Schreibtisch, nicht mein Fahrrad, nicht meine Präsentation, aber ich helfe ihr trotzdem – auch wenn ich es nicht muss. Vor diesem Hintergrund stellen wir uns jetzt einen Mann vor, der seinen eigenen dreckigen Teller in den Geschirrspüler räumt. *Wow. Er hilft aber gut mit!* Falsch. Es ist sein Drecksteller und seine Verantwortung, ihn wegzuräumen. Wir stellen uns einen Mann vor, der beim kranken Kind zu Hause bleibt. *Wow. Er hilft aber gut mit!* Falsch. Es ist auch sein Kind und seine Verantwortung. Da ist ein Vater, der mit seinen Kindern nachmittags auf den Spielplatz geht. *Wow. Er hilft aber gut mit!* Falsch. Es ist seine Fürsorgepflicht, es sind seine Kinder, ist sein Haushalt, sein Alltag! Er ist kein Gast in diesem Alltag, wie in einem Hotel, das er im Sommer zwei Wochen lang benutzt, und was die restlichen 11,5 Monaten darin passiert, interessiert ihn nicht.

Ach komm, Alex, jetzt sei mal nicht so korinthenkackerisch, könnte man jetzt sagen. *Es ist doch nur ein Wort. Ist doch klar, was damit gemeint ist.* Joa, würde ich da antworten, Sprache schafft nun mal Realitäten. Wenn wir von Männern sprechen, die „helfen", statt von Männern, die einfach ihren Aufgabenbereich für ihre Familie, ihr Heim und den Haushalt darin übernehmen, sprechen wir ihnen jegliches Recht ab, sich dafür auch aktiv verantwortlich zu fühlen. Begriffe wie „helfen" oder – noch schlimmer – „entlasten" oder – noch viel schlimmer – „eine Auszeit gönnen" meinen, dass er für diese Last per se nicht zuständig ist und dass es da eine andere Person gibt, die diese Last n o r m a l e r w e i s e trägt – nämlich die Frau. Dafür hat der Mann offenbar die Möglichkeit, seiner Partnerin besagte Auszeiten zu „gönnen". Die eine arbeitet, und der andere räumt ihr Auszeiten ein? Als wäre er der Chef, der CEO im Unternehmen Familic? Ernsthaft?

Was ich damit sagen will: Sätze wie „Mein Mann hilft viel mit" oder „Mein Mann muss heute mal babysitten" kippen noch mehr Zement auf die sowieso schon einbetonierte Rollenverteilung. Wie soll sich also das Bild des care-arbeitenden Mannes etablieren, wenn unsere Sprache und die Bilder, die wir mit ihr kreieren, die wir in unsere Lehrbücher schreiben, in der Werbung platzieren und an unsere Kinder weitergeben, unterstreicht, dass der Vater im eigenen Alltag nur Gast ist?

Die Absurdität dieses Satzes wird besonders dann deutlich, wenn man ihn einfach umdreht und den Satz so formuliert: „Hast du ein Glück, dass deine Frau bei den Kindern so viel mithilft. Es ist echt nicht leicht, so eine Frau zu finden. Und dann hilft sie dir auch noch im Haushalt?! Wow!" Na, hört sich merkwürdig an? Wieso? Weil wir es als normal empfinden, dass eine Frau im Haushalt etwas macht und sie dafür nicht extra abgefeiert werden muss. Warum aber fühlt sich der Satz nur bei einer Frau so absurd an, nicht aber beim Mann? Na weil wir mit diesen Sätzen ebendiese unterschiedlichen Bilder zementieren.

Also, bitte lasst uns Worte wie „helfen", „unterstützen" oder „entlasten" in diesem Kontext ein für alle Mal streichen und durch so etwas ersetzen wie: „Hast du ein Glück, dass dein Mann seinen Teil der Verantwortung übernimmt!" Denn genau an dieser Stelle beheben wir ganz einfach, mit nur ein paar anders gewählten Formulierungen, die Schieflage und stellen sofort fest: Eigentlich ist das ganze Lob ja hinfällig, denn er übernimmt einfach seinen Teil. Er wohnt auch in diesem Haushalt und war wahrscheinlich nicht minder an der Anschaffung unserer Kinder beteiligt, warum sollte also die Frau alleine verantwortlich sein? Eben.

So können wir mit Sprache ein Stück weit eine andere

Realität erschaffen. Und nun schauen wir uns mal die Faktenlage hinter diesem Bullshitsatz an. Was dieser Satz ausdrücken möchte, ist, dass sich schon so einiges tut in deutschen heterosexuellen Partnerschaften und dieser moderne Mann schon so viel mehr übernimmt als beispielsweise seine Kumpels, Kollegen oder all die Väter eine Generation vor ihm. Tatsächlich ist diese Meinung nicht nur gefühlt weit verbreitet, sondern auch mit Zahlen belegt: So gaben in einer Allensbachstudie 69 Prozent der Befragten an, dass sie zumindest den Eindruck haben, dass sich Väter heute mehr an der Erziehung und Betreuung beteiligen als noch vor 10 bis 15 Jahren.[2]

Um die Zerlegung dieses Eindrucks und des damit eng verwandten Bullshitsatzes bestmöglich vorzubereiten, möchte ich euch an dieser Stelle mit dem guten alten Patriarchat bekannt machen, dem Buzzword, das in diesem Buch an circa fünf Millionen Stellen auftauchen wird. Das Patriarchat beschreibt ein gut 5000 Jahre altes System aus Beziehungen, Hierarchien, Denk- und Verhaltensmustern, die allesamt auf der „Herrschaft der Väter" beruhen. Sprich: Wenn wir heute vom Patriarchat sprechen, meinen wir damit, dass unser ganzes Denken und Handeln seit 5000 Jahren von Männern bestimmt, von Männern für richtig befunden, von Männern in Gesetzestexten zementiert und Geschichtsbüchern dokumentiert und so Jahrtausende lang bis in die heutige Zeit tradiert und (mit Gewalt) durchgesetzt wurde. Weil Männer ihre Führungsmacht erhalten wollen, müssen sie alle anderen Minderheiten wie Frauen, People of Color, LGBTQIA+, Menschen mit Behinderung und einfach alle, die nicht dem Bild eines (meist weißen), maskulinen, cis-Mann entsprechen, körperlich, geistig, kulturell, finanziell, materiell, juristisch und in vielen anderen Formen unterdrücken. Heißt übersetzt: Ehemänner unterdrücken ihre

Ehefrauen, Brüder ihre Schwestern, Väter ihre Töchter, fremde Männer fremde Frauen, Chefs ihre Mitarbeiterinnen, Kollegen ihre Kolleginnen, Professoren ihre Studentinnen, Schüler ihre Mitschülerinnen, Politiker ihre Parteifreundinnen, Regisseure ihre Schauspielerinnen, Musikproduzenten ihre Sängerinnen und so weiter und so schrecklich fort.

Während das Patriarchat in verschiedenen Teilen dieser Welt unterschiedlich stark ausgeprägt ist (Femizide, Gewalt gegen Frauen, Zwangsehen, Ausschluss von Frauen und Mädchen aus Schulen und Universitäten usw.) und Institutionen wie Terre des Femmes, Oxfam oder die UN regelmäßig Listen erstellen, wie es in den Ländern der Welt um die Frauenrechte bestimmt ist, arbeitet das Patriarchat in Ländern des globalen Nordens, wie Deutschland, besonders subtil. Und zwar indem es einfach so tut, als wäre es gar nicht mehr da. Sätze wie „Frauen und Männer können heutzutage doch beide Karriere machen", „Wir hatten jetzt 16 Jahre lang eine Kanzlerin, was wollt ihr denn noch?" oder eben „Männer helfen doch schon viel im Haushalt mit" tragen zu dieser Sichtweise bei.

Das Gefährliche an der Das-Patriarchat-gibt-es-hier-doch-gar-nicht-mehr-Erzählung ist, dass man etwas, das offiziell gar nicht da ist, nicht greifen, nicht benennen und auch nicht dagegen ankämpfen kann. Ein fantastischer Zaubertrick! Also sollten wir bestenfalls immer dann hellhörig werden, wenn meist ältere, meist weiße, heterosexuelle, gut situierte Herren Sätze fallen lassen wie „Wir sind doch alle längst gleichberechtigt" – dann ist es meist das Patriarchat, das da an unserer aller Tür klopft. Wie neulich, als der CDU-Politiker Wolfgang Schäuble mitten im Bundestagswahlkampf 2021 sagte: „Heute haben es Frauen in der Politik nicht mehr schwerer."[3] Und das obwohl im selben Zeitraum der Bundestag so männlich dominiert war wie seit fast 30 Jahren nicht mehr, 91 Prozent aller Bürgermeister*innen männlich waren[4] und Kanzlerkandidatin Annalena Baerbock während des Wahlkampfes 71 Prozent aller Fakenews gewidmet waren, während ihre beiden männlichen Kontrahenten zusammen nur auf 29 Prozent kamen.[5]

Ein anderes Beispiel ist, wenn immer wieder abgefeiert wird, dass mehr Väter in Elternzeit gehen. Ja, stimmt, jedes Jahr nimmt die Zahl dieser Väter zu. Aber erstens gehen aktuell nur vier von zehn aller frischgebackenen Väter überhaupt in Elternzeit[6], das heißt sechs von zehn Daddys machen das immer noch gar nicht. Und zweitens, von diesen 42 Prozent, die überhaupt Elternzeit nimmt: Wie viele davon nehmen zehn Monate und mehr? 7,6 Prozent. Wie viele Frauen aber nehmen zehn Monate und mehr? Richtig, 95,4 Prozent![7] Nahezu alle Mütter gehen länger als zehn Monate in Elternzeit, aber ja, lasst uns ruhig abfeiern, dass immerhin vier von zehn Vätern überhaupt Elternzeit nehmen und auch dann nur acht Wochen – ist doch quasi Gleichberechtigung!

Und so reiht sich in diese Aufzählung auch perfekt unser erster Bullshitsatz ein, der diesem Kapitel seinen Namen gibt. Kommen wir also zum Faktencheck: Die bekannte Soziologin Jutta Allmendinger, Präsidentin des Wissenschaftszentrums Berlin für Sozialforschung, fasst es in ihrem Buch so gut zusammen, dass man beim Lesen aus dem Sich-gegen-die-Stirn-Klatschen nicht mehr herauskommt. Bereit? 1992 lag der Anteil der Männer an der Care-Arbeit bei 31 Prozent. Heißt, zwei Drittel des Kochens, Putzens, Kümmerns, Tröstens, Lernens, Planens, Packens, Pflegens usw. erledigte die Frau, ein Drittel der Mann. Im Jahr 2016 war dieser Anteil „schon" auf 37 Prozent angestiegen.[8] Man könnte jetzt diskutieren, ob der Anstieg von sechs Prozentpunkten in einem Vierteljahrhundert wirklich ein so großer Schritt ist – bedeutet es doch, dass wir bei dem Tempo von jetzt an noch mal mehr als 50 Jahre warten müssen, bis wir bei einer 50/50-Aufteilung ankommen –, aber wir wollen ja jeden noch so kleinen Babyschritt feiern. Also, sechs Prozentpunkte – yay! Klingt, als wäre der oben besprochene Satz doch kein Bullshitsatz, denn: Männer übernehmen offenbar statistisch gesehen heute tatsächlich mehr Care-Arbeit als noch vor einem Vierteljahrhundert. Oder?

Nicht ganz, denn jetzt kommt der Haken. Selbst diese sechs Prozentpunkte sind leider Augenwischerei, Care-Arbeits-Greenwashing sozusagen, denn: Frauen leisteten seit 1992 weniger Care-Arbeit, und daher haben sich die Anteilverhältnisse einfach nur verschoben. Frauen gingen seit 1992 viel häufiger erwerbsarbeiten, und wenn man mehr Stunden im Betrieb verbringt, der Tag aber weiterhin nur 24 Stunden hat, hat man zwangsläufig weniger Care-Arbeitsstunden zur Verfügung. Das heißt, der Männeranteil an Care-Arbeit ist nicht gestiegen, weil sich Männer in den letzten Jahren mehr eingebracht haben. Nein, Frauen haben einfach nur insgesamt weniger Care-Arbeit gemacht, und die ist dann eben einfach liegen geblieben. Ansonsten hat sich an den konkreten Stunden der Männer im Haushalt und bei der Erziehung im letzten Vierteljahrhundert einfach rein gar nichts verändert[9]. Die aktuellen Zahlen sehen also wie folgt aus: Bei einem heterosexuellen Paar, 34 Jahre alt, mit Kindern, care-arbeitet ein Mann pro Tag 2 Stunden 31 Minuten, eine Frau hingegen 5 Stunden 18 Minuten. Das ergibt ein Care-Arbeits-Gap von 110,6 Prozent.[10] Das ist mehr als doppelt so viel Zeit, und zwar jeden – einzelnen – Tag!

Aber wie kann denn das sein, könnten jetzt die Fabians und Martins protestieren. *Wir wickeln, kochen und wischen doch wirklich so viel mehr als unsere Väter!* Tja, klassisches Bubble-Phänomen. In eurer Bubble wickelt, kocht und wischt ihr vielleicht wirklich mehr, aber bei allen Daddys deutschlandweit spiegeln sich diese Zahlen einfach nicht wider. Und selbst wenn ihr mehr tut als eure Väter, stellt sich schon die Frage, ob man sich jetzt wirklich dafür abfeiern möchte, besser abzuschneiden als Männer vor rund 40 Jahren, als das Land noch geteilt war, Vergewaltigungen in der Ehe keine Straftat waren, Frauen per Gesetz zur Hausarbeit verpflichtet wurden und nur dann erwerbsarbeiten durften, wenn sich das mit Ehe und Haushalt vereinbaren ließ und zumindest in Westdeutschland das Ein-Ernährermodell flächendeckend DAS Familienmodell war. Ja, im Vergleich zu dieser Zeit ist der Männertyp 2022 mit seinen zwei Monaten Elternzeit quasi die Alice Schwarzer unter den Väter-Emanzen.

Dass sich aber an der Verteilung der Care-Arbeit so unfassbar wenig getan hat, obwohl die Frauen dieser Väter-Emanzen Jahr für Jahr mehr Erwerbsarbeit schultern, damit sollten diese Männer sich auch kritisch auseinandersetzen und nach dem Warum fragen. Denn hinzu kommt, dass Brei kochen, Kitaeingewöhnung und Windeln wechseln nur der sichtbare Teil der Care-Arbeit ist. Dieser Teil ist zumindest öffentlich mehr in den Fokus gerückt – das ist sicherlich ein Grund, warum die „neuen Väter" in der Selbstwahrnehmung und auch in der gesellschaftlichen Außenwahrnehmung zwar spürbar vorhanden sind, sich das aber in den Stunden der Care-Arbeit nicht widerspiegelt. Der erst seit ein paar Jahren hierzulande bekannte Begriff Mental Load hingegen ist ein gänzlich neuer, unsichtbarer und als Phänomen noch nahezu unerforschter Teil der Care-Arbeit, der nur zu gern vergessen wird.

Das sagen übrigens nicht nur feministische Stimmen aus Medien oder Genderforschung. Selbst der kürzlich veröffentlichte Väterreport 2021 der Bundesregierung dämpft die

Selbstwahrnehmung der „neuen Väter", die in diesem Bericht eigentlich gefeiert werden sollen: Zwar geben immerhin 25 Prozent aller Väter an, dass sie in ihren Beziehungen etwa die Hälfte der Kinderbetreuung übernehmen, fragt man aber die Mütter, können das nur 10 Prozent von ihnen bestätigen. Dieser Wahrnehmungsunterschied, so die Studienverfasser*innen, „kann daran liegen, dass Väter den Aufwand für die Kinderbetreuung unterschätzen, weil sie wegen unzureichender Erfahrung nicht genau wissen, welche Familienarbeit insgesamt anfällt. Möglicherweise sind ihnen beispielsweise Organisationsaufgaben, Fahrten und Arztbesuche nicht präsent."[11] Ist schon lustig, dass selbst eine Studie der Bundesregierung feststellt, dass der hier gemeinte sogenannte Mental Load, der ja meist unsichtbar bleibt, die Eigenwahrnehmung der neuen Väter etwas verzerrt.

Ganz kurz zum Ursprung: Der Begriff Mental Load kommt aus der *Cognitive Load Theory*, die Theorie wird meist in der Didaktik verwendet, um aufzuzeigen, wie das Gehirn beim Lernen den ganzen Wissenserwerb, die Informationen und Probleme in winzig kleine Schritte zerlegt, um sie besser verarbeiten und angehen zu können. Auf Frauen und Mütter übertragen, sind mit Mental Load die winzig kleinen Aufgaben aus Mitdenken, Erinnern, Planen, Organisieren und Synchronisieren des kompletten Alltags-, Freizeit- und Pflichtterminkalenders einer gesamten Familie gemeint, die sich gleichzeitig und in Dauerschleife in ihren Köpfen abspielen. Da dieser Begriff im deutschsprachigen Raum erst 2017 aufgetaucht ist[12], und damit erst seit knapp fünf Jahren greifbar, definierbar und damit theoretisch messbar ist, und erst jetzt erste Projekte und Forschungsgruppen versuchen, den Mental Load in Studien und Stunden zu messen, gibt es keine Langzeitstudien darüber, wie sich der Mental Load der Männer in den letzten fünf, zehn oder auch

25 Jahren entwickelt hat. Da erste Analysen und Beobachtungen zu diesem Thema aber zeigen, dass sich bis zu 86 Prozent aller Frauen und Mütter für den Mental Load zuständig fühlen[13] und in den letzten Jahren mit den astronomisch wachsenden Ansprüchen an die Mutterrolle die Ausmaße des Mental Load ebenfalls gewachsen sind (mehrschichtige Regenbogentorten, Sternekoch-verdächtige Brotdosenarrangements, preisgekrönte DIY-Schultüten etc.), liegt die Schlussfolgerung nahe, dass es in den letzten 25 Jahren nicht nur NICHT zu einer gerechteren Aufteilung der Care-Arbeit zwischen Männern und Frauen gekommen ist – nein, die Diskrepanz wird sich wahrscheinlich sogar noch vergrößert haben.

Und damit ist es leider ziemlich furchtbar, was aktuell passiert: Einerseits wird gerne betont (und 69 Prozent der Bevölkerung glaubt tatsächlich daran[14]), dass wir als Gesellschaft schon so viel weiter sind, dass Männer wickeln, Spülmaschinen ausräumen, Wäsche aufhängen. Andererseits wird in dem Zusammenhang aber gerne verschwiegen oder einfach verkannt, dass Care-Arbeit im Jahr 2022 einfach viel komplexer und zeitintensiver geworden ist. Diese Komplexität wird aber immer noch zu einem ganz großen Teil von den Frauen getragen, gewuppt, organisiert und bedacht. Also sorry, lieber Stephan, Wickeln und Wäsche in allen Ehren – aber Kuchen als Dankeschön für die eine Erzieherin, Essensanmeldung fürs Schulkind, Kindergeburtstag planen, ob die Sportschuhe noch passen, wo das Geschenkpapier liegt, was sich die Schwiegermutter zum Geburtstag wünscht, welche Geschwisterfotos die Kita zur Eingewöhnung braucht, wann die nächste U-Untersuchung ist, der nächste Zahnarzttermin, die nächste Impfung, ob das Kind Nachhilfe braucht, zum Osteopathen muss, zu einer Therapeutin, wann welcher Nachmittagskurs beginnt, wer bringt und abholt und wann die Rate dafür fällig ist, welche Schultütenwünsche das Kind hat und welche Schablonen und Bommel dafür in welchem Laden wann wieder auf Lager sein werden – darum kümmern sich Männer meistens nur dann – sorry – wenn sie alleinerziehend sind, verwitwet oder in einer gleichgeschlechtlichen Partnerschaft leben. In einer Heterobeziehung findet sich nirgendwo in meinem Bekannt*innenkreis ein Vater, der all dies macht, denkt, kauft und regelt. Aber die Mütter, die ich kenne, tun genau das – und zwar ausnahmslos alle.

Und während ich das alles gedanklich durchdringe und in meine Tastatur hämmere, stelle ich fest, dass sich neben alldem ein gänzlich neues Feld an Mental Load auftut, den fast schon naturgemäß auch meist die Mütter besetzen: Inzwischen spielt etwa Nachhaltigkeit bei jungen Familien eine immer größere Rolle, und damit gehört es seit ein paar Jahren zum Mental Load auch dazu, quer durch die Stadt zu rennen, um die zuckerfreien Quetschies, die Öko-Edelmetalltrinkflasche und das GOTS-zertifizierte Stoffwindelset zu besorgen, dann noch eine Stoffwindelberaterin zu recherchieren, mit ihr einen Beratungstermin zu vereinbaren, sicherzustellen, dass der Mann da auch kann oder ihm das Ergebnis hinterher ebenso professionell zu vermitteln – und ihn davon zu überzeugen, dass das sowohl für die Umwelt wie auch fürs Portemonnaie vielleicht ganz gut sein könnte.

Genauso gehört es heute zum guten Ton (und ich befürworte das logischerweise), eine einigermaßen gleichberechtigte und feministische Elternschaft zu leben. Nur: Was auf dem Papier so lobenswert klingt, bedeutet in der Realität, sich bis spät abends auf den einschlägigen Blogs darüber zu informieren, welche Märchenbücher nicht die ewig oberflächlichen Prinzessinnen- und toxischen Männlichkeitsbilder tradieren, wo es die curvy Astronautinnenbarbie of Color zu kaufen gibt und ernsthafte Gespräche mit den Kindern zu führen, warum der eine Junge aus dem Bibi-und-Tina-Kinofilm Bibi hinterhergepfiffen hat, und kindsgerecht zu erklären, warum das eigentlich Scheiße ist. Diese ganze Bildungsarbeit, zu der – wenn man es ganz genau betrachtet – auch das Lesen dieses Buches gehört, kostet Geld, Zeit, Ressourcen, Recherche und ist ein weiterer Teil des Mental Loads, der leider offenbar auch größtenteils in die Verantwortung der Mütter fällt.

Also ja, sicherlich ist das Thema der „neuen Väter", der „modernen Männer" in der Breite angekommen. Das ist gut und wichtig. Aber dass ein Thema diskutiert wird, bedeutet noch lange nicht, dass es auch Veränderungen zu beobachten gibt. Männer mögen gefühlt mehr wickeln, mehr in Elternzeit gehen, mehr Kinderwagen schieben als noch vor 25 Jahren – nur schlägt sich das statistisch und in der Zeit, die sie täglich dafür aufbringen, einfach nicht nieder. Denn die meiste Care-Arbeit ist unsichtbar, wird zum größten Teil von Frauen erledigt und wird immer komplexer. Und ebendieser Zeitaufwand wächst offenbar verhältnismäßig schneller, als der Anteil der Männer, der sich darum kümmert.

Ach komm, Alex, könnte man jetzt meinen, *diese kleinen Schritte abzufeiern, ist doch auch wichtig. Dann übernehmen die meisten Väter bisher nur Wickeln, Kochen oder Kinderwagenschieben und noch nicht den ganzen Mental Load, aber das ist doch besser als nichts, oder?* Ja, aber ganz ehrlich, ist das meine Auswahl als Frau und Mutter im Jahr 2022? Die Wahl zwischen „Dein Mann hilft doch schon mit, sei dankbar" und „Sonst macht er halt gar nichts"?! Damit kommen wir zur finalen Zerlegung des besagten Bullshitsatzes. Denn was an dieser Freu-dich-doch-Argumentation am schlimmsten ist, ist, dass sie uns ausbremst. Indem unser Umfeld und auch wir uns immer wieder vor Augen führen, „wie viel mehr" der Mann schon im Vergleich zu anderen Männern oder zu anderen Generationen übernimmt und wie wir uns darüber gefälligst zu freuen haben, verlieren wir das eigentliche Ziel aus den Augen und feiern ein vermeintliches Zwischenergebnis, das überhaupt keins ist. Was ist denn unser Maßstab? Wollen wir Parität, also die nahezu gleichwertige Aufteilung von Care-Arbeit? Oder wollen wir abfeiern, dass der eigene Partner der Bessere unter den Schlechteren ist? Indem unser Umfeld uns immer wieder einbläut „Sei dankbar, dein Mann hilft schon so viel", bremst es uns aus und zwingt uns, jetzt schon zufrieden und vor allem ruhig zu sein. Und das, obwohl wir noch gar nicht am Ziel sind!

Es ist wie bei einem Marathonlauf: Wir rennen, um ins Ziel zu kommen. Es würde doch auch niemand auf die Idee kommen, uns mitten auf der Strecke zu stoppen und uns am Laufen zu hindern. *Hey, du kannst hier ruhig anhalten. Sei doch dankbar, dass du so weit gekommen bist! Immerhin bist du weitergekommen als viele vor dir. Also hör jetzt lieber auf, das reicht erst mal.* Absurd? Ja. Eine typische Sei-dankbar-Argumentation, die sich hinter „Hast du ein Glück, dass dein Mann so viel mithilft" versteckt? Leider auch.

„Er arbeitet voll, sie nur Teilzeit – ist doch klar, dass sie zu Hause mehr übernimmt."

Kommen wir zur zweiten Ausgeburt aus der Hölle der Möchtegern-Gleichberechtigungssätze zwischen Männern und Frauen. Aber was stört uns eigentlich daran? Es scheint doch einfach eine klare Aufgabenverteilung zu sein: Er arbeitet mehr, also übernimmt sie mehr im Haushalt – ist doch logisch. Sätze wie diese bekomme ich sehr häufig zu hören – und zwar von Vätern und Müttern gleichermaßen, von Jung und Alt, sowohl digital über Social Media als auch gnadenlos analog neben dem heimischen Sandkasten..

Erst vor Kurzem saß ich nachmittags mit mehreren Kitamüttern und ein paar Kitavätern auf dem Spielplatz, und am Abend sollte ein Elternabend für ebendiese Kitaeltern stattfinden. „Na, wer geht von euch hin?", fragte ich hier und da. „Sie" war die häufigste Antwort. So weit, so gewöhnlich. Als dann aber ein Vater meinte, seine Frau würde gehen, damit sie mal abends nicht die Kinder ins Bett bringen müsse, wurde ich hellhörig. „Bringt sie denn bei euch sonst immer die Kinder ins Bett?", fragte ich. Na ja, antwortete der Vater, er gehe ja arbeiten und sie sei aktuell zu Hause, da gehöre Kinder-ins-Bett-Bringen halt dazu. Er meinte es nicht böse, nicht von oben herab, sondern sprach einfach eine logische Schlussfolgerung aus. Logisch für ihn, klar, ist ja auch viel bequemer. Um 18 Uhr hat er Feierabend, danach noch die Kinder ins Bett zu bringen, das wären ja quasi Überstunden. Unbezahlte, selbstverständlich.

„Na ja", antwortete ich, „sie arbeitet ja auch, nur eben zu Hause, und hätte vielleicht auch gerne um 18 Uhr Feierabend. Ihr habt ja beide Anspruch darauf und müsstet am Abend eigentlich beide den Stift oder eben die Windel fallen lassen und alles, was dann noch zu tun ist, gerecht aufteilen." Ein zweiter Vater hörte inzwischen interessiert zu. In seinem Blick las ich eine Mischung aus „Das ist doch verrückt", „Was willst du jetzt eigentlich von uns?" und „Mist, klingt logisch, was sage ich da jetzt?" Dann lachten beide und sagten: nichts. Schnell wurde das Thema gewechselt, und weil wir auf einem Spielplatz waren, ich mit diesen sonst sehr netten Menschen auch weiterhin entspannte Spielplatznachmittage verbringen wollte und auch keine Muße hatte, da jetzt zwischen Wippe und Sandkasten die große Care-Arbeits-Debatte vom Zaun zu brechen, beließ ich es dabei. Seine Frau erschien, wie angekündigt, ein paar Stunden später auf dem Elternabend.

Was ich damit sagen will: Es gibt einen triftigen Grund, warum wir hier an unsere alltäglichen Formulierungen ranmüssen und aufhören sollten von „Arbeit" einerseits und „Zuhausesein" andererseits zu sprechen oder Sätze zu formulieren wie „Nein, ich arbeite gerade nicht, ich bin in Elternzeit" oder Eltern, die nachmittags das Büro verlassen, „einen schönen Feierabend" zu wünschen. Klar, ist nett gemeint, und der Nachmittag wird je nach Stimmung sicherlich schön werden, aber ein Feierabend ist er ganz sicher nicht. Und wir also stattdessen anfangen sollten Begriffe wie Erwerbsarbeit und Care- oder Sorgearbeit zu verwenden. Denn es gilt auch hier: Sprache schafft Realitäten. Der leicht vorwurfsvolle Satz „Schatz, warum hast du es nicht geschafft einzukaufen? Du warst doch den ganzen

Tag zu Hause, während ich im Büro war!", kommt einem viel schwerer über die Lippen, wenn man stattdessen sagen muss: „... du warst doch den ganzen Tag care-arbeiten, während ich im Büro war." Denn natürlich ist Care-Arbeit auch Arbeit, egal, ob sie Vollzeit oder Teilzeit ausgeübt wird.

Eine Arbeit übrigens, die nicht selten um fünf Uhr beginnt und bis nach 22 Uhr andauert. Gerne auch inklusive Nachtschicht, sei es nächtliches Tragen, Wasser bringen, vollgepinkelte oder vollgekotzte Bettwäsche wechseln, Medikamente professionell verabreichen, bei Nachtschreck beruhigen oder um vier Uhr morgens im Auto mit Kind im Kindersitz um den Block fahren, damit das verdammte Baby verdammt noch mal schläft! Pflegt man zusätzlich noch Angehörige, ist alleinerziehend, hat Kind(er) mit Behinderungen oder ist selbst körperlich oder seelisch beeinträchtigt, exponenziert sich Care-Arbeit quasi ins Unermessliche. „Meine Tochter hat das Pitt-Hopkins-Syndrom", schreibt die Autorin Jasmin Dickerson, die selbst Autistin ist. „Ich füttere sie mit püriertem Essen, behalte ihr Gewicht im Auge, da sie zu Untergewicht neigt, begleite sie bei ihren Therapien wie Physiotherapie und Logopädie, entwickle mit ihren Therapeut*innen Wege, über die sie als nonverbales Kind mit mir und anderen kommunizieren kann, verabreiche ihr Medikamente und Einläufe, wickle sie, unterstütze sie beim Trinken, dusche und bade sie und hebe sie in den Rollstuhl und in andere Hilfsmittel. Für den Arbeitsausfall bekomme ich in unserem Fall 728 Euro monatlich ausgezahlt und bin natürlich dankbar dafür. Wenn man sich das genauer anschaut allerdings, ist dieses Geld an viele Bedingungen geknüpft und in der Realität keine ausreichende Aufwandsentschädigung dafür, dass häusliche Pflege nicht nennenswert bei der Rente berücksichtigt wird."[15]

Nicht umsonst sprechen Soziolog*innen bei Care-Arbeit von einer zweiten Schicht, zu der meist Frauen nach dem „Feierabend" ihrer Erwerbsarbeit aufbrechen. Und nicht selten besteht diese zweite Schicht ebenso aus Nachtschichten, Wochenendschichten, Feiertagsschichten. Man stelle sich all die Zuschläge und den Gehaltszettel vor, wenn Care-Arbeit eine entlohnte Tätigkeit wäre. Wie viel höher müsste dieser Lohn dann wohl ausfallen im Vergleich zum besagten Vater (wenn es ihn denn gibt), der um 18 Uhr seinen Stift fallen lässt und ihn um 9.30 Uhr wieder in die Hand nimmt? Und dann ernsthaft schlussfolgert, dass „nur" weil sie Hausfrau ist oder „nur" weil sie Teilzeit arbeitet, sie zu Hause mehr übernehmen sollte? Sollte es nicht viel eher andersherum sein?

Aber warum ist das eigentlich so? Warum wird Hausarbeit nicht als das anerkannt, was es ist – Arbeit? Warum werden Frauen damit abgespeist, dass sie dafür keinen Lohn verlangen dürfen („Ist dir die Liebe zu deinem Kind nicht Belohnung genug?")? Und wer hat eigentlich ein Interesse daran, dass das auch so bleibt? Ich muss etwas ausholen, um das alles zu beantworten. Machen wir also einen kleinen Abstecher in die Geschichte:

Dass Care-Arbeit so viele Stunden eines Tages frisst, dabei unbezahlt bleibt, dadurch ganze Müttergenerationen einem Burn-out entgegenlaufen und dafür am Ende ihres Lebens lediglich von der Altersarmut mit offenen Armen empfangen werden, liegt auch an unserem kapitalistisch geprägten Arbeitssystem. Kapitalismus und Patriarchat geben sich sehr oft ein High five, wir werden das noch an vielen Stellen in diesem Buch erleben. Ganz konkret heißt das: Der Kapitalismus, der je nach Auslegung zwischen 200 und 500 Jahre alt ist, hatte schon immer großes Interesse daran, dass über Care-Arbeit an sich ganz wenig oder gar nicht gesprochen wurde und wird, dass das Thema nicht Teil öffentlicher Debatten wird, nicht unterrichtet wird, weder in Schulen noch an der Uni und schon gar nicht in der Politik ankommt, geschweige denn in einem Wirtschaftsministerium. Denn: Wenn Care-Arbeit weiterhin unsichtbar bleibt und brav und leise meist von Frauen erledigt wird, gewinnt der Kapitalismus mindestens drei Mal:

1) **Bezahlte Care-Arbeit würde den Staat quasi ruinieren.**

Schauen wir uns „das bisschen Haushalt" mal näher an: Frauen schaffen seit Jahrhunderten ganz freiwillig, ganz „natürlich" und völlig umsonst zu Hause eine gemütliche Wohnatmosphäre. Sie polieren das Tafelsilber, häkeln Tischdeckchen und Wandbilder – oder auf unsere Zeit bezogen – kuratieren Dekorationen, besorgen hübsche Kissenbezüge, schleifen Kommoden ab, arrangieren Blumen, recherchieren und kochen leckeres, fettarmes, glutenfreies Essen, pflanzen Bio-Tomatenpflanzen, häkeln Makramee, sorgen für schöne Lichtverhältnisse, saubere Bettwäsche und kuschelige Couchdecken, saubere Küchen und Badezimmer und kreieren damit eine entspannte Wohnatmosphäre für sich und den Feierabend des Mannes, damit er sich von seiner schweren Erwerbsarbeit erholen kann. Diese Erholung ist für den Kapitalismus extrem wichtig, damit der Mann am nächsten Tag wieder kapitalistische Güter produzieren, dafür Geld erhalten und das später für neue Güter ausgeben kann. Problem: In der freien Marktwirtschaft wären die vielfältigen Jobs der Frau ziemlich teuer, schließlich reden wir hier von Aufgabenbereichen als Innenarchitektin, Einkäuferin, Schneiderin, Putzkraft, Kuratorin, Lichtgestalterin, Schreinerin, Floristin, Gärtnerin, Köchin, Produktentwicklerin und Raumpsychologin.

Zwischendurch sollen Frauen außerdem Babys kriegen (schließlich braucht der Kapitalismus neue Arbeiter*innen und spätere Rentenzahler*innen) und sich um die Alten kümmern (wer sonst?). Also eignen sich Frauen auch hier ganz freiwillig und ganz „natürlich" immer wieder neue Expertise aus neuen Berufsgruppen an: Erzieherin, Krankenschwester, Pflegerin, Animateurin, Künstlerin, Motivationstrainerin, Nachhilfelehrerin, Sonder- und Medienpädagogin, Mediatorin, Therapeutin, Eventplanerin, Buchhalterin, Projektleiterin uvm. Und weil all diese Expertinnen auch ganz schön teuer wären, bittet der Kapitalismus immer wieder seinen Kumpel, das Patriarchat, um Hilfe (High five!). Beide heckten schon vor vielen hundert Jahren das Modell aus, all diese Aufgaben dem „natürlichen", aus Liebe geschehenden und damit unbezahlten Aufgabenbereich der Frauen zuzuordnen. Und damit das so bleibt, müssen diese Aufgabenbereiche öffentlich wie wirtschaftlich unsichtbar bleiben.

Ein Beispiel, das sich zwischen dem 18. und dem Übergang ins 19. Jahrhundert, also kurz vor der kapitalistischen Industrialisierung, abspielte, zeigt das sehr gut: Frauen hatten nicht viel, sie konnten nicht wählen, durften am öffentlichen Leben nicht teilhaben, sie durften noch nicht mal in ein Café gehen, um Kaffee zu trinken, weil das ein Ort für denkende, lesende und debattierende Männer war. Augenroll. Immerhin gab es erste Frauen, die an Universitäten studierten, erste Frauen, die Doktortitel bekamen, sogar Zeitungen verlegten, und weil Cafés offenbar tabu waren, kam eine Kultur von privaten Salons und Teegesellschaften auf, in denen sich tatsächlich auch Frauen treffen und mit Männern in einem Raum (wow!) über buchstäblich Gott und die Welt debattieren durften. In Deutschland gab es zu der Zeit sehr viele landwirtschaftliche Betriebe, Frau und Mann arbeiteten und lebten dort gleichermaßen und teilten sich alle anfallenden Aufgaben zu Betrieb, Tieren und Familie – Achtung! – einigermaßen gleich auf.[16] Es sah also nach einer Entwicklung grob in die richtige Richtung für Frauen aus.[17]

Jetzt kommt das Aber: Die Industrialisierung kam, der Kapitalismus haute auf den Tisch, Güter wurden jetzt vorwiegend in Fabriken hergestellt, und auch die Erwerbsarbeit verlagerte sich dorthin. Allerdings nur für die Männer. Frauen kümmerten sich weiterhin um die nicht weniger anstrengende Arbeit und Organisation von Hof, Haus und Familie. Weil mit dieser Entwicklung Höfe zunehmend verschwanden, junge Menschen in die Städte zogen, dort Familien gründeten, fernab von der Großfamilie, den Großeltern und Tanten, wurde Frau und Mutter einmal mehr mit Familienaufgaben überhäuft. Das nahm also gleichberechtigungstechnisch dann doch eine blöde Wendung.

Zufälligerweise genau um diese Zeit wurde das Wort „Familienarbeit“, das der heutigen Care-Arbeit sehr nahekommt, gestrichen und durch das Wort „Familie“ ersetzt. „Arbeit“ war ja jetzt schließlich das, was die Männer in den Fabriken taten.[18] Und „Familie“ das, wofür nur noch die Frauen zuständig waren – aber nicht entlohnt, versteht sich, sondern aus Liebe. Und weil man diese eigentlich unfaire Entwicklung ja irgendwie legitimieren musste – jetzt kommt mein Lieblingspart aus dieser Zeit – wurden durch Schriften, die als revolutionär galten, von Typen wie Charles Darwin, Napoleon, Max Planck, und allen voran Jean-Jacques Rousseau, gänzlich neue, alte Rollenbilder geschaffen: Perfekte Frauen wurden als emotional, fürsorglich, mütterlich, aber dumm beschrieben, Männer hingegen als rational, klug, strebsam und durchsetzungsstark. Gleiches Recht für alle? Napoleon so: „Personen ohne juristisches Recht sind Unmündige, verheiratete Frauen, Kriminelle und Geistesschwache."[19] Frauen wollen sich am öffentlichen Leben beteiligen? Darwin so: „Das würde die frühkindliche Erziehung unserer Kinder gefährden, nicht zu vergessen das Glücklichsein in unserem Heim."[20] Und den Vogel schoss Rousseau ab – ja, der Typ, der die antiautoritäre Erziehung erfand –, der aber Zeit seines Lebens nicht müde wurde, zu erklären, warum man Mädchen unterwürfig erziehen und ihnen Selbstbewusstsein und Eigenständigkeit austreiben sollte[21], und dass eine Frau, und nur eine Frau, sich um Heim und Herd zu kümmern hatte: „Alle Reflexionen der Frauen über das, was nicht unmittelbar mit ihren Pflichten zusammenhängt, sollen auf das Studium der Männer zielen oder auf angenehme Erkenntnisse, deren Gegenstand nur das Geschmackvolle ist; denn was die Werke des Geistes anbetrifft, so übersteigen sie ihr Fassungsvermögen."[22]

Ja Mensch, ist ja total logisch, dass Männer denken und Frauen besser wickeln können, hätten wir eigentlich selbst draufkommen können. Ach nein, das übersteigt ja unser geistiges Fassungsvermögen. Danke, Jungs, für gar nichts.

Das Ergebnis der philosophischen Influencer von damals: Es passierte eine sogenannte Polarisierung der Geschlechtercharaktere, Männer und Frauen eiferten nun diesen beiden Idealbildern aus der Klischeehölle nach, sie tradierten sich die nächsten 200 bis 300 Jahre fort und werden auch heute noch als ein Argument aus der quicklebendigen Chauvi-Mottenkiste herangezogen, wenn Onkel Bernhard bei Giselas 70. Geburtstag allen Anwesenden darlegen möchte, warum ein Mann nun mal arbeiten sollte und ein Kind zur Mutter – und nur zur Mutter – gehört.

Ja komm, Alex, könnte man jetzt meinen, *Max Planck, Charles Darwin, haben sie halt Blödsinn verbreitet.* Joa, dann überzeug Onkel Bernhard mal davon, dass Darwin, DER Begründer der Evolutionstheorie, in Bezug auf Frauen ein Volldepp war. Oder dass Max Planck, von dem es buchstäblich in jeder großen Stadt ein Wissenschaftsinstitut gibt, an der Stelle vielleicht etwas ins Klo gegriffen hat.

Allein dass ich als erwachsene und gebildete Frau bis zu meinem 36. Lebensjahr keine Ahnung von den gruseligen Ansichten dieser weltbekannten Philosophen und Nobelpreisträger gehabt habe, ihre Namen und wissenschaftlichen Arbeiten aber (zu Recht ja auch) unsere Geschichte, unsere Lektüre und Erziehung heute noch prägen, zeigt einerseits den Stellenwert und den Einfluss, den alte weiße Männer aus dieser Zeit immer noch haben, und andererseits, wie wenig ihre strukturellen toxischen und frauenverachtenden Müttertheorien und Frauenbilder weder damals noch heute kritisch durchleuchtet werden. Kapitalismus und Patriarchat können also relativ stolz auf sich sein, haben sie es doch geschafft, eine einigermaßen emanzipatorische Entwicklung von vor ein paar hundert Jahren aber so was von ins Klo zu spülen, damit Care-Arbeit bei der Frau bleibt, aber weiterhin schön unbezahlt. Puh, noch mal Glück gehabt.

2) Pflege und Erziehung bringen einfach kein Geld ein.

Der Kapitalismus will nur für wertvolle Güter Geld ausgeben, die neues Geld bringen. Pflege, Erziehung und Care-Arbeit insgesamt haben im kapitalistischen System keinen Wert, man kann Pflege nicht skalieren, und das Patent für ein gut entwickeltes Kind kann man nicht teuer weiterverkaufen. Selbst der bekannteste Antikapitalist seiner Zeit, Karl Marx, vergaß irgendwie bei all seiner Kapitalismuskritik zu erwähnen, dass neben den unmenschlich bezahlten „Sklaven" in den neumodischen Fabriken Frauen komplett unbezahlte Sklaven der Hausarbeit waren, die man auch entlohnen müsste – aber Fehlanzeige.[23] Eine passende Anekdote dazu lieferte der Wegbereiter des Wirtschaftsliberalismus, Adam Smith, höchstpersönlich. Als er seine Theorien vom Marktmechanismus formulierte, die wir heute als Höher-Schneller-Weiter kennen, vergaß er, dass all das Höher-Schneller-Weiter der Geschäftsleute nur deswegen funktionierte, weil sie zu Hause Mütter, Frauen und Schwestern hatten, die Essen kochten und die Kinder versorgten. Smith selbst wohnte einen Großteil seines Lebens bei seiner Mutter[24], stellte die Genderforscherin Franziska Schutzbach kürzlich in einem Interview klar. „Er hätte merken müssen, dass seine Produktivität nur durch eine Frau möglich war, die gratis arbeitet. Nichts davon ist in seine Theorien eingeflossen."[25]

Kurzum, der Kapitalismus vertritt bis heute die Meinung: Frauen sollen kein Geld für Pflege, Kümmern und Erziehen erhalten, weil das, was sie da machen – glückliche Babys und Schwiegermütter und so – wirtschaftlich nicht relevant ist. Unfair? Richtig. Frauen sollten auf die Barrikaden gehen? Absolut. Dagegen wehrt der Kapitalismus sich aber mit Händen und Füßen. Also bittet er das Patriarchat wieder um Hilfe (High five), um Frauen zusätzlich zur Care-Arbeit mit immer neuen, sinnbefreiten, an sie herangetragenen Mütteridealen (selbstgebastelte Weihnachtswichteltürchen, selbst geschneiderte Bio-Strampler und Design-Award-verdächtige Schultüten) zu beschäftigen. Mit unmenschlichen Idealen, die sie zu erfüllen haben, sodass sie am Ende des Tages, der Woche oder des Jahres schier keine Kraft mehr haben, sich gegen diesen ganzen Wahnsinn aufzulehnen. Check.

3) Wenn Männer mehr care-arbeiten würden, können sie ja weniger erwerbsarbeiten.

Care-Arbeit und all die Mechanismen, die sich dahinter verstecken, müssen auch deswegen unsichtbar bleiben, damit die Herren der Schöpfung auch weiterhin brav in die Büros und Fabriken dieser Welt marschieren und ihre kapitalistischen Wertgüter produzieren – und zwar ganz ohne schlechtes Gewissen. Am Ende ist es einfache Mathematik: Der Tag hat nur 24 Stunden. Der Mann geht circa neun Stunden erwerbsarbeiten, acht Stunden schlafen und möchte in den restlichen sieben Stunden leben, essen und auf Toilette gehen können. Wenn die Care-Arbeit eines gemeinsamen Haushaltes, eines gemeinsamen Babys, mit Behinderung vielleicht, oder einer gemeinsam zu pflegenden Schwiegermutter aber offenbar bis zu 17 Stunden eines Tages fressen kann (wir erinnern uns, von fünf Uhr morgens bis 22 Uhr), und das ständig öffentlich thematisiert werden würde, würde sich der einigermaßen aufgeklärte Mann ja schrecklich schlecht fühlen. Und er würde daraufhin diese Care-Arbeitsstunden hoffentlich zumindest teilweise fair aufteilen wollen. Dafür müsste er zwangsläufig seine Erwerbsstunden reduzieren und könnte folglich weniger kapitalistische Wertgüter produzieren und verkaufen. Und das kann ja kein Kapitalismus, der bei Sinn und Verstand ist, wollen.

Und genau deswegen hat unser ganzes kapitalistisches System sehr großes Interesse daran, dass das Kümmern um Haushalt, Kinder, Angehörige und Co. weiterhin möglichst unsichtbar gemacht, möglichst nicht als Arbeit gesehen und möglichst weiterhin mit Pralinen, Blumensträußen und Liebe entlohnt wird und nicht mit Geld – weil die Bezahlung von Care-Arbeit – und jetzt wird es dramatisch – das patriarchal-kapitalistische System, wie wir es kennen, stürzen würde.

Genau deswegen müssen wir darüber reden. Wir müssen sichtbar machen, wie die Mechanismen funktionieren und – wie in diesem konkreten Fall – wie viele Care-Arbeitsstunden ganz konkret anfallen, wie viel diese Stunden wert sind (steht übrigens im nächsten Kapitel) und wie viel Geld die Wirtschaft all den care-arbeitenden Frauen schuldet, es ihnen aber nicht auszahlt.

Ich wäre ja schon zufrieden, wenn das Wort Care-Arbeit oder wenigstens der eingedeutschte Begriff Sorgearbeit im Duden auftauchen würden (tun sie nämlich beide nicht) und somit auch ganz offiziell Gegenstand der deutschen Sprache werden würden. Wie Erwerbsarbeit zum Beispiel. Denn was wir kennen und worüber wir lesen, existiert, und was wir nicht kennen, folglich nicht. Vielleicht sollten wir also damit anfangen, diese Worte sichtbar zu machen. Bis zum finanziellen Ausgleich, fürchte ich, ist es noch ein langer Weg.

Und wenn wir hier ganz zum Schluss zum Bullshitsatz vom Spielplatzvater zurückkommen, müsste der eigentlich lauten: Meine Frau care-arbeitet den ganzen Tag, und ich gehe ins Büro, ist doch klar, dass *ich* abends zu Hause mehr übernehme.

„Aber ich liebe mein Kind – da kann ich doch fürs Kümmern kein Geld verlangen."

Kommen wir nach all der Theorie und Geschichte zu den nackten Zahlen. Zu Summen, um genau zu sein, die unser Staat aufbringen müsste, wenn er Care-Arbeit bezahlen würde. Das Problem ist, dass wir in den allermeisten Fällen zu den eigentlichen Zahlen gar nicht erst kommen, weil alle Unterhaltungen, die in diese Richtung gehen könnten, schon mit der Schlechte-Gewissen-Keule aka mit dem Satz „Ich liebe mein Kind, ich kann doch kein Geld dafür verlangen, dass ich mich darum kümmere" im Keim erstickt werden.

Nachdem wir hoffentlich nach dem letzten Kapitel verstanden haben, dass da nicht unser privates schlechtes Gewissen aus uns spricht, sondern Kapitalismus und Patriarchat uns seit Hunderten von Jahren ins Ohr flüstern, wir sollen uns auf unsere „natürliche" Mutterrolle besinnen, damit kein Geld für Care-Arbeit ausgegeben werden muss, können wir hier entspannt mit der Zerlegung des folgenden Bullshitsatzes beginnen. „Ich liebe es doch, mich um mein Kind zu kümmern, da kann ich doch kein Geld für verlangen." Wäre demzufolge ein Fußballer, der aus inbrünstiger Liebe Tore schießt, keinen Cent wert? Dürfte eine Künstlerin, die aus tiefster Liebe Bilder malt, kein Geld dafür verlangen? Müssten alle erwerbsarbeitenden Menschen, die nach der Prämisse arbeiten „liebe, was du tust", sich gänzlich umsonst abrackern? Ihr merkt, worauf ich hinauswill. Die Liebe zum Sich-ums-Kind-Kümmern und gleichzeitig eine faire Bezahlung dafür zu bekommen, schließen sich nicht gegenseitig aus. Eine Bezahlung für das Kümmern entwertet auch nicht eure Hingabe und Mutterliebe. Nur wollen Kapitalismus und Patriarchat zu gern, dass wir das alle glauben. Lustigerweise ist sogar das komplette Gegenteil der Fall: Eine Entlohnung würde ebendiese Liebe, die Selbstaufgabe von Müttern wertschätzen, sie würde die Arbeit dahinter endlich sichtbar machen und ganz nebenbei Millionen von Frauen aus der drohenden Altersarmut holen.

Ja, aber Alex, das mit dem Kind habe ich mir ja freiwillig so ausgesucht, höre ich dann manchmal, *da kann ich doch kein Geld für verlangen!* Deswegen hier der Einschub, dass erstens sich bei Weitem nicht alle Frauen die Mutterschaft komplett freiwillig ausgesucht haben. Es gibt genug Opfer von sexualisierter Gewalt, genug Frauen, die keinen Zugang zu Abtreibungen haben, genug Frauen, die durch Familie, Religion, Partner, Rollenvorstellungen, gesellschaftlichen Druck und vieles andere mehr zu einer Mutterschaft getrieben werden. Und zweitens an dieser Stelle die Gegenfrage: Den Job als Fußballer, Künstlerin, Bauingenieurin oder Pfleger haben wir uns doch bestenfalls auch selbst ausgesucht. Sollen wir dafür also kein Geld verlangen dürfen?

Mehr noch, der Gedanke „Ich mache es aus Liebe, also darf ich kein Geld dafür nehmen", würde, wenn man ihn bis nach Absurdistan treibt, auch bedeuten, dass nur diejenigen Geld für ihre Arbeit verlangen können, die ihren Job abgrundtief hassen. Es ist vollkommen sinnbefreit, jemandem im Job zu sagen: „Hey, du liebst deine Arbeit? Dann darfst du dafür kein Geld verlangen. Mach es für die Liebe!" Warum glauben wir dennoch, dass wir für Care-Arbeit kein Geld verlangen dürfen, obwohl wir sie und den dazugehörenden Auftraggeber – also das Kind – doch so unfassbar lieben?

Es ist schon erstaunlich, wie hier mit zweierlei Maß gemessen wird. Im Job: Gerade weil wir unsere Arbeit so lieben, für sie brennen, Nachtschichten und Überstunden schieben, gerade weil wir uns in ein Projekt verlieben und es mit unserer Überleistung an die Spitze der Umsatztabellen getrieben haben, kriegen wir dafür Extra-Geld – Boni, Honorare, Gehaltserhöhungen. Du musst nur hart genug arbeiten, dann zahlt es sich aus. Für Mütter aber gilt: Du musst nur hart genug arbeiten, dann kriegst du – ein Babylächeln. Und Liebe! Dafür machst du die Nacht-, Wochenend-, Feiertags-, Homeschooling-, Krankenhaus- und Pflegeschichten doch mit Kusshand und umsonst, oder? Was bist du denn sonst für eine Mutter?

In der freien Wirtschaft messen wir allem, was besonders teuer ist, eine besonders hohe Qualität zu – First-Class-Flüge, Sterne-Restaurants, fair produzierte Kleidung, Qualität hat eben ihren Preis. Aber sobald eine Mutter für ihre unermessliche Liebe zum Kind entlohnt werden will, sprechen wir ihr plötzlich jegliche Mutterqualitäten ab? Das ergibt doch keinen Sinn! Richtig, das ergibt auch keinen Sinn. Wurde uns aber vom Patriarchat so eingebläut. Damit Mutterliebe umsonst ausgegeben wird. Damit sie nur dann echt und rein ist, wenn sie keinen – einzigen – Cent – kostet. Denn würde man ernsthaft die politische Diskussion um bezahlte Care-Arbeit – um die sogenannte Care-Ökonomie – in Deutschland eröffnen, müssten wir unser kapitalistisches System, so wie wir es kennen, umwälzen[26]. Wir müssten einsehen, dass unser Wirtschaftssystem ohne Care-Arbeit nicht funktioniert, dass kein Arbeiter ohne Essen, Schlaf, Rat oder Trost morgens losgehen und Güter produzieren könnte. Wir müssten schlicht und ergreifend verstehen, dass unsere Wirtschaft ohne Care-Arbeit komplett zusammenbrechen würde – und welcher Kapitalismus würde das schon freiwillig zugeben?

Die internationale Organisation Oxfam hat 2020 errechnet, dass Frauen weltweit täglich mehr als zwölf Milliarden Stunden unbezahlte Care-Arbeit leisten.[27] Würde man diese Stunden wenigstens mit einem Mindestlohn vergüten, wäre diese Summe 24 mal größer als der Umsatz von Apple, Google und Facebook zusammen.[28] Zusammen! Was bedeutet das für Deutschland? Die Sozialwissenschaftlerin Gabriele Winker hat analysiert, dass wenn man all das Kochen, Putzen, Planen, Pflegen, Waschen, Denken, Reparieren, Kümmern, Trösten, Lernen usw. aufaddiert, die Menschen in Deutschland – meist Frauen – feststellen würden, dass sie an einem Tag mehr Stunden für unbezahlte Care-Arbeit aufbringen als – Achtung – für ihre bezahlte Lohnarbeit! Nämlich 1,3 mal so viel![29]

Man muss sich mal vorstellen, was das für das Bruttoinlandsprodukt eines Landes bedeutet! Würde Fürsorgearbeit bezahlt, wäre sie beispielsweise in der Schweiz mit 360 Milliarden Euro der größte Wirtschaftsbereich des Landes – noch vor dem Banken- und Pharmasektor![30] Ich kann gar nicht so viele Ausrufezeichen setzen, wie hier an dieser Stelle angebracht wären. Und für Deutschland wurde der finanzielle Gegenwert von Care-Arbeit vom statistischen Bundesamt schon 2016 auf satte 987 Milliarden Euro jährlich geschätzt.[31] Das sind 39 Prozent des deutschen Bruttoinlandsproduktes. Ich will das noch mal kurz unterstreichen: Wir reden hier von fast einer Billion Euro, für die hierzulande meist Frauen jedes Jahr umsonst care-arbeiten, deswegen nicht selten ihre eigentlichen Erwerbsstunden reduzieren und den sowieso schon bestehenden Gender-Pay-Gap noch weiter vergrößern.

Der Ökonom Hans Rusinek geht davon aus, dass ebendieser Gender-Pay-Gap sowieso längst nicht mehr bei den offiziellen 19 Prozent liegt (sowieso schon ein unglaublich peinlicher Wert für Deutschland und unter den EU-Schlusslichtern) – nein, Rusinek geht davon aus, dass durch all die Gelder, die Frauen aufgrund der umsonst geleisteten Care-Arbeit durch die Lappen gehen, der Gender-Pay-Gap zwischen Männern und Frauen eigentlich bei rund 45 Prozent liegen müsste.[32] 45 Prozent! Leute, das ist fast die Hälfte weniger an Einkommen im Vergleich zu Männern! Frauen verdienen in diesem Land einfach halb so viel Geld? Und zwar nicht, weil sie weniger qualifiziert sind, weniger Ahnung haben oder einfach zu faul sind – nein –, sie verdienen weniger, weil sie diesem chronisch vergreisten Land den Gefallen erwiesen haben, Kinder in ebendieses Land zu setzen! Und die Alten zu pflegen! Warum dürfen sie dafür bitte keinen finanziellen Ausgleich verlangen? SORRY, ABER WOLLT IHR MICH EIGENTLICH ALLE VERARSCHEN?!

Während es auf der Welt nicht genug Großbuchstaben gibt, um über den Schock dieser Zahlen hinwegzukommen, ist es auf den zweiten Blick noch nicht mal besonders überraschend. Schließlich kriegt eine Frau heute schon im Schnitt nur die Hälfte der Rente, die ein Mann bekommt. Und eine Frau, die Mutter geworden ist, wird im Laufe ihres Lebens knapp 61 Prozent weniger verdient haben als ein Mann[33] – irgendwo müssen diese Zahlen ja herkommen.

Während ihr hoffentlich ähnlich wie ich gerade nur noch mit dem Kopf schütteln könnt, kommen wir noch mal zum Bullshitsatz „Ich liebe mein Kind – da darf ich doch kein Geld für Care-Arbeit verlangen!“ zurück. Das Gegengift dazu lautet erstens: Gerade weil wir unsere Kinder lieben, uns reinhängen, uns aufopfern, gerade weil wir dafür nicht selten die eigene Karriere vernachlässigen, Job und Gehalt einbüßen, sollten wir dafür entlohnt werden.

Zweitens: Wenn wir nach einem Care-Arbeitslohn fragen oder diesen Gedanken klammheimlich zumindest als diskussionswürdig erachten, heißt das nicht – ich wiederhole – nicht, dass wir unsere Kinder weniger lieben. Dieser Zusammenhang ergibt gar keinen Sinn. Ich liebe mein Kind doch auch nicht weniger, wenn ich Kindergeld bekomme. Und ich liebe es auch nicht weniger, wenn ich Elterngeld erhalte. Was hätte es also mit meiner Mutterliebe zu tun, wenn ich zusätzlich Care-Arbeitsgeld bekommen würde? Sei es in Form einer Teilzeit für Eltern bei vollem Gehalt, in Form von radikalen Steuerentlastungen für Eltern oder in Form einer Rentenpunkteerhöhung, bis das Kind Teenager ist?

Und drittens: Unser chronisch vergreistes Land braucht Kinder! Unser chronisch vergreistes Land braucht Care-Arbeit. Für beides braucht man vor allem Frauen. Die aber im Laufe ihres Lebens an die 50 Prozent Gehalt, Rente, Vermögen und Lebenszeit dafür einbüßen! Ist uns allen klar, was passieren würde, würden sie einfach damit aufhören? Kinder und Familien, Alte und Kranke würden verwahrlosen und buchstäblich verhungern, unsere Gesellschaft wäre nicht überlebensfähig, unser System würde kapitulieren. Und jetzt frage ich euch: Diese Frauen sollen also *nicht* nach einem finanziellen Ausgleich für all das fragen? Ich bitte euch!

„Übertreib mal nicht. Frauen werden hier doch nicht unterdrückt!“

Das war jetzt sehr viel geballtes Feminismuswissen, ich weiß. Und manch eine*r von euch ist vielleicht schon ausgestiegen, weil das alles so übertrieben klingt, fast schon nach einer Verschwörung gegen Frauen. Und das im aufgeklärten Deutschland, im Jahr 2022! So schlimm kann es doch hierzulande überhaupt nicht sein. Nicht im Vergleich zu vielen anderen Ländern, in denen es Frauen deutlich schlechter geht.

Das verstehe ich. Ich verstehe auch, dass man kaum glauben kann, was da steht. Weil es einerseits so verheerend klingt, aber andererseits kein Mensch darüber spricht. Allen voran die betroffenen Frauen selbst. Das kann doch nicht richtig sein! Aber wir erinnern uns: Das Patriarchat klopft immer dann an die Tür, wenn wir Sätze formulieren wie „Bei uns ist es doch alles gar nicht so schlimm“ oder „Im Vergleich zu vielen anderen Ländern sind wir doch viel besser dran“. Schon wird die ganze Diskussion relativiert und verlagert, schon sind wir nicht mehr dabei zu analysieren, was bei uns alles schiefläuft, sondern uns für das zu beglückwünschen, was wir im Vergleich zu anderen Ländern schon alles besser machen. Übrigens alles Kommentare, die zu gern von Hans-Günther auf Giselas 70. Geburtstagsfeier als Totschlagargument benutzt werden.

Ich bin sehr dankbar, dass es für solche Momente Menschen wie die Journalistin und Feministin Teresa Bücker gibt, die uns die perfekte Munition für besagte „Übertreib mal nicht"-Sätze liefert: „Patriarchat ist übrigens auch, strukturellen Frauenhass nicht sehen zu wollen oder stets zu relativieren"[34]. Bäm, dachte ich beim Lesen, nimm das, Hans-Günther! Denn genau das ist es: Das Relativieren, Hinterfragen und Abtun von Strukturen, die Frauen unterdrücken, ist eben g e n a u dieses Patriarchat, das uns quicklebendig einzureden versucht, dass es doch schon längst gestorben ist.

Statt also zu relativieren, lasst uns doch hinter die Zweifel schauen: Wenn es für die Hälfte unserer Landesbevölkerung also wirklich so dramatisch ist, w a r u m möchte dann der Mainstream nicht darüber reden? Warum kennt der Duden weder das Wort Sorgearbeit noch Care-Arbeit? Warum kennt niemand die im Kapitel zuvor beschriebenen wirtschaftlichen Care-Arbeitszusammenhänge? Warum schreien uns diese verlorenen 987 Milliarden Euro, die Frauen durch unbezahlte Care-Arbeit jährlich durch die Lappen gehen, nicht von sämtlichen Zeitungsständen, Nachrichtensendungen, BWL-Lehrbüchern und Geschichtsbüchern aus geradezu an? Wenn das alles doch die Hälfte der Landesbevölkerung oder – seien wir mal ehrlich – die Hälfte der Weltbevölkerung betrifft? Warum hören wir davon nichts in Schulfächern wie Geschichte etwa, Wirtschaft, politischer Weltkunde? Warum wird Gender Studies als ein Randstudienfach „für Emanzen" abgetan? Sollte es nicht stattdessen eine Pflichtveranstaltung in jedem Grundstudium jedes einzelnen Studiengangs dazu geben?

Tja, über Lehrpläne für Schulen und Universitäten wird seit vielen Jahrzehnten in zig Entscheidungsgremien, Kultusministerkonferenzen, Kulturministerien und Schul- und Hochschulpräsidien entschieden. Und in diesen Gremien sitzen ebenfalls seit vielen Jahrzehnten immer noch größtenteils ältere weiße Entscheider, und – die Geschichte lehrt uns das – viele von ihnen sind sicherlich auch deswegen in den Genuss ihrer einflussreichen Stellen als Politiker, Rektoren, Minister, Schulleiter oder Professoren gekommen, weil ihnen von Ehefrauen, Müttern, Töchtern, Tanten und Schwestern der Rücken freigehalten wurde. Die Kinder wurden also betreut und das Haus gepflegt, während sie die Karriereleitern erklommen und entspannt ihre Arbeiten, Lehrpläne und Lehrbücher verfassen konnten (wir erinnern uns: Adam Smith). Da liegt die Vermutung nahe, dass auch diese Entscheider über Jahrzehnte oder gar Jahrhunderte hinweg nicht viel Interesse daran gehabt haben, diese strukturellen Ungerechtigkeiten zu beleuchten. Denn natürlich lassen sich diese äußerst bequemen Verhältnisse am besten erhalten, wenn das System und die zugehörigen Rollenbilder auch im Jetzt gestärkt werden.

Ist euch ein bisschen weit hergeholt? Unrealistisch, dass Pädagog*innen seit Jahrhunderten um die Unterdrückung der Frauen wussten, sie dies aber absichtlich verschleiert haben? Ja, vielleicht wussten sie es auch einfach alle nicht. Könnte sein. Aber wie bitter wäre das für einen Haufen Akademiker*innen, Historiker*innen und Pädagog*innen, über viele Generationen hinweg? Wir wissen aus der modernen Gender-Forschung ja auch längst, dass die Wissenschaft jahrhundertelang weibliche Erfinderinnen buchstäblich aus Geschichtsbüchern herausgestrichen hat oder ihre Patente nicht anerkannt und Jahre später männlichen Erfindern zugeschrieben hat; wir wissen, dass Politik und Gesetzgebung überwiegend von Männern für Männer gemacht werden; dass Medizin sich bei Medikamentation und Therapie-Empfehlungen an dem weißen, europäischen, männlichen Körper orientiert; dass Themen wie Menstruation, Geburt, Müttersterblichkeit, Herzinfarkte bei Frauen,

Verhütungsmittel für den Mann weniger erforscht sind, was auch daran liegt, dass Forschungsgelder in Themenbereiche fließen sollen, die als gesellschaftlich relevant angesehen werden; dass Mobiltelefone für weiße, europäische Männerhände, FFP2-Masken für Männergesichter und Autos für die Sicherheit von weißen, europäischen Männerkörpern konzipiert werden. Die Politikwissenschaftlerin Emilia Roig geht sogar davon aus, dass es buchstäblich keinen einzigen gesellschaftlichen Bereich gibt, in dem der weiße, heterosexuelle cis-Mann nicht als die „Norm" angesehen wird.[35] Und wir wissen eben auch, dass wirtschaftliche Systeme den Aufgabenbereich der Care-Arbeit, der Frauen zugeschrieben wird, seit Jahrhunderten für unsichtbar und monetär wertlos erklären. Warum also sollten Lehrpläne, Lehrmaterialien und Lehrbücher für Schulen und Hochschulen da eine Ausnahme sein und nicht ebenfalls tradierte Rollenbilder einfach weitertradieren?

Ich bin natürlich nicht die Einzige, die hier ein strukturelles Problem sieht. Im März 2020 erst ging der Autor Simon Sales Prado in einer mehrseitigen Analyse im SZ Magazin[36] der Frage nach, warum eigentlich in den meisten deutschen Bundesländern in der gymnasialen Oberstufe im Fach Deutsch nicht ein einziges Buch einer weiblichen deutschen Autorin durchgenommen wird, dafür aber mehr als genügend Werke männlicher Autoren. Und was das mit den Schüler*innen macht, wenn sie über viele Jahre ihrer Schullaufbahn hinweg meist nur männliche Perspektiven, männliche Leiden und männliche Abenteuer lesen. „Mädchen lernen, was es heißt, als Mann erwachsen zu werden, als Mann zu zweifeln, als Mann zu herrschen. Jungen sind auf einen solchen Perspektivwechsel nicht angewiesen", schreibt der SZ-Autor. Mehr noch: Mädchen und Frauen fangen daraufhin ganz automatisch an, den männlichen

Blick, männliche Themen, Sichtweisen, Meinungen, männliche Probleme und ebenso männliche Lösungen für diese Probleme als die Norm und den Durchschnitt anzusehen oder sogar einfach als wichtiger und höherwertiger als andere von der „Norm" abweichende Sichtweisen. Und was passiert daraufhin ganz automatisch? Richtig: „Männerprobleme werden zu Menschheitsproblemen, alles andere zur Nebensache." Es geht dabei natürlich nicht nur um Bücher, sondern um Repräsentation, um Vorbilder, darum, wer mitreden darf und wer nur zuhören, wessen Geschichte erzählt wird und wessen Perspektive außen vor bleibt. Und so lautet die Botschaft an Scharen von Abiturient*innen offenbar: „Erzählen ist männlich, was ihr kennen müsst, ist die Welt, wie Männer sie sehen [...], wie Männer sie einschätzen, was ihr nachvollziehen sollt, ist, woran Männer leiden und was sie beglückt. Die Schulen setzen die Unterdrückung weiblicher Stimmen ganz wissentlich fort."

D a r ü b e r müssen wir reden! Wir müssen über die Rolle der Schule reden und welchen Beitrag sie bei der Aufrechterhaltung des patriarchalen Status quo leistet. Wir müssen darüber reden, dass sich bereits die feministische Ikone Virginia Woolf in ihrem Essayklassiker „Ein Zimmer für sich allein"[37] über die Tatsache aufregte, dass ausschließlich Männerliteratur die Welt erkläre, dass ausschließlich Männerbücher ernst genommen und rezitiert würden, während Frauenliteratur belächelt und nicht für voll genommen würde. Nur dass ihr Essay diesen Zustand bereits 1929 beklagte. Fast hundert Jahre später müssen wir also immer noch dieselbe Bilanz ziehen? Was sagt das über die Entwicklungsschritte in Richtung Gleichberechtigung in unseren Schulen aus?

Vielleicht aber liegt das nur am Abiturstoff? In den Schuljahren davor steht ja sicherlich ein breites, diverses Literaturprogramm auf dem Lehrplan, oder? Leider nein: Laut SZ-Magazin stehen auf der Leseliste fürs Gymnasium des baden-württembergischen Kultusministeriums zum Beispiel 241 empfohlene Werke – wie viele davon sind wohl von Frauen geschrieben? Richtig: 22. Von 241. Das sind weniger als zehn Prozent. Selbst in der Kategorie „Versuche weiblicher Identitätsfindung" findet sich Literatur von – und jetzt ist es halt nur noch lächerlich – neun Männern und sechs Frauen. Ich meine, was soll man dazu eigentlich noch sagen? Da fehlen selbst mir die Worte.

Warum ist das so? Weil Bildung, Geschichte und Aufklärung über Jahrhunderte hinweg meist von Männern festgehalten, durch die männliche Brille beobachtet und von Männern in Lehrbüchern niedergeschrieben, zitiert und so immer weitertradiert wurde. Einen triftigen Grund, warum weibliche Autorinnen gerade im Abitur fehlen, kann auch keiner der befragten Verantwortlichen im SZ-Magazin liefern. Da ist viel von Tradition die Rede, von dem Anspruch an klassische Lektüre, an eine sehr hohe Qualität – es fällt doch tatsächlich auch die Begründung, dass Frauen nun mal weniger geschrieben hätten als Männer und es deswegen nicht genug Auswahl gäbe. Hach ja, Darwin und Rousseau wären so stolz.

Aber genug mit dem Fach Deutsch, wie sieht es denn in anderen Schulfächern aus, Geschichte zum Beispiel? Eine Leserin, die mir auf Social Media folgt und Geschichte an einem Gymnasium in Baden-Württemberg unterrichtet, zeigte mir die Lehrpläne des Geschichtsunterrichts von Klasse 5 bis Klasse 13. Themen wie Frauenrechte, Patriarchat und Emanzipation werden im Lehrplan nur an ein paar Stellen gestreift. „Das Thema ist auf jeden Fall nicht prominent im gymnasialen Bildungsplan Geschichte", schrieb sie mir und schickte exemplarisch die Themenschwerpunkte für Geschichte[38]. Klasse 7 oder 8 sehen beispielsweise das Unterthema „Der industrialisierte Nationalstaat – Durchbruch der Moderne" vor. Es geht also um eine Epoche, in der auch die Verhärtung und Traditionalisierung der Geschlechterrollen bemerkenswert war – ihr erinnert euch vielleicht, der Geschichtsunterricht in *diesem* Buch hat das Thema bereits abgedeckt. Im Schulfach Geschichte Klasse 7 oder 8 gibt es lediglich einen Unterpunkt namens „die Ambivalenz moderner Lebenswelten um 1900 in Europa" mit weiteren Unterpunkten, von denen einer „Frauenemanzipation" lautet.[39] Die hierarchische Verortung dieses Themas im Lehrplan als Unterpunkt von einem Unterpunkt von einem Unterthema zeige, so die Lehrerin, dass für diesen Themenblock höchstens eine Doppelstunde vorgesehen ist. Und auch das nur, wenn die Kolleg*in damit eine ganze Doppelstunde füllen möchte, ein Teil einer Doppelstunde wäre hier genauso realistisch. Wow.

Ich erinnere mich noch deutlich daran, dass wir in Geschichte Klasse 6 oder 7 den Keuschheitsgürtel durchgenommen haben, dass es ihn gab, dass Frauen ihn trugen und warum. Und ich weiß, dass ich das damals wahnsinnig verstörend fand. Aber hey, wenigstens haben wir darüber geredet. Solche Unterrichtseinheiten endeten aber auch immer mit der Ansage: Guckt mal, so schlimm war das damals, heute ist es glücklicherweise nicht mehr so. Thema beendet, Patriarchat auch. Dass der weibliche Körper und die weibliche Sexualität aber auch in den 90er-Jahren, als ich zur Schule ging, noch kontrolliert wurden, dass es das Abtreibungsverbot gab und gibt, dass zu diesem Zeitpunkt Vergewaltigungen in der Ehe noch gesetzlich erlaubt waren, darüber wurde natürlich nicht geredet. Das ganze Konzept des Patriarchats, der strukturellen Frauenunterdrückung und dass es heute noch andauert, Themen wie unbezahlte Sorgearbeit oder der damit zusammenhängende Gender-Pay-Gap, von den ganzen anderen Gender-Gaps mal ganz abgesehen, begegneten mir weder in meiner Schullaufbahn noch in meinem sechsjährigen Studium der Journalistik, Politik und Psychologie.

Ja komm, Alex, könnte man jetzt meinen, *Gender-Pay-Gap, Gender-Care-Gap, Mental Load, Maternal Gatekeeping – das sind ja auch alles sehr neumodische Begriffe.* Ja, aber all die Mechanismen dahinter sind doch schon älter als 5000 Jahre! Wie kann es sein, dass wir uns erst jetzt mit diesen Begrifflichkeiten auseinandersetzen? Und erst jetzt eigenständige wissenschaftliche Begrifflichkeiten dafür entstehen? Und diese Themen erst jetzt Bestandteil der Forschung werden?

Na gut, ich habe Geisteswissenschaften studiert und nicht Wirtschaft, ich kenne die wirtschaftlichen Modelle nicht, die in diesen Fachbereichen erörtert, gelehrt und analysiert werden. Vielleicht ist dort das Care-Arbeitsthema als wirtschaftlicher Faktor längst angekommen!

Deswegen lasse ich an dieser Stelle lieber den besagten Ökonomen Hans Rusinek zu Wort kommen, ihr wisst schon, den Mann, der die Rechnung aufgestellt hat, dass durch die unbezahlte Care-Arbeit der Gender-Pay-Gap zwischen Männern und Frauen nicht bei 19 Prozent, sondern eigentlich bei rund 45 Prozent liegt: „Sechs Jahre kann man Wirtschaft studiert und dann noch einmal so lange für Konzerne gearbeitet haben, so wie ich", schreibt Rusinek, „ohne jemals von Care-Arbeit gehört zu haben. Unser Wirtschaftsbegriff ist hiermit – Achtung, schwieriges, aber schönes Wort – kryptonormativ: Das heißt, er zeigt uns bestimmte Dinge, die als normal gelten sollen, wie globale Lieferketten für Erdbeeren, und versteckt andere, wie die Erziehungsarbeit von Frauen, die wir dann mit dem Thema Ökonomie gar nicht mehr in Verbindung bringen. So spielt

Care-Arbeit dann auch in der Wirtschaftswissenschaft kaum eine Rolle. Die wenigen, die dazu forschen, wie sich Fürsorgearbeit in ökonomische Prognosen und Modelle integrieren lässt, sodass unser Wirtschaftsverständnis diesen riesigen blinden Fleck überwindet, müssen dies meist fernab universitärer Belohnungssysteme machen."[40]

Tja, blinder Fleck in der Wirtschaft also. Attestiert von einem Wirtschaftswissenschaftler. Das liegt auch daran, dass Care-Arbeit kein gutes Image hat und sich nicht skalieren, optimieren und weiterverkaufen lässt; das liegt auch daran, dass ein ehemaliger Bundeskanzler im Jahr 1998 das Frauen- und Familienministerium als „Ministerium für Familie und Gedöns" bezeichnete, und ein ehemaliger Wirtschaftsweiser bezüglich der Frage, ob und warum Care-Arbeit nicht in die Berechnungen des Bruttoinlandsproduktes einfließt, noch im August 2021 auf Twitter öffentlich erklärte, er finde das ganze Thema einfach „nicht besonders spannend".

Das passiert, wenn sich Patriarchat und Kapitalismus vor Jahrhunderten schon fest dazu entschlossen haben, das Thema Care-Arbeit herunterzuspielen oder es möglichst gänzlich unsichtbar zu machen. Was unsichtbar ist, darüber spricht man nicht, man kann es nicht greifen, nicht als Problem definieren, folglich hat es keine Relevanz und schon gar keinen monetären Gegenwert. Erst recht nicht für Menschen, die von dieser Unsichtbarmachung profitieren. Und da in diesem Fall meist Männer davon profitieren und es auch zu 75 Prozent Männer sind, die heute an den Universitäten dieses Landes lehren[41], es zu 75 Prozent Männer sind, die über die Themen in den größten überregionalen Zeitungs- und Nachrichtenredaktionen entscheiden[42], es bisher nur Männer in diesem Land zum Wirtschaftsminister geschafft haben, und weil seit 1964 unter den „Wirtschaftsweisen" von 43 Mitgliedern 38 Männer waren – sorry, da ist es auch kein Wunder, dass der Wert von Care-Arbeit auf der politischen, wirtschaftlichen sowie journalistischen Agenda auch heute noch kaum eine Rolle spielt.

Kommen wir also zum Bullshitsatz zurück: Ist es wirklich übertrieben, sich darüber aufzuregen? Ist die Unterdrückung der Frau in Deutschland wirklich an den Haaren herbeigezogen? Fast schon eine Art Verschwörungstheorie? So klingt es zumindest. Ist es nur leider nicht, es nennt sich einfach nur Patriarchat und ist leider sehr schwer auszurotten. Auch wenn es nur zu gern von sich selbst behauptet, längst ausgerottet worden zu sein.

„Vermisst du dein Kind nicht, wenn du ein Wochenende lang alleine weg bist?“

Jetzt muss ich ein bisschen ausholen: Alle, die mich kennen, meine Artikel lesen und mir auf Social Media folgen, kennen „den Deal“. Den Deal zwischen dem Mann und mir, dass wir uns im Wechsel alle sechs Wochen unsere Kinder schnappen, übers Wochenende zu den jeweiligen Großeltern düsen und der andere hat das ganze Wochenende – und das ist wichtig zu betonen: zwei Abende, zwei Nächte, zwei Morgen und natürlich zwei Tage – frei. Ein Privileg übrigens, dass der Mann und ich einander haben, dass wir Großeltern haben, dass wir Großeltern haben, mit denen wir ein gutes Verhältnis haben, die fit genug sind und nicht am anderen Ende der Welt wohnen und dass wir die nötigen Ressourcen und finanziellen Mittel haben, solche Trips alle sechs Wochen abwechselnd überhaupt machen zu können.

Wie kam es zu diesem Deal? Es hat zwei Schwangerschaften gebraucht, zwei Kinder und fünf Jahre Mutterschaft, bis mir endlich ein Licht aufging: Als das zweite Baby elf Monate alt war, verließ ich meine Familie für ein Wochenende und war der glücklichste Mensch der Welt. Ja, weil ich ohne sie war. Na, spürt ihr ihn schon? Diesen Gedanken, der da sofort auftaucht: „Wie kann sie das nur so öffentlich schreiben? Was ist, wenn ihre Kinder das lesen?“ Würdet ihr das auch denken, wenn diesen Satz ein Vater schreiben würde?

Zurück zu meinem Deal, der bis dato noch keiner war. Ich konnte an diesem Wochenende also schlafen, wann ich wollte, essen, wann und vor allem was ich wollte, reden, so lange und so spät ich wollte. Und ich konnte Gedanken zu Ende denken. Einfach zu Ende denken. Ich meine so richtig, ohne alle paar Sätze unterbrochen zu werden. Ich saß also bei meiner besten und liebsten Freundin auf dem Balkon und badete geradezu in dieser Ruhe – wobei es weniger Ruhe als vielmehr eine Art seelisches und körperliches Nirvana war. Als würde ich meinem Ich, dieser Alexandra, die ich mal war, endlich wieder Wasser und Brot reichen, und Pasta und Kuchen, und Gin Tonic, als würde ich sie umarmen, ihr durch die Haare fahren, sie anlächeln, in die Arme nehmen und sagen, dass ich sie sehe und fühle und nie wieder allein lassen möchte. Und während ich da saß, mit meiner Freundin, sagte ich aus tiefstem Herzen: „Krass! Und das, was ich jetzt das erste Mal seit elf Monaten fühle, hatte der Mann die letzten Monate alle sechs bis acht Wochen?!"

Man muss dazu wissen, dass ich als Mutter mit den Kindern regelmäßig übers Wochenende zu meinen Eltern gefahren bin (drei Stunden Fahrt) und der Mann folglich regelmäßig frei hatte. Mein Mann hingegen, auch mit einem Elternhaus drei Stunden Fahrt entfernt, war selten bis gar nicht mit unseren Kindern dort. Bei ihm hatte sich das einfach nie ergeben, bei mir hingegen schon – finde den Fehler. Nein, im Ernst: Es lag unter anderem auch einfach am Stillen, meine Brüste und ich mussten zwangsläufig immer beim Baby sein, und trotzdem spürte ich in diesem Moment die unfassbare Ungerechtigkeit, dass mir ebendieses Nirvana so viele Monate verwehrt blieb. Also bin ich nach diesem Wochenende nach Hause gefahren, habe meine Kinder in die Arme genommen und auf die Frage des Mannes „Na, wie war's?" ziemlich nüchtern geantwortet:

„Es war so wunderschön, dass ich nicht fassen kann, dass du das regelmäßig hattest und ich nicht. Wir machen jetzt einen Deal: Alle sechs bis acht Wochen schnappt sich einer von uns die Kinder und düst zu unseren jeweiligen Eltern." Er zuckte mit den Schultern und sagte: „O.k., klar, kein Problem." Und so einfach war für uns der beste Deal der Welt geboren. Wir haben ihn über die Jahre modifiziert, mal fährt der eine zu den jeweiligen Großeltern und der andere bleibt erst ein paar Tage allein zu Hause und kommt dann nach, oder eine*r von uns besucht alte Freunde. Hauptsache, man ist an dem Wochenende für sich. Und das – extrem wichtig – mit langfristiger Ansage! Und gemeinsamer Planung im Familienkalender.

So sehr ich unseren Deal feiere und so sehr ihn meine anderen in Partnerschaften lebenden Mutti-Freundinnen feiern, so sehr frustrieren mich daran zwei Dinge. Erstens: Warum ist dieser Deal offenbar so außergewöhnlich, dass ich ungelogen in allen Interviews, die ich bisher zur Vereinbarkeit und dem 50/50-Modell gegeben habe, immer auf diesen Deal angesprochen werde und die Idee total hochstilisiert wird? So sehr, dass sie sogar in Büchern zitiert und unter einschlägigen Social-Media-Posts als „Freies-Wochenend-Modell von @alexandra___z" (kein Witz) verbreitet wird? Versteht mich nicht falsch, ich freue mich, dass die Idee aufgegriffen wird, aber die Frage ist doch: In welchem Jahr leben wir denn, dass eine gleichberechtigte Aufteilung von Pausen für beide Eltern eine Sensation darstellt? Was sagt das – mal wieder – über unser Rollenverständnis von Müttern und Vätern im Jahr 2022 aus?

Die zweite Sache, die mich ärgert, ist: Auch wenn wirklich jede Mama-Freundin diesen Deal feiert – zieht ihn keine durch. Ich meine hier nicht Paare, die in toxischen oder gewaltvollen Beziehungen leben, in denen der Mann die Frau auf die Frage, ob er ihr nicht mal für ein Wochenende die Kinder abnehmen kann, körperlich oder geistig misshandelt. Dass für diese Frauen der Spruch „Setz deinen Mann doch einfach mal auf den Pott" wie eine lächerliche und verachtende Farce klingen muss, ist etwas, worauf ich im dazugehörigen Kapitel noch eingehen werde. Ich meine auch nicht Alleinerziehende, die einfach per se keinen Partner samt helfender Schwiegereltern haben. Nein, ich meine die Paare, die in einigermaßen harmonischen und einigermaßen gleichberechtigten Beziehungen leben – warum gehört da ein solcher Deal nicht zur familiären Grundausstattung?

„Pass auf dich auf. Komm mal zur Ruhe. Achte auf die Zeichen deines Körpers." All diesen Dingen kann ich an meinem freien Wochenende sehr verantwortungsvoll und bedacht nachgehen. Jeder Achtsamkeitsguru würde mich dafür feiern. Nicht aber, wenn ich Mutter bin. Und da kommen wir zum grundsätzlichen Problem der Nirvana-feindlichen Atmosphäre Müttern gegenüber in diesem Land: Als Mutter hast du dein Recht auf Auszeiten im Grunde verwirkt. „Auszeit von deiner Familie? Diese Mütter halten heute nichts mehr aus. Vermisst du dein Kind nicht, wenn du das Wochenende wegfährst? Also, ich könnte das nicht." Gerade der letzte Satz ist der Genickbruch unter allen Bullshitsätzen, der Flügelsturz für alle Mütter, die es gewagt haben, auch nur eine kleine Runde allein zu fliegen. Machen wir uns an die Analyse: Warum kriegen Väter dieses „Vermisst du dein Kind nicht, wenn du das Wochenende weg bist?" nicht zu hören? Jede Mutter, die ich kenne, hat diese Frage schon mal gehört. Jede! Dicht gefolgt von „Wo ist dein Kind heute Abend?", wenn sie es wagt, abends alleine unterwegs zu sein. Aber ich kenne keinen Vater, der diese Fragen beantworten muss, wenn er auf Dienstreise ist oder mit seinen Kumpels in einem Männerwochenende. Der Mann ist unterwegs, die Frau bei den Kindern – logisch, kennen wir. Aber die Frau ist unterwegs und der Mann bei den Kindern? Oder noch schlimmer: Die Frau hat eine Urlaubsreise für sich und – niemanden sonst aus ihrer Familie gebucht? Oder am schlimmsten: Die Frau hat den Mann verlassen, ist ausgezogen und sieht die Kinder nur jedes zweite Wochenende?! Wie kann sie nur?! Was für ein kaltblütiger, herz- und liebloser Unmensch?! Wochenendvater – ja gut, er muss unter der Woche halt hart arbeiten. Aber eine Wochenendmutter?! Herrschaftszeiten, wo kämen wir denn da hin?!

Auf einen noch absurderen Gedanken, der in dieselbe Kerbe schlägt, brachte mich die Paar- und Gleichberechtigungscoachin E-Lou Falkenberg, die mir folgende Beobachtung aus ihren Coachings schilderte: „In meiner Wahrnehmung ist es deutlich weniger ‚verpönt', als Paar ein Wochenende ohne die Kinder wegzufahren. Aber wenn eine Mutter allein ein Wochenende für sich hat, kommen Urteile." Warum ist das so? Falkenbergers Vermutung: „Weil die Mutter im ersten Fall ja immerhin noch ihren ‚ehelichen Pflichten' nachkommt und nicht ‚komplett egoistisch' ist." Mir wurde bei diesen Gedanken ziemlich übel, weil sie erstens aufzeigen, wie stark wir offenbar immer noch in den 60ern feststecken, wenn es um die Aufgaben einer „guten" Ehefrau und Mutter geht. Und zweitens wie hier die Prioritäten anscheinend ganz klar geregelt sind: Kinder bei den Großeltern lassen, damit die Eltern ein Wochenende frei haben? Klar, ist doch selbstverständlich, Paarzeit ist doch auch so wichtig – gerade für den Mann! Augenroll. Aber: Kinder bei den Großeltern lassen, damit die Mutter ein Wochenende für sich hat? Muss das wirklich sein? Ganz schön egoistisch von ihr.

Und solche Ansichten sind wirklich nur die Spitze des

Mütterbashing-Eisbergs! Als ich ähnliche Anekdoten vor einiger Zeit auf meinem Instagram-Kanal teilte und sie mit dem Hashtag #meanwhileimjahr2019 versah, explodierte mein Postfach. Es hagelte die abenteuerlichsten, wirklich absurdesten Sätze, Geschichten, Beobachtungen, und Dialoge, die vorwiegend Mütter über sich ergehen lassen mussten, die wirklich eins zu eins aus dem Jahr 1960 hätten stammen können. Mittlerweile geht die #meanwhileimjahr-Serie ins vierte Jahr, noch immer werde ich mit solchen Bullshitanekdoten geflutet. Da ist die Frau, die mir schrieb:

> „Ich war eine Woche auf Dienstreise und Kommentar der Erzieherin war: ‚Man hat gar nicht gemerkt, dass der Kleine jetzt eine Woche allein mit dem Papa war.' Wir fragen uns bis heute, was sie genau meinte."

Da ist die Mutter, die beschrieb:

> „Beim Elternabend meines Sohnes sollten wir einen Kontakt für Notfälle eintragen – und zwar explizit den der Mutter. Auf Nachfrage hieß es, die Papas wolle man tagsüber lieber nicht bei der Arbeit stören."

Die Mutter, die erzählte:

> „Mein Mann war mit unserer Kleinen beim Impfen. Die Arzthelferin hat nach ihm die Tür so lange offen gelassen, bis er ihr sagte: ‚Danke, da kommt niemand mehr.'"

Und während ich ein ganzes Buch mit solchen Nachrichten füllen könnte, schießt den absoluten Vogel immer noch unangefochten eine Frau ab, bei deren Geschichte ich einfach nicht weiß, ob ich lachen oder weinen sollte. Sie schrieb:

> „Mein Mann geht immer mit der Tochter zur Friseurin. Als ich nach einigen Jahren das mal gemacht habe, sagte sie: ‚Ich dachte, Sie wären tot.'"

Damit wir uns alle richtig verstehen: Wenn ein Mädchen im Jahr 2022 mit ihrem Vater zum Friseur geht, ist es für uns als Gesellschaft also wahrscheinlicher, dass die dazugehörige Mutter tot ist, als dass sie in dieser Zeit einfach irgendetwas anderes macht, womöglich ihre Freizeit genießt – Gott bewahre – oder vielleicht sogar allein mit sich selbst im Urlaub ist.

Atmen.

Warum ist das so, warum kriegen auch im Jahr 2022 nur Frauen solche Bullshitsätze zu hören, nicht aber die Männer? Ihr könnt es euch sicher schon denken. Es sind wieder unsere Freunde, das Dreamteam aus Patriarchat und Kapitalismus, die da ihre Finger im Spiel haben. Vielleicht sollten wir in Zukunft einfach von Patrialismus oder von Kapitalchiat sprechen, so oft wie die beiden Händchen haltend irgendwo auftauchen und wieder irgendeiner Mutter ein schlechtes Gewissen einbläuen wollen. Denn eigenständige Nachmittage, Wochenenden oder Urlaube einer Mutter widersprechen eindeutig dem „Eine Mutter gehört zum Kind"-Narrativ, das das Patriarchat uns aber so gern auch für die nächsten 5000 Jahre eintrichtern möchte. Denn wenn eine Mutter nicht automatisch zu ihrem Kind gehört, muss der Vater sich mehr kümmern und in dieser Zeit – ach, du Schreck – kann er keine Güter produzieren, kein Geld dafür erhalten und müsste beim Höher-Schneller-Weiter-Karussell ein paar Runden aussetzen. Also profitieren Patriarchat und Kapitalismus auch hier davon, Bullshitsätze wie „Wo sind denn deine Kinder gerade?" oder „Ein Kind gehört zur Mutter" zu verbreiten und allen Müttern, die ein Wochenende lang einfach zu gar keinem Kind gehören wollen, ein schlechtes Gewissen einzupflanzen.

Ach komm, Alex, könnte man jetzt meinen, *Patriarchat hin oder her, aber wir leben ja nun im Jahr 2022, unsere Erziehung hat sich doch radikal verändert, wir tradieren diese konservativen Rollenbilder doch gar nicht mehr so.* Theoretisch, ja. Praktisch aber klebt die Sozialisation, die wir mit uns herumschleppen, wie eine unsichtbare zweite Haut an uns, ist auf uns tätowiert, quasi. Sich dessen bewusst zu werden und dann auch noch Stück für Stück loszuwerden, ist – wie man das von Tattoos so kennt – ein schmerzhaftes Unterfangen, das viel mehr Aufwand mit sich bringt, als ursprünglich angenommen.

Das heißt, um solche und viele weitere Bullshitsätze zu zerlegen, müssen wir nicht nur das seit Jahrhunderten und Jahrtausenden gewachsene patriarchale System dahinter verstehen, sondern auch die „Weil man das halt so macht"-Zwänge der, sagen wir, letzten hundert Jahre, die uns durch Erziehung, Schule, Bücher, Filme, Werbung und unsere Umwelt auch im Hier und Jetzt im Jahr 2022 in tradierte Rollen drängen – aka unsere Sozialisation: Wir können es drehen und wenden, wie wir wollen, aber die meisten in Deutschland aufgewachsenen Menschen (im Westen mehr als im Osten) sind mit dem Verständnis groß geworden, dass es vorwiegend die Mutter ist, die sich um die Familie kümmert, und dieses Bild übertragen wir mehr oder weniger genau so auf unsere Kinder. So sind es zum Beispiel vorwiegend Mädchen, die schon früh dazu ermuntert werden, sich zu kümmern, aufzuräumen, ihre Puppen an- und auszuziehen, sie durch die Gegend zu tragen und so weiter. *Nein,* wollt ihr jetzt schreien, *mein Sohn hat aber auch eine Puppe?* Natürlich, vielleicht hat er eine, vielleicht sogar zwei. Mädchen aber, vor allem in Familien ohne finanzielle Nöte, haben Puppen (deutliche Mehrzahl), Puppenhäuser, Puppenbesteck, Puppenwindeln, Puppenbürsten, Puppentragen, Puppenbuggys, Puppenbettchen, Puppenflaschen, Puppenschnuller, Puppenkissen, Puppendecken, Pflaster, Thermometer, Wadenwickel, Badewannen, Handtücher, Regenschirme, Gummistiefel und und und. Sich dem zu entziehen, ist unmöglich, selbst wenn zu Hause ein absolutes Puppen- und Zubehörverbot herrscht. Denn dann gibt es ja die Freundinnen, die Kita, Spielzeugabteilungen und -kataloge, und spätestens, wenn die lieben Großeltern eine Puppe anschleppen – weil: „Sie ist doch ein Mädchen!" –, spätestens dann ist jeglicher genderneutrale Anspruch bei der Spielzeugauswahl für die eigenen Kinder dahin. Oder wie Teresa Bücker es in einem Artikel mal so treffend formulierte: „Es ist Mädchen nicht angeboren, sich für kleine Küchen und Puppen zu interessieren, sie lernen lediglich von klein auf, dass dieses Verhalten sie zu einer Frau macht."[43]

Es sind ja nicht nur die Spielsachen. Mit den Büchern geht es weiter: Die allseits beliebte Figur Conni kommt erst mit drei Jahren in den Kindergarten, und wer ist vorher mit ihr zu Hause? Richtig: Mama. Leo Lausemaus kriegt einen Anfall, als seine Mutter eine Halbtags(!)stelle antritt, weil er denkt, Mama hat ihn nicht mehr lieb (allein diese Kausalität!!!). Und wenn Bobos Papa zur Arbeit geht, geht Mama mit Bobo natürlich einkaufen und danach auf den Spielplatz.

Ich übertreibe? Nein, das sind alles aktuelle Geschichten aus aktuellen Auflagen auf dem Kinderbuchmarkt. Und ich bin noch nicht mal bei den Stickerbüchern (Mädchen: Prinzessinnen, Mamas, Mehrjungfrauen, Anziehpuppen, Jungs: Roboter, Dinosaurier und Entdecker), Grimm-Märchen (da will ich gar nicht erst mit anfangen!), *Disney*-Filmen (Arielle gibt ihre Stimme ab, um bei einem Typen zu sein, den sie kaum kennt, wildfremde Prinzen, die herumlaufen und bewusstlose Frauen küssen) oder Kinderserien angekommen. Selbiges gilt übrigens auch für Werbung. Was wir und unsere Kinder sehen, schafft Realitäten. Und was wir nicht sehen, ist auch nicht „normal". Ich kann es wirklich nicht mehr ertragen, dass wir im Jahr 2022 auf Werbeplakaten für Erkältungsmittel nur Mamas sehen, die ihre Kinder pflegen, unterm Weihnachtsbaum nur Mamas Geschenketürme aufbauen und zum Muttertag auf Werbeplakaten völlig idiotisch dargestellte und verballerte Väter dümmlich mit den Schultern zucken, weil sie eben nicht wickeln, kochen oder das Bett richtig beziehen können. Das ist nur ein kleiner Einblick in das Ausmaß dessen, welche Sozialisation unsere Kinder immer noch erfahren.

Aber was ist mit uns, schreit ihr jetzt, *mit uns Eltern und unseren Freunden, die auch Eltern sind? Könnten wir nicht andere Vorbilder sein?* Könnten wir ja, sind wir aber nicht: Nur vier von zehn aller frischgebackenen Väter hierzulande gehen überhaupt in Elternzeit, sechs von zehn machen es immer noch nicht. Und von denen, die in Elternzeit gehen, nehmen Dreiviertel nur die obligatorischen zwei Monate.[44] 77 Prozent aller Menschen in Deutschland finden, dass eine Mutter nachmittags Zeit haben sollte, um ihrem Kind beim Lernen zu helfen, und 88 Prozent glauben, dass das eine allgemein geltende Annahme ist.[45] Es gibt das Wort „bemuttern", aber nicht „bevatern". Eine 34-jährige Mutter erledigt im Schnitt täglich 5 Stunden 18 Minuten Care-Arbeit, der 34-jährige Vater 2 Stunden 31 Minuten. Unter allen OECD-Ländern tragen die Frauen in Deutschland mit 22,4 Prozent am allerwenigsten zum Familieneinkommen bei und sind damit Schlusslicht. Zum Vergleich: In Dänemark sind es 42 Prozent.[46] Und das, obwohl die OECD-Studie feststellt, dass Kinder, deren Mütter berufstätig waren, eher Gleichberechtigung auf dem Arbeitsmarkt erwarten; Söhne berufstätiger Mütter später mehr Zeit mit Kinderbetreuung verbringen; und Töchter berufstätiger Mütter auf dem Arbeitsmarkt erfolgreicher sind und besser bezahlt werden.

Ich weiß, was ihr jetzt sagen werdet: Viele Frauen sind in der Teilzeitfalle gefangen, es gibt nicht genug Kitaplätze, nicht genug Ganztagsschulen, viele Männer verdienen nun mal mehr und so weiter – alles absolut richtig, ich werde auf den nächsten Seiten auch noch darauf eingehen. Hier will ich aber das Erwartungsbild unserer Gesellschaft an Mütter aufzeigen, also die Sozialisation, die wir, wenn hier geboren, erfahren. Zumal, und jetzt kommt das i-Tüpfelchen der OECD-Studie, in Deutschland sowieso die Meinung vorherrscht, dass, wenn Mütter überhaupt unbedingt erwerbsarbeiten wollen, sie das doch bitte höchstens Teilzeit tun sollen.

Ach komm, Alex, könnte man jetzt meinen, *unsere Kinder sind reflektierter als das, du übertreibst da vielleicht auch ganz schön.* Ich wünschte, das würde ich. Nur zeigt eine Studie des Wirtschaftsforschungsinstituts Ifo[47], dass von den heute befragten Teenagern 58 Prozent der jungen Frauen davon ausgehen, später für die Familie im Beruf ebenfalls deutlich kürzerzutreten, während es bei den jungen Männern gerade mal 16 Prozent vorhaben. DAS ist die Sozialisation, mit der unsere Kinder aufwachsen. Für Jungen bedeutet das im Umkehrschluss, dass sie immer noch nicht dahingehend erzogen werden, sich zu kümmern. Daran werden auch zwei Puppen und eine Holzküche kaum etwas ändern. Es fehlt ihnen an Vorbildern. Und damit meine ich nicht die wenigen Feministen, die sich in Instabubbels tummeln. Es fehlt an „neuen" Vätern in der breiten Masse, die sich durch alle Gesellschaftsschichten hinweg ganz selbstverständlich drei Tage die Woche nachmittags auf Spielplätzen oder in der ersten Hälfte der Elternzeit in Krabbelgruppen treffen – und dann eben keinen Applaus samt Papa-des-Jahres-Plakette dafür ernten. Dann braucht es auch keine anerkennenden Sprüche „Was für ein toller Papa, dass er sich ..." – dass er sich was? – um sein eigenes Kind kümmert?! Also komm, ich bitte euch.

Also nein: Es gibt aktuell nicht ausreichend Vorbilder, und so wachsen unsere Kinder mit Eltern auf, bei denen sich meist Mütter emotional und körperlich um den Nachwuchs kümmern und Väter monetär.

Wenn wir also einerseits das von unseren Eltern und von unseren Großeltern und Urgroßeltern vorgelebt bekommen; wenn die Märchen, Kinderbücher, -filme und -serien uns die gleiche Geschichte erzählen; wenn in der Werbung Mütter wickeln, Sonnencreme auftragen und das Pflaster auf die Wunde kleben; wenn Drogerien auf Babyprodukte „Mamas Liebling"-Sticker bappen und wenn es Serien über *working moms*, nicht aber über *working dads* gibt (außer solche, in denen Daddys als komplett hirnlose Idioten dargestellt werden, die Windeln falsch herum anziehen) – wie soll man diesem Rollenbild entrinnen? Das gleichzeitig so perfide ist, wird uns doch an anderer Stelle suggeriert, dass wir alle längst gleichberechtigt sind, niemand es Frauen verbietet, arbeiten zu gehen, und sich alle Beteiligten das alles angeblich selbst ausgesucht haben.

Was zur Hölle antworte ich denn jetzt einer anderen Mutter, wenn sie mir den „Vermisst du dein Kind nicht, wenn du das Wochenende alleine bist?"-Satz entgegenschleudert? Tatsächlich sagen solche Sätze meist nur Mütter anderen Müttern.

Oder kennt ihr einen Vater, der so einen Satz mal zu einer anderen Mutter gesagt hat? Oder – noch besser – zu einem anderen Vater? Da sind wir wieder bei den Umkehrtricks, die entlarven, wie solche Sätze immer nur in die eine Richtung, nämlich in die der Mutter, funktionieren.

Wird uns so ein Satz also entgegengeschleudert, sollten wir erst mal verstehen, dass es die Frau uns gegenüber nicht böse meint. Sie will uns nicht eins reindrücken oder uns als schlechte Mutter darstellen. Diesen Konkurrenzkampfquatsch von Frauen, die sich gegenseitig bashen, will ich hier gar nicht erst bedienen und weitertradieren, auch wenn es das Patriarchat an dieser Stelle so gerne hätte. Nein, diese Frau hat im Grunde gar keine Wahl, sie MUSS uns diese Frage stellen, weil es die natürliche Reaktion basierend auf ihrer Sozialisation ist. Weil sie, wenn man es ganz radikal ausdrücken möchte, seit Generationen gebrainwashed wurde: Wenn du es gar nicht anders kennst, wenn deine Mutter und deine Oma und deine Tanten und deine Freundinnen und ihre Mütter und ihre Omas und ihre Tanten und ihre Freundinnen alle immer wieder dasselbe Mutterbild vorleben und selbst vorgelebt bekommen haben, dann wirst du nicht eines Tages aufwachen und sagen: „Hm, ich glaube diese Abertausenden von Frauen machen es die ganze Zeit falsch!"

Selbst wenn du doch auf diese Idee kommen solltest und sie dich nicht loslässt und sie bei jedem Spielplatznachmittag in dir hochkriecht, dich an den Haaren zieht und in dein Ohr hineinbrüllt: „Siehst du, Mittwoch 15 Uhr, und schon wieder kein einziger Vater neben dem Klettergerüst" – selbst dann ist das Aufbrechen dieser Sozialisation eine Mammutaufgabe. Der wir uns aber unbedingt stellen müssen! Und wir müssen auch der Tatsache ins Auge blicken, dass diese Mutterrolle, so wie sie aktuell im globalen Norden und ganz besonders in Deutschland existiert, kein Naturgesetz ist. Nur wenn wir dieses Bild immer weiter tradieren, werden wir dafür sorgen, dass es mehr und mehr zum Naturgesetz wird. Eine Mutter, der du eintrichterst, dass sie nur für die Familie zu leben hat und ihre eigenen Bedürfnisse hintenanstellen soll, wird nicht aufbegehren, sie wird keine finanzielle Unabhängigkeit anstreben, keine eigenen Ziele, kein Geld, keinen Einfluss, sie wird nicht sehen, wie unfair die Verhältnisse verteilt sind, sie wird keine Kraft haben, um sich gegen diese Ungerechtigkeiten aufzulehnen, sie zu verändern, sich zusammenzuschließen, Petitionen zu starten, Unterschriften zu sammeln, Parteien zu gründen, gegen Gesetze zu klagen. Sie wird keinen Anspruch erheben auf die Hälfte der Macht. Und damit genau das manifestieren, was das Patriarchat will.

Ob ich also mein Kind vermisse, wenn ich ein Wochenende weg bin? Die Antwort auf die Bullshitfrage ist : „Würdest du meinen Mann das auch fragen?" Und anschließend: „Wenn ich diese Frage bejahe, tradiere ich ein Bild, das Jahrtausende alt ist und durch mein ‚Ja' weitere Tausende von Jahren überleben wird. Also nein, ich vermisse mein Kind nicht, wenn ich ein einziges verdammtes Wochenende mal allein wegfahre!"

„Unsere Omas haben das schließlich auch allein geschafft.“

Eigentlich habe ich eine eiserne Regel: Lies keine Kommentare, lies keine Kommentare, lies keine Kommentare. Schon gar nicht unter Artikeln zu #Coronaeltern, zu erschöpften Müttern, zu unbezahlter Care-Arbeit oder zu Debatten, in denen es um bezahlte Urlaube für erschöpfte Eltern nach der Coronakrise geht. „Die sind ja nur noch am Jammern“, „Diese Mütter halten heute nichts mehr aus“, „Wofür kriegt man Kinder, wenn man bei der nächstbesten Gelegenheit ohne sie in den Urlaub fahren will?“ – und der Todesstoß – „Unsere Omas haben das früher schließlich auch ganz ohne Urlaub geschafft.“

Wow. Erst mal danke für die vielen Rabenmutter-Seitenhiebe – offenbar ist es gänzlich unnatürlich, wenn wir mal ein paar Tage nur für uns sein möchten. Schön weiter aufopfern, weil: Was bist du sonst für eine Mutter? Das Oma-Argument ist übrigens auch hinfällig, wenn man sich die Züchtigungs-, Poklaps- und Backpfeifenrate anschaut, die die Generation unserer Eltern als Kinder noch ertragen musste. Wollen wir hier wirklich die von Krieg, Hunger und Gräueltaten gebeutelte Frauengenerationen als Vorzeigemütter hochstilisieren? Diese armen Frauengenerationen, von denen berichtet wird[48], dass sie ihre Kriegstraumata nie aufarbeiten durften und daher zum Beispiel viele von ihnen ihre Fähigkeiten einbüßten, sich sensibel auf ihre Babys einzulassen? Eine Generation, von der es heißt, dass aus den abgehärteten Kriegskindern der 1930er-Jahre nicht selten harte Erwachsene der 1960er wurden, die keinen Sinn für die Probleme ihrer eigenen Kinder hatten? Als Scheidungen von alkoholkranken Ehemännern einer Todsünde glichen und postnatale Depressionen, falls es diesen Begriff damals überhaupt schon gab, wohl als neumodisches Mimimi abgetan wurden. Unsere Omas haben nicht gejammert? Unsere Omas d u r f t e n nicht jammern. Und nun werden diese armen Frauen dazu instrumentalisiert, um auch ihre erwachsenen Enkelinnen heute kleinzuhalten? Ich glaube, es hackt.

Was ich aber an diesem „Mütter von heute können nur noch jammern"-Verbalausfall viel gravierender finde, ist, wie mit diesem gefährlichen Bullshitsatz Erschöpfungskrankheiten ganzer Müttergenerationen unsichtbar gemacht, wissentlich abgetan und verkannt werden. Wir haben eruiert, dass Care-Arbeit nicht selten um 5 Uhr morgens beginnt und bis weit nach 22 Uhr andauern kann und dass sie von Soziolog*innen als eine zweite Schicht nach Feierabend bezeichnet wird. Wir haben gelernt, dass Care-Arbeit offenbar an die 20 Berufe in einem vereint, Tendenz steigend. Es werden Bücher zu Bestsellern, die „Die Erschöpfung der Frauen" heißen. Wir lesen regelmäßig, dass Müttergenesungswerke einerseits Rekordzahlen bei den Mutter-Kur-Anträgen verzeichnen, andererseits ebenso regelmäßig um ihre staatliche Finanzierung bangen müssen. Früher seien die Frauen, die eine Kur in Anspruch nahmen, nahe am Burn-out gewesen, sagt die Geschäftsführerin des Müttergenesungswerks, Yvonne Bovermann. Die aber, die jetzt nach zwei Coronajahren in die Kuren kommen, seien schon mitten drin.[49] Auch ich bekam das alles in Einzelfällen mit, als mich zum Beispiel Nachrichten von Müttern mit postnatalen Depressionen erreichten, die unter den Belastungen des Lockdowns nicht mehr konnten, von Frauen, die ihre eigenen Kinder beim Jugendamt als „gefährdet" einstufen lassen mussten, um während der Kita- und Schulschließungen – die in Deutschland übrigens im westeuropäischen OECD-Ländervergleich mitunter am längsten gedauert haben[50] – einen Notbetreuungsplatz für ihre Kleinkinder zu bekommen. Und während auf der einen Seite also Ärzt*innen bereits die Zeit des kollektiven Mutter- und Familien-Burn-outs ausrufen[51], gibt es auf der anderen Seite wirklich Menschen, die das ernsthaft als Jammern abtun? Oder noch schlimmer, die gewagte These aufstellen, dass „richtige Mütter" das sogar ganz ohne Pausen schaffen? Diese Pausen für sich selbst vielleicht gar nicht so sehr wollen? GAR NICHT WOLLEN?! Wieso?! Weil sie das alles doch so gerne tun?! Weil sie sich das mit dem Burn-out, der Depression oder der besinnungslosen Erschöpfung genau so ausgesucht haben? Weil ein Kind nun mal zur Mutter gehört?!

Wie selbstzerstörerisch stellen wir Mütter denn dar? Wie viel Selbstzerstörung bläuen wir uns selbst damit ein? Aus welcher patriarchalen Versenkung wurde dieser Gedanke geholt, und kann ihn jemand bitte wieder sonst wohin zurückstecken? Dass Mütter Auszeiten, wie regelmäßige Wochenenden oder sogar eine ganze Woche, freiwillig nicht annehmen würden, kann nur jemand behaupten, der für Care-Arbeit einfach nie alleine verantwortlich war. Oder noch schlimmer: der sehr wohl weiß, dass dies den Müttern mit 17 Stunden-Schichten in 20 Berufen gleichzeitig sehr wohl zustünde, aber sie dann diese überteuren, aber freiwillig geleisteten Schichten plötzlich nicht mehr machen würden und sie somit jemand anderes – zum Beispiel der Vater – übernehmen muss. Und noch schlimmer – dieser Vater dann seinem „eigentlichen" Job, nämlich Konsumgüter zu produzieren und diese teuer zu verkaufen, nicht mehr nachkommen kann. Und schon kriegt das Kapitalchiat Panikflecken und flüstert in den süßesten Zungen besagter Mutter sein Märchen von der Superheldin-Mama ohne Urlaubswünsche ein.

Unglaublich, wie toxisch das ist! Hey, du als Mutter scheinst emotional und körperlich ganz schön gefährdet zu sein, mal ganz abgesehen davon, dass du karrieretechnisch und finanziell komplett abgehängt bist. Aber alle drei Monate mal ein paar Tage Urlaub nehmen? Ach nee, das brauchst du doch gar nicht. Dafür liebst du dein Kind doch viel zu sehr! Das ist doch deine Leidenschaft. Du darfst jetzt genau das tun, wofür du geboren wurdest und hast damit das große Glück, deine Bestimmung gefunden zu haben, der du von nun an dein Leben lang nachgehen kannst. Und das auch noch in deiner Freizeit! Weißt du, wie viele dich darum beneiden? Wovon willst du dir denn da jetzt genau Urlaub nehmen? Klar, es ist auch mal Kräfte zehrend, aber dafür hast du doch mit dem Herauspressen des Babys im Kreißsaal Superkräfte verliehen bekommen, weswegen du ja auch nie krank wirst, mitten in der Nacht genau weißt, wo das Babyöl steht und einfach besser als alle putzen, Geschenke verpacken und Arzttermine machen kannst. Und dieses ganze andere Muttertagskartenbullshitnarrativ, das sich dieser Logik bedient.

Zumal, ich weiß ja nicht, wie es euch geht, aber ich möchte meine Familie doch auch im Alltag nicht 24/7 um mich herum haben. Das gilt übrigens auch für alle anderen Menschen in unserem Leben. Meinen Partner will ich nicht die ganze Zeit um mich herum haben, meine Eltern nicht und auch meine beste Freundin nicht. Das heißt doch aber nicht, dass ich sie nicht liebe?! Allein diese Liebeskausalität schon wieder! Es will doch auch niemand jeden Tag Weihnachten feiern. Oder Schokoladenkuchen zum Frühstück, Mittag- und Abendessen, für den Rest seines Lebens. Das ist doch gesunder Menschenverstand! Warum aber setzt ebendieser Menschenverstand aus, sobald frau mal ein Wochenende ohne ihre Kinder verbringen will? Dafür wird ihr dann sofort mangelnde Liebe fürs Kind attestiert? Was ist denn das für ein absurder Zusammenhang? Merkt ihr, wie tief patriarchale Denkmuster in uns allen verwurzelt sind, sodass hier selbst unser gesunder Menschenverstand um den Finger gewickelt wird?

Wie toxisch ist dieses Mutterbild, bitte? Und wie gefährlich – und jetzt wird es leider gleich richtig wehtun –, dass wir dieses Bild unseren Töchtern vorleben? Sie lernen just in diesen Momenten von uns, dass sie sich später als Mütter wohl auch keine Pausen vom Care-Arbeitsalltag werden gönnen können. „Repeat after me: ‚Töchter lernen ihr Freizeitverhalten vor allem von ihren Müttern.'" Psychologin und Bestsellerautorin Patricia Cammarata wird nicht müde, diesen Satz auf ihren Social-Media-Kanälen immer und immer wieder herunterzubeten. Es war der Mental Load, der sie als Mutter quasi ins Burn-out katapultierte, wie sie in ihrem Buch „Raus aus der Mental Load-Falle"[52] beschreibt. Wollen wir das? Ist das die Mutterrolle, die wir uns für unsere Töchter wünschen? Und unsere Söhne auch? Sollen sie lernen, dass sie diese aufopfernde, sich niemals ausruhende und niemals mal für sich selbst sorgende Mutterrolle später auch von ihren Partnerinnen erwarten sollen? „Emanzipation bedeutet nicht bloß, mehr Geld zu verdienen und größere Macht zu haben", schreibt die Journalistin Sabine Maus zu genau diesem Thema[53], „Emanzipation ist auch der Freiraum, den jeder braucht, der sich als wertvolle Person mit eigenen Wünschen und Zielen erleben will." Eigene Wünsche! Eigene Ziele! Das sollen unsere Kinder – unabhängig vom Geschlecht – doch lernen, oder etwa nicht?

Wollen wir also unseren Kindern wirklich vorleben – und ich muss es so drastisch sagen –, wie die besinnungslose Selbstausbeutung einer Mutter funktioniert? *Oh ja, wollen wir*, flüstert das Patriarchat an dieser Stelle, reibt sich die Hände und nickt eifrig. So können wir doch das Bild der sich selbst aufopfernden Mutter schön weitertradieren. Zwar weiß sie vielleicht, dass sie sich das für ihre Tochter nicht wünscht, aber eben weil sie es selbst so vorlebt, wird es ihr ihre Tochter gleichtun, und die ihrer Tochter und die ihrer Tochter.

Na toll, Alex, könnte man jetzt meinen. *Du hast uns doch in den vorherigen Kapiteln lang und breit erklärt, warum wir die Rolle der Kümmerin durch patriarchale Zwänge nicht so einfach ablegen können. Und jetzt kommst du damit um die Ecke, dass wir schuld daran sind, wenn sich unsere Töchter später auch selbst ausbeuten?* Ja! Und wisst ihr wieso? Weil wir damit das Patriarchat austricksen können. Es gibt Studien, die belegen, dass Frauen – surprise, surprise – nicht gut Gehalt für sich verhandeln können. Aber: Sobald Frauen für jemand anderen das Gehalt verhandeln, sind sie spitze. Weil sie sich dann nicht für sich selbst einsetzen sollen (was sie ja nie gelernt haben), sondern sich um andere kümmern (was sie sehr wohl gelernt haben) – in dem Fall darum, dass jemand mehr Gehalt bekommt. Und nun ersetzen wir „Geld verhandeln" mit „Freizeit verhandeln": Mütter sind offenbar nicht gut darin, Freizeit für sich selbst zu verhandeln. Wenn Mütter aber Freizeit für jemand anderen aka ihre Töchter verhandeln sollen, glaube ich ganz fest daran, dass sie die Situation ganz anders beurteilen und händeln könnten.

Heißt, repeat after me: Ich verhandele nicht nur jetzt Freizeit für mich, sondern auch Freizeit für meine Tochter später. Ich will nicht nur jetzt alle paar Monate ein Wochenende für mich, sondern auch *für meine Tochter später*. Ich verhandele nicht nur jetzt 30 Minuten in der Badewanne für mich, sondern auch verdammte 30 Minuten Badewanne *für meine Tochter später!*

Und trotzdem ist mir eine Sache an dieser Stelle ganz besonders wichtig: Denn nicht alle Mütter werden hier nicken, nicht alle sich gleichermaßen angesprochen fühlen, viele von ihnen – wenn nicht schon längst geschehen – werden nun das Buch in die Ecke pfeffern wollen und sagen: „Toller Monolog, Alex, aber du hast ja auch gut reden! Du hast keinen Partner, der dich grün und blau prügelt, wenn du ihm mit Mama-Auszeiten kommst." Oder: „Du hast ja auch keinen Partner, der mit Depressionen zu kämpfen hat, selbst pflegebedürftig ist oder suchtkrank." Oder ganz simpel: „Du bist nicht alleinerziehend, was weißt denn du schon?!" Ihr habt absolut recht! Genau deswegen liegt es an den Müttern mit zahlreichen Privilegien, hier voranzugehen. Auch, weil Genderforscher*innen mir in Interviews bestätigten, dass gerade diese privilegierten, gut situierten, oftmals urbanen und als emanzipiert und aufgeklärt geltenden Paare aktuell in die größte Retraditionalisierung abdriften.

Es liegt also an Müttern in festen Partnerschaften, mit deutschem Namen und weißer Hautfarbe, an Müttern in Partnerschaften auf Augenhöhe, mit gesunden Familienmitgliedern und einigermaßen festem Einkommen, voranzugehen, einfach weil wir es am ehesten können. Es liegt an ihnen, die Rolle der Übermutter nicht eins zu eins zu kopieren, sondern zu hinterfragen, woher diese Rolle eigentlich kommt, wer davon profitiert, wer darunter leidet und um zu verstehen, dass ein ganzes historisch gewachsenes System aus Frauenunterdrückung dahintersteckt.

Und damit steigen wir wieder ein in die Analyse: Warum ist es eigentlich so verpönt und so „unmütterlich", wenn eine Mutter Urlaub von der Care-Arbeit haben möchte? Hier hilft, ähnlich wie beim Bullshit, dass Care-Arbeit doch aus Liebe geschieht und folglich nicht entlohnt werden muss, wenn man auch den Bullshitsatz „Jetzt wollen sie auch noch Urlaub von ihren Kindern" einfach in den Joballtag überträgt. Wir stellen uns an dieser Stelle ein sehr anspruchsvolles und zeitintensives Projekt vor, das man – sagen wir – acht Wochen lang am Stück inklusive Wochenenden und spätabendlicher Überstunden durchgezogen hat. Wenn wir nicht gerade in einer prekären Branche arbeiten, wissen wir, dass nach einem solchen Projekt eine Gehaltserhöhung, ein Bonus oder zumindest ein Überstundenabbau und Freizeitausgleich anstehen. Richtig? Richtig.

Auf der anderen Seite haben wir einen Job, der über viele Jahre hinweg täglich in 17-Stunden-Care-Arbeitsschichten, samt Abend-, Nacht-, Wochenend- und Feiertagsbereitschaft ausgeübt wird. Anspruch auf Urlaubsgeld gibt es nicht, Krankheitstage schon mal gar nicht. Dafür alle drei Monate oder vielleicht nur einmal im Jahr 48 Stunden Freizeitausgleich, ganz alleine? Was bist du denn für eine Mutter? Liebst du dein Kind etwa nicht? Unsere Omas haben das selbst im Krieg hingekriegt.

Ja, ich weiß. Atmen.

Denn das passiert eben, wenn man Care-Arbeit unsichtbar macht, als nicht-echte Arbeit definiert und dafür keinen Lohn vorsieht. Der Rattenschwanz ist nämlich: Wer keine „echte" Arbeit macht, hat darauf auch keinen „echten" Urlaubsanspruch. Und genau d e s w e g e n , genau deshalb wird jeder ausgesprochene Urlaubswunsch einer Mutter oder einer anderen pflegenden Person von unserer Gesellschaft als unnatürlich abgestraft. Weil es sich nicht gehört. Weil wir keinen Anspruch darauf haben. Weil Care-Arbeit nun mal keine echte Arbeit ist und somit keinen Urlaub verdient. Solange Care-Arbeit nicht als echte Arbeit anerkannt wird, wird sich auch jeder damit in Verbindung stehende Urlaub, jedes freie Wochenende ohne Kinder wie ein Betrug anfühlen, wie etwas, das uns nicht zusteht, wie etwas, das wir nicht verdient haben. Weil in unseren Köpfen nur ein „echter" Job einen Urlaubsanspruch legitimiert.

Es ist schade, wirklich schade, dass Karl Marx bei seinen Arbeitskampfausführungen vor 200 Jahren die Care-arbeitenden Frauen einfach vergessen hat[54]. Hätte er sie berücksichtigt, wer weiß, wäre Care-Arbeit heute vielleicht längst bezahlt und zumindest dieses Kapitel dieses Buches obsolet geworden.

Stattdessen sitze ich hier und merke, dass das Ende des Kapitels noch lange nicht erreicht ist. Denn während meine Finger weiter über die Tastatur rasen, fällt mir etwas ein, das ich so ähnlich neulich bei der Journalistin Mareice Kaiser[55] gelesen habe: Warum haben care-arbeitende und nicht-care-arbeitende Menschen eigentlich exakt dieselbe Anzahl an Urlaubstagen? Wenn du jemanden pflegst oder Kinder betreust, machst du das ja zwangsläufig in deiner freien Zeit. Du kannst nicht im laufenden Betrieb jemanden, der nicht laufen kann, aufs Klo hieven oder zwischen Call und Meeting jemandem die Punkt-vor-Strich-Rechnung erklären. (Auch wenn sich das Märchen von der Vereinbarkeit in Form von Homeschooling aka „Mutti macht das schon" gerade in Deutschland sehr lange hielt.) Haben aber care-arbeitende Menschen und nicht-care-arbeitende Menschen exakt dieselbe Anzahl an Urlaubstagen, also keinen zusätzlichen und bezahlten Care-Arbeitsurlaubsanspruch, wie genau gehen dann die folgenden Zahlen auf? Die Hamburger Schulen werden im Jahr 2022 62 Ferientage haben.

62! In meinem ersten Angestelltenjob hatte ich aber gerade mal 25 Urlaubstage zur Verfügung. Selbst wenn man das Privileg hat, 30 Urlaubstage zu haben, ist da immer noch mehr als die doppelte Menge an Tagen, die abzudecken sind.

Ja, theoretisch ist da noch ein Partner, aber: Erstens hat jede vierte Frau in ihrem Leben schon häusliche Gewalt durch einen Partner erfahren[56], da ist sicherlich nicht viel mit Ansprüche stellen, wer wann im Sommer die Kinder zu betreuen hat. Und zweitens ist jede fünfte Elternschaft in Deutschland ein Ein-Eltern-Haushalt. Da fallen also schon relativ viele Partner weg, die theoretisch ihren Anteil übernehmen könnten. Hinzu kommt, dass 73 Prozent der heutigen Mütter mit Kindern unter sechs und 64 Prozent der Mütter mit Kindern älter als sechs in Teilzeit arbeiten[57], ein Großteil der Alleinerziehenden müssen das sogar, weil es nicht genug Kita- und Ganztagsschulen gibt. Und wer Teilzeit arbeitet, hat meist noch weniger Urlaubsanspruch. Die 62 Ferientage aber bleiben natürlich für alle gleich. Wie soll das auch nur ansatzweise funktionieren?!

Ja komm, Alex, dafür gibt es Horte und Ferienbetreuung in den Schulen, könnte man jetzt sagen. Ach ja, wenn ich als Mutter also Freizeit will, schicke ich mein Kind in die Ferienbetreuung und gönne mir eine Woche Malle? Die Realität sieht doch so aus, dass die meisten Eltern erwerbsarbeiten, wenn ihre Kinder betreut sind. Und wenn sie nicht erwerbsarbeiten, dann machen sie Urlaub mit ihren Kindern, was aber am Ende – seien wir mal ehrlich – auch nichts anderes ist als Care-Arbeit unter Palmen. Wann aber, frage ich mich, können Eltern, und vor allem Mütter, mal Urlaub von allem machen? Von Erwerbs- und von Care-Arbeit? Stünde ihnen das nicht auch zu? Pflegende Menschen haben doch zwei Jobs – die Erwerbsarbeit und die Care-Arbeit. Müsste ihnen dann nicht theoretisch auch zweimal Urlaub zur Verfügung stehen? Um wenigstens wettzumachen, dass sie für ihren zweiten Job, also die Care-Arbeit, keinen Lohn bekommen?

Ich höre schon die Hans-Joachims auf Ingeborgs Geburtstagsfeier mit ihren Hufen scharren: *„Wieso sollen Eltern mehr Urlaubsanspruch haben als ich?! Das haben die sich mit ihren Bälgern schließlich selbst so ausgesucht!"* Ist richtig, Hans-Joachim! Aber was glaubst du eigentlich, wer dir später deine Rente bezahlt? Ist es ganz vielleicht mein Kind, das ich in dieses chronisch vergreiste Land gesetzt, umsonst umsorgt, umsonst erzogen und umsonst gelehrt habe, damit es uns allen später als Arbeitskraft und allen voran dir ganz persönlich als Rentenzahler zur Verfügung stehen wird?!

Atmen.

Immerhin nimmt die Diskussion um erhöhte Kinderkranktage endlich Fahrt auf: Während der Corona-Pandemie wurden die Kinderkranktage von 10 auf 30 pro Jahr und Elternteil erhöht und für Alleinerziehende auf 60 Tage pro Jahr. Dass die meisten Eltern lieber sich selbst krankmelden, weil sie bei Kinderkrankmeldungen Geld einbüßen, ist noch mal eine andere Geschichte. (Was für eine Farce übrigens: Das Kind ist krank, schlimm genug, als ob sich das irgendwer so aussuchen würde. Und dann wird man auch noch mit weniger Lohn dafür bestraft, dass man sich um das Kind kümmert, statt es bei vollem Gehalt mit Fieberzäpfchen im Po in die Kita zu schicken.)

Wenn ich Mareice Kaisers Gedanken von vorhin aber weiterdenke, stellt sich mir die Frage: Warum haben care-arbeitende Menschen eigentlich keinen zusätzlichen Anspruch auf Krankengeld, wenn sie im Rahmen ihrer Care-Arbeit länger ausfallen? Sie haben ja zwei Jobs, Erwerbs- und Care-Arbeit. Werden sie langfristig krank, bekommen sie Krankengeld über die Erwerbsarbeit, ja. Warum gibt es aber nicht zusätzlich ein Care-Arbeits-Krankengeld? Für eine Mutter, die krank wird und das Kind nicht mehr beaufsichtigen kann? Für einen Teilzeit-arbeitenden Vater, der erkrankt und das Kind nachmittags nicht von der Schule abholen kann? Warum ist es normaler Small Talk auf einem Spielplatz, wenn Eltern sich gegenseitig erzählen wie all ihre Vereinbarkeit, alle ihre ausgetüftelten Schichten und Abholzeitensysteme wie ein Kartenhaus zusammenbrechen, sobald ein Kind – oder noch schlimmer – sobald eines der Elternteile selbst erkrankt? Und dass sie sich, eben weil sie wissen, dass alles zusammenbrechen würde, gar nicht erst erlauben, krank zu werden? Diese Formulierung allein! Nein, Körper, ist mir scheißegal, ob du mir mit Nervenzusammenbrüchen, Bandscheibenvorfällen oder Burn-out drohst. Du! Bleibst! Gesund!

Und dann wurde es mir klar: weil der Kapitalismus schlicht und ergreifend kein monetäres Auffangnetz für die kranke Care-Arbeitende aufbauen will. Es gibt keine „Lohnfortzahlung" bei Krankheit für Care-Arbeitende, weil es für Care-Arbeit ja auch gar keinen Lohn gibt. Es gibt kein automatisiertes, bedingungsloses Auffangsystem aus Putz-, Koch-, Nachmittagsunterstützer*innen, die spontan in die Familie geschickt und vom Staat finanziert werden. So etwas gibt es beispielsweise für die ersten zwei Wochen nach Geburt eines Kindes in den Niederlanden. Da kommt eine vom Staat finanzierte „Kraamverzorgende" in die Familien[58], eine ausgebildete Säuglingsschwester, die einkauft, kocht und sich bis zu zwei Wochen lang nach der Geburt um die Geschwisterkinder kümmert – und zwar bis zu acht! Stunden! am Tag! Na, läuft euch auch gerade das Wasser im Munde zusammen? Immerhin las ich neulich etwas über Familienpflegeeinrichtungen, die von Krankenkassen finanzierte Haushaltshilfen zu erkrankten Familien nach Hause schicken[59]. Davon hatte ich vorher noch nie etwas gehört. Was wahrscheinlich auch daran liegt, dass es auch hier nicht genug Pflegekräfte gibt, die Krankenkassen entweder nicht bezahlen wollen oder die Kräfte selbst für den Niedriglohn nicht arbeiten möchten, weil – und so schließt sich der Kreis wieder – unser kapitalistisches System Care-Arbeit einfach nicht als lohnenswert anerkennen will. Es gibt ja schließlich Omas, die aushelfen könnten, Babysitterinnen oder Mamafreundinnen. Private Lösungen eben, wie praktisch, muss sich der Staat nicht kümmern.

Frage an diesen Staat: Was passiert aber, wenn private Lösungen nicht funktionieren? Während einer weltweiten Epidemie zum Beispiel? Und so war es bereits Monate nach Beginn der Verbreitung von Corona, als ersten Medien endlich auffiel, dass völlig unklar ist, wer eigentlich auf die Kinder von Corona-infizierten Eltern aufpassen soll, wenn die ins Krankenhaus müssen, aber aufgrund von Kontaktbeschränkungen keine Freund*innen, Babysitter*innen und schon gar keine Großeltern einspringen konnten. Da haben dann erst Krankenhäuser provisorisch die Kinder mit den Eltern zusammen aufnehmen müssen. Oder es wurde den Eltern geraten, über die sowieso schon völlig überlasteten Jugend- und Gesundheitsämter eine Babysitterin zu recherchieren oder sich eine Haushaltshilfe zu organisieren.[60] Während man 40 Grad Fieber hatte und mit einem neuartigen Virus kämpfte. In Isolation. Mit Kleinkindern in Quarantäne. Die im Zimmer nebenan gerade durchdrehten.

Wie man solche Familienpflegedienste zum Beispiel besser finanzieren könnte? Über eine Art Care-Arbeitskrankenversicherung, in die alle einzahlen müssten zum Beispiel. Weil: Solidarität mit Menschen, die Kinder in unser chronisch vergreistes Land setzen und so. Aber natürlich gibt es keine Care-Arbeitskrankenversicherung, und es gibt auch keinen Arbeitgeberanteil zu einer solchen Versicherung, weil Care-Arbeit ja auch gar keinen Arbeitgeber hat.

In der Erwerbsarbeit gibt es außerdem dieses ungeschriebene Gesetz, die kranke Kollegin während ihrer Krankschreibung nicht mit Mails oder Anrufen zu stören, weil sie ja krank ist und sich auskurieren soll. Bei der Care-Krankschreibung gibt es natürlich kein ungeschriebenes Gesetz gegen das „Mama, komm mal!", damit sich die Kranke auskurieren kann. Es gibt höchstens die Möglichkeit des „Papa, komm mal!" – wenn es denn überhaupt einen Papa gibt – und die Möglichkeit des „Oma, komm mal!", wenn sie noch lebt und in der Nähe wohnt. Allerdings sind auch das alles private Krankheitsvertretungen, denn für meinen Dienst am Staat – Kinder in die Welt setzen oder Alte pflegen – scheint mich dieser Staat nicht entlohnen zu wollen und will folglich auch nicht einspringen, wenn ich diesen Job krankheitsbedingt für eine gewisse Zeit nicht ausführen kann. Und das ist tatsächlich ziemlich bitter.

Natürlich würden beide Debatten, sowohl um Care-Arbeitsurlaubsanspruch wie auch Care-Arbeitskrankschreibung deutlich an Fahrt aufnehmen, wenn Care-Arbeit tatsächlich einem Beruf im wirtschaftlichen Sinne, samt Mindestlohn, entsprechen würde. Aber weil der Staat dafür keine „Güter" bekommt, sondern „nur" glückliche Kinder und Alte, kann das kein Kapitalismus, der bei Sinn und Verstand ist, wollen. Stattdessen streuen wir weiter unsere Mär von „Eine echte Superheldinnen-Mama braucht doch keinen Urlaub nur für sich, sie wird auch nie krank, schließlich hat das ihre Oma im Krieg auch schon geschafft, und sie hat sich das ja auch alles genau so ausgesucht."

Hier also eine kurze Zusammenfassung des Wahnsinns

und Munition gegen den Bullshitsatz, dass unsere Omas das ja schließlich auch allein geschafft haben, dass das ja alles nur Jammern wäre und „richtige" Mütter gar keinen Urlaub allein für sich wollen, weil sie ihr Kind viel zu sehr lieben: Das ist der größte patriarchale Schwachsinn, den sich das System hätte ausdenken können – und damit leider genial. So stand Omas Liebe fürs Kind proportional zu ihrer Erschöpfung als Mutter. Und die Gesellschaft sagt mir damit damals wie heute, dass ich das eine nur im Zusammenhang mit dem anderen haben kann. Was für ein krankes und toxisches Erbe, das wir ganz sicher nicht mehr antreten sollten!

Also sprecht mir nach: Nein, ich liebe meine Kinder nicht ein Stück weniger, wenn ich mal Urlaub von ihnen haben möchte. Nein, ich bin keine schlechte Mutter, wenn ich regelmäßig übers Wochenende alleine wegfahre. Es macht mich sogar zu einer viel besseren Mutter, wenn ich mal für mich bin und Energie auftanken kann, wenn ich meiner Tochter zeige, was Selbstfürsorge ist, wenn ich meinem Sohn zeige, dass seine Bedürfnisse nicht immer an erster Stelle kommen (ja, genau!) und dass seine Bedürfnisse auch in Zukunft nicht immer von einer meist weiblichen Person bis zur völligen Erschöpfung 24/7 erfüllt werden müssen.

Statt mich also zu fragen, warum ich denn allein in den Urlaub will, sollten wir uns oder gleich die Regierung fragen, warum care-arbeitenden Menschen eigentlich nicht mehr Urlaubstage zur Verfügung stehen? Oder warum es eigentlich keine Care-Krankenversicherung gibt? Wie es sein kann, dass der Staat sich fragt, warum immer weniger Kinder in dieses Land gesetzt werden, aber dieses Land gleichzeitig für die Care-Arbeit an diesen Kindern nicht aufkommen will. Weil: Ist ja schließlich unser privates Vergnügen.

> „I need a break from my family so that I can remember that I love them and do, in fact, want to continue living there."[61]

Diesen Satz las ich neulich auf Instagram und musste sehr nicken. Bei aller Systemkritik an dieser Stelle auch noch ein kleiner individueller Tipp zum Schluss: Mir hilft gegen das schlechte Gewissen oder gegen übergriffige Sprüche, warum ich denn Urlaub von meinen Kindern haben möchte, wenn ich nicht mehr von „kinderfrei", sondern von „familienfrei" spreche. Auch für mich selbst. Denn von seiner Familie Abstand zu gewinnen, scheint Gemüter in diesem Land irgendwie nicht ganz so zu erzürnen wie der Wunsch nach Abstand zu seinen eigenen Kindern.

„Frauen wollen doch die Verantwortung zu Hause gar nicht abgeben!"

Jetzt kommt ein ganz heikles Thema, bei dem im Grunde nicht nur der Grabenkampf zwischen Frauen und Männern, sondern auch zwischen Frauen und Frauen tobt. Denn wir kommen zu einem Thema, das auch unter Frauen stark umstritten ist. Das auch mich immer wieder hadern ließ. Wir reisen kurz in das Jahr 2018 zurück: Ich schrieb einen Artikel darüber, warum ich eigentlich keine andere Frau kenne, die, genau wie ich, trotz zwei Kitakindern Vollzeit arbeitete, fand heraus, dass statistisch gesehen dies weniger als jede zehnte Frau tut[62] und ich folglich überhaupt erst mal mehr als zehn Mütter von Kleinkindern kennen müsste, um auf eine andere Vollzeit arbeitende Mutter zu treffen. Eine beunruhigende Retraditionalisierung war im Gange, ich hatte das Gefühl, sie entdeckt zu haben, und wollte als Journalistin, Redakteurin und überhaupt Frau die Aufmerksamkeit darauf lenken.

An dieser Stelle sei erwähnt, dass ich erst in diesem Jahr begonnen hatte, mich aktiv mit Diskriminierungen von Frauen und Müttern auf dem Arbeitsmarkt auseinanderzusetzen und zu diesem Zeitpunkt der Annahme glaubte, dass es „nur" an den freiwillig und „falsch" getroffenen persönlichen Entscheidungen der Frauen lag, dass sie sich mit Beginn der Mutterschaft selbst in Teilzeitfallen und Karrieresackgassen manövrierten. Eine Annahme, die auch heute noch sehr weit verbreitet ist, einfach weil es viel bequemer ist, den Müttern die Schuld in die Schuhe zu schieben, statt nach dem Fehler im System zu suchen. Dass sich ein ganzes System auf die bewusste und gelebte Unterdrückung dieser Frauen stützt und die meisten Frauen gar nicht anders können, als sich selbst in diese Teilzeitfallen und beendete Karrieren zu manövrieren, war mir zu diesem Zeitpunkt noch nicht bewusst. Vielleicht ist es auch vielen von euch nicht bewusst, das kann ich sehr gut verstehen, mir ging es ja auch lange so. Praktisch für das Patriarchat – das Problem sind die Frauen selbst, nein, nein, also das Patriarchat kann es natüüürlich nicht sein, das gibt es doch schon lange nicht mehr in Deutschland. Bitte nun einmal auf das Cover gucken und euch vorstellen, wie ich mit den Augen rolle.

Aber machen wir weiter mit der 2018-Alexandra: Ich sprach also für besagten Artikel mit einer Soziologin, die meine These bekräftigte und von einer noch nie da gewesenen Retraditionalisierung der Geschlechterrollen sprach – und zwar gerade in recht aufgeklärten, modernen, urbanen und sich selbst als emanzipiert und gleichberechtigt deklarierenden Partnerschaften. Eine Retraditionalisierung bei der Kreißsäle wie eine Zeitmaschine in die Vergangenheit wirken: Paare gehen im Hier und Jetzt in den Kreißsaal hinein und kommen 1960 wieder heraus.

Auf meine Frage nach dem Grund für diese Entwicklung nannte sie unter anderem einen Begriff, von dem ich bis dato noch nie gehört hatte: die Theorie des „Maternal Gatekeeping". Der beschreibt das Phänomen, dass Mütter enorme Probleme damit haben, ihre mütterlichen Pflichten und Verantwortlichkeiten abzugeben und sie Väter sogar aktiv davon abhalten, ihnen gewisse Care-Arbeitsaufgaben abzunehmen. Stattdessen würden sie wie eine Türsteherin (daher auch Gatekeeper) vor dem Windelkauf, dem Sonnencreme-Auftragen und dem

Strandtaschen-Packen stehen und es lieber selbst machen, weil nur sie wissen, wie es „richtig" geht. Und ich? Fühlte mich sofort ertappt. Denn auch ich konnte nicht loslassen, auch ich war eine Maternal-Gatekeeperin, eben weil die Erwartungshaltung von außen und die, die ich mir selbst als Mutter auferlegte, es genau so von mir verlangten.

Bei mir äußerte sich das Gatekeeping immer dann, wenn ich wusste, dass der Mann am nächsten Morgen mit dem Baby rausgehen würde und ich ihm am Abend vorher die warmen Wolle-Seide-Bodys auf die Wickelkommode legte; oder wenn ich den Mann ab 22 Grad aufwärts halb flehend, halb drohend ermahnte, den Kindern doch biiiitte Sonnenhüte aufzusetzen und sie ja einzucremen – „und zwar ordentlich!"; oder wenn ich es war, die mit dem erkälteten Kind zur Ärztin ging, weil: Der Mann könnte mir oder – noch schlimmer – der Ärztin eine wichtige Information nicht mitteilen; oder wenn ich die Geschenke für den Geburtstag der Nachbarskinder einpackte, weil: Der Mann konnte das eben nicht so hübsch wie ich. Oder oder oder. Die 2018-Alexandra fand den Begriff des Maternal Gatekeeping brillant. Endlich hatte etwas, das ich von mir und vielen anderen Müttern in meinem Umfeld kannte, einen Namen. Und ich konnte anfangen, dagegen anzukämpfen.

Ich verfasste also Instagram-Posts und Artikel, die durch die Decke gingen, in denen ich Mütter über ihr eigenes Gatekeeping aufklärte und ihnen riet, doch endlich mal locker zu lassen, abzugeben, zu ent-katastrophisieren und sich selbst zu fragen, was denn jetzt wirklich Schlimmes passieren würde, wenn wir in den Urlaub fahren und die Matschhose auf der heimischen Heizung liegen bleibt, obwohl das gefühlt die einzige Aufgabe des Mannes war. Ich wurde zur großen Verfechterin von „Lasst los, lasst den Papa mal ran" und im Zweifelsfall: „Lass die Haufen der Dreckwäsche, des Dreckgeschirrs und des Dreck-Everythings doch einfach so lange stehen und liegen, bis es ihn selbst anekelt und er es von allein wegräumt."

Denn tatsächlich – und das mag jetzt die eine oder andere überraschen – glaube ich wirklich, heute wie damals, dass es Maternal Gatekeeping gibt. Ja, ich glaube, dass es Frauen gibt, die sich in diesem Bereich als Expertinnen empfinden, höhere Sauberkeitsstandards und wesentlich höhere Ansprüche an sich selbst haben und, wenn der Mann übernehmen möchte, nicht loslassen wollen – oder vielmehr nicht loslassen können. Und *genau das* ist der Knackpunkt.

Denn worüber ich mich bei der ganzen Debatte heute maßlos aufrege, ist erstens, dass die meisten Verfechter des Maternal Gatekeeping (und schaut man sich journalistische Artikel zum Thema an, sind sie oft von Vätern mit latent verletztem Ego verfasst) nicht nach dem Warum für dieses Gatekeeping fragen. Und zweitens, dass diese These ernsthaft als einer *der* wichtigsten Gründe präsentiert wird, warum sich Väter bei der Care-Arbeit nicht einbringen (können). Weil angebliche Helikopter-Mütter sie freiwillig (!) nicht lassen würden.

Genau an dieser Stelle kündigte ich meine Mitgliedschaft im Fanclub des Begriffs Maternal Gatekeeping, weil ich verstanden hatte, dass das schon wieder – und ich muss es so deutlich sagen – patriarchale Kackscheiße ist. Warum? Weil der Begriff die Schuld für die tägliche Überlastung der Mütter durch die täglich zu erledigenden 378 Care-Arbeitsaufgaben mal wieder bei diesen Müttern ablädt; also die Opfer der Misere mit den Worten „Bist ja auch selbst schuld" stehen lässt. Statt zu hinterfragen, *warum* sich denn eine Mutter verpflichtet fühlt, alles zu regeln, *warum* sie das Gefühl hat, alles allein machen zu müssen, *warum* sie das Gefühl hat, ihr Partner sieht nur die Hälfte vom Dreck, weiß nicht, wo die Sonnencreme ist, geschweige denn wie viel man davon auftragen muss. Und wie es sein kann, dass ein Haufen Väter Maternal Gatekeeping schreien, statt sich vielleicht mit eigenen „Paternal Underperforming" auseinanderzusetzen. Ein Begriff, den Journalistin Anne Dittmann in einem Artikel[63] so treffend formulierte, dass sie dafür prompt eine Flutwelle an Hasskommentaren von verletzten Männern bekam.

Denn, sorry, wenn Markus sagt: „Martina, du hast dir da zwar mühselig ein System aufgebaut und kennst die Zielgruppe (aka Baby) und ihre Bedürfnisse ganz gut, aber ich mach's jetzt auf meine Art, und wenn du das nicht akzeptierst, mache ich halt gar nichts mehr", ist das schon ein bisschen lächerlich. Wenden wir hier meine Lieblingsforderung an, Care-Arbeit zu bezahlen und Care-Arbeit wie echte Arbeit in einem kleinen feinen Familienunternehmen zu betrachten, dann ist es doch in etwa so, als würde jemand in ebendiesem Unternehmen sagen: „Hey Martina, ich bin neu hier und kenne die Abläufe noch nicht. Ich werde aber nicht auf deine Expertise hören – du, die das schon seit Monaten macht –, stattdessen mache ich es einfach auf meine Art, und wenn du das blöd findest, bist du eben doof, und dann will ich auch nicht mehr für dich arbeiten!"

Hör mal Markus, bei jedem anderen Jobprojekt entwickelst du doch auch geradezu Herkuleskräfte, schiebst Überstunden, arbeitest dich in neue Bereiche ein, aller Kritik zum Trotz. Aber wenn dich Martina auf eine falsch gekaufte Windelmarke aufmerksam macht (zu Recht übrigens, weil sie einen Wissensvorsprung hat, samt nachts ausgelaufener Windel, schreiendem Baby, nasser Matratze, Bettbezug und Schlafsack, die sie mitten in der Nacht wechseln muss, weil d u ja am nächsten Morgen früh ins Büro musst), verschränkst du die

Arme und sagst „Dann mach doch deinen Scheiß alleine"? In welchem Unternehmen wäre so eine Arbeitseinstellung bitte in Ordnung? In welcher Branche würde man für so ein trotziges Verhalten denn nicht abgestraft werden? Offenbar in der Care-Branche.

Ja, Alex, das eine ist ja auch der Job, das andere nur die Care-Arbeit, könnte man jetzt sagen. Ist ja interessant! Weil Erwerbsarbeit irgendwie wichtiger ist? Weil Markus da brillieren und sich nicht blamieren möchte? Und bei Care-Arbeit ist es ihm irgendwie egal, weil es nur Care-Arbeit ist? Und es dafür eh keine Anerkennung gibt? Oder weil er es ätzend findet, hier nicht der overperformende Projektleiter zu sein? Oder weil er es noch ätzender findet, von einer overperformenden weiblichen Projektleiterin für seine Underperfomance gerügt zu werden?

Oder ist es ganz anders, und Markus möchte absichtlich nicht mit der Care-Arbeit belastet werden und eigentlich gerne gänzlich aus dieser Anstellung entlassen werden, weswegen er sich bewusst dämlich anstellt, damit er den „Scheiß" nie wieder machen muss? *Also komm, Alex, das ist eine Unterstellung und sexistisch obendrein!* Ja, ich wünschte auch, dass würde nur meiner blühenden klischeehaften Fantasie entspringen, aber ich bin vor Kurzem über eine unfassbare Studie gestolpert: Gemma Hartley zitiert in ihrem Buch „Es reicht"[64] eine britische Umfrage unter 2000 Menschen, bei der die befragten Männer zugaben, bei der Hausarbeit tatsächlich absichtlich schlecht performt zu haben, um hinterher damit nicht noch mal belästigt zu werden. Ja, ernsthaft. Während ihr jetzt womöglich mit dem Kopf schüttelt, halb ungläubig, halb misstrauisch, kann ich euch nur beipflichten, denn auch ich hatte an der Stelle einfach keine Worte mehr. Wir reden hier nicht von ein paar infantilen Deppen, es waren – und ich kann es selbst kaum fassen – 30 Prozent der erwachsenen Männer. Das ist jeder dritte Typ in unserem Freundeskreis! Na, geht ihr auch gerade gedanklich die Paare in eurem Umfeld durch? Ich muss es einfach noch mal auf meiner Tastatur zergehen lassen: „Men deliberately do housework badly to avoid doing it in the future“[65] hieß der Artikel aus der britischen Tageszeitung. What the actual fuck?

Ja, das war vielleicht eine wissenschaftliche Eintagsfliege, könnte man jetzt hoffen. Darauf hoffte auch ich, bis eine zweite Studie kein Jahr später eine sehr ähnliche Bilanz zog – und zudem noch eine andere, nicht minder absurde Zahl ans Licht brachte. Frauen verbrachten demnach drei Stunden pro Woche damit, die Arbeiten, die sie vorher an ihre Partner delegiert hatten, noch mal neu zu machen. Drei! Stunden! Pro Woche! Was für eine unfassbare Zeitverschwendung! Für beide!

Und wenn jetzt jemand denkt: *Vielleicht sind diese Frauen krasse Kontrollfreaks und müssen lernen, loszulassen und nicht immer rumzunörgeln.* Ja, vielleicht. Sicherlich gibt es auch Studien über notorische Kontrollfreakmütter. Aber die zweite Studie zeigte auch, dass mehr als die Hälfte dieser Frauen am Mann gar nicht rumnörgelten, weil sie – und das ist nur noch traurig – tatsächlich davon ausgingen, dass der Mann schon sein Bestes gegeben hatte. Und ja, vielleicht handelt es sich bei der anderen Hälfte um besagte Kontrollfreakmütter. Aber wenn sich auch unter ihren Partnern statistisch gesehen jeder dritte beim Wäsche waschen, Geschirrspüler ausräumen oder Strandtasche packen a b s i c h t l i c h dumm anstellt – ist es dann noch verwunderlich?

Doch bevor Markus dieses Buch hier in die Ecke pfeffert, sich angegriffen und vollkommen missverstanden fühlt, will ich ihn auch ein Stück weit in Schutz nehmen. Denn ich will wirklich keinen Geschlechterkampf eröffnen, damit ist niemandem geholfen. Mütter sind keine notorisch perfektionistischen, dauerputzenden Besserwisserinnen und Väter keine hinterhältigen, faulen Wickelidioten. Ganz viel davon ist auch hier Sozialisation. 30 Prozent aller heutigen Väter geben an, selbst keine Väter erlebt zu haben, die ihnen Care-Arbeit vorgelebt haben. Seit Jahrzehnten sind Männer in einer Arbeitswelt unterwegs, deren veraltete Chefetagen Vätern, die Kinderkrankentage beantragen wollen, entgegnen: „Hast du keine Frau zu Hause, die so was macht?“ Und selbst wenn Jungs heute gern Spielputzzeug geschenkt bekommen wollen, werden sie auch im Jahr 2022 im Spielzeugladen Kinderputzsets in den Händen halten, die „Putzfrau“ heißen[66]. Im Regal daneben stehen dann die Kinderstaubsauger, die natürlich mit einem kleinen Mädchen beworben werden, versehen mit dem Spruch „Mit uns lernen sie früh.“[67] Kein Witz - alles echte Produkte!

Während ich diese Zeilen schreibe, kommt mein Sohn zu mir, damit ich ihm bei einem neuen Buch helfe, das immer wieder Rätsel für seine Leser*innen parat hat, Witze reißt und auch mal schimpft. Es ist eigentlich ziemlich witzig und vermittelt, dass es o.k. ist zu popeln, nicht aufzuräumen und dreckige Füße zu haben – aber offenbar nur für Jungs. Denn im Rätsel, das mein Sohn mir vorlegt, soll er ein imaginäres Mädchen namens „Liebmarie“ (dieser Name allein schon!) loswerden, weil sie viel zu reinlich ist, nur rosa Einhörner malt und lieber ihr Zimmer aufräumen gehen sollte, „wie das brave Mädchen halt so machen“. In einem Buch, das 2021 erschienen ist! Es kann doch nicht sein, dass ich wie eine Klischeepolizei vor dem Kauf erst durch alle Bücher meiner Kinder blättern muss, um zu überprüfen, ob da nicht irgendeine sexistische Kackscheiße drin versteckt ist?!

Sozialisation ist also sicher auch einer der Gründe, warum Männer nicht richtig gelernt haben, Dreck zu sehen. Und ja, sicher spielt hier auch Biologie mit rein. Damit meine ich aber nicht, dass Frauen von Natur aus höhere Sauberkeitsstandards haben oder Frauengehirne sich Sachen besser merken können oder irgendein anderes schwachsinniges Klischee. Ich meine damit, dass sich all unsere Gehirne zum Beispiel besser merken können, wo oder eben *bei wem* wir eine Information erhalten, als die Information selbst. Die Psychologin und Bestsellerautorin Patricia Cammarata sprach mal über diesen Zusammenhang und wendet ihn auf die Verteilung der Care-Arbeit an: Weil Frauen so sozialisiert wurden, dass sie an die 378 offenen Tabs in ihrem Gehirn selbst denken, und Männer so sozialisiert wurden, das nicht zu tun, haben sich die männlichen Gehirne daran gewöhnt, dass es für sie effizienter ist, sich gar nicht erst zu merken, um welche Zeit das Kind mittwochs abgeholt werden soll, sondern bei der Frau nach dieser Information zu fragen. Was die, verständlicherweise, beim siebzehnten Nachfragen rasend macht. Weswegen Cammarata Frauen übrigens rät, sich bei der Beantwortung solcher Fragen so oft es geht tot zu stellen, damit die andere Person buchstäblich ihr eigenes Hirn einschaltet.

Auch ich habe mich schon am Ent-katastrophisieren geübt, habe meine Sauberkeitsstandards heruntergeschraubt, dreckiges Geschirr einfach stehen lassen, absichtlich kein Wasser und keine Snacks mit auf den Spielplatzausflug mitgenommen und nasse Wäsche in der Maschine so lange liegen lassen, bis er es selbst merkte. Merkte er aber nicht. Stattdessen hatten wir stinkende Wäsche, die Kinder waren grantig, und wenn Besuch kam, sah unsere Küche aus wie in einer RTL-2-Doku. Zumal wir mit vielen dieser Handlungstipps schon wieder in die „Das-Opfer-ist-an-der-Misere-selbst-schuld"-Richtung segeln und die Schuld und auch die Lösung mal wieder bei der einzelnen Mutter suchen statt im System. Statt nach dem Warum zu fragen. Und mit dem Zeigefinger mal Richtung Sozialisation zu deuten, die seit vielen Hundert Jahren Frauen (und auch Männer) ganz schön brainwasht. Oder um es mit den Worten von Max Planck auszudrücken: „Im Allgemeinen aber kann man nicht stark genug betonen, dass die Natur selbst der Frau ihren Beruf als Mutter und Hausfrau vorgeschrieben hat, und dass Naturgesetze unter keinen Umständen ohne schwere Schädigungen […], ignoriert werden können."[68] Ohne schwere Schädigungen? Dein Ernst? Wie soll da ein Paar im Jahr 2022 also nicht das Gefühl haben, dass die Frau, und nur die Frau für den perfekten Haushalt verantwortlich ist?

Und bevor ich *„Alex, das ist ja auch schon 300 Jahre her!"* höre – diese Sätze gibt es heute noch genauso. Nur lauten sie jetzt: „Ein Kind gehört zur Mutter und die Mutter an den Herd" – und ploppen im Jahr 2022 quasi sekündlich in den Kommentarspalten Abertausender Social-Media-Beiträge auf, sind auf Giselas Familiensommerfesten zu hören oder auch politisch korrekt verpackt, aber mit genau denselben Inhalten auf vielen urban-hippen Spielplätzen.

Vor diesem Hintergrund zu behaupten, Frauen seien selbst schuld, wenn sie das Zepter zu Hause nicht aus der Hand geben wollten? Wie sollen sie das denn auch, wenn ihnen seit knapp 5000 Jahren eingetrichtert wird, dass erst d i e s e s Z e p t e r sie überhaupt zu einer richtigen Frau macht?!

Also ja, Markus, vielleicht möchte Martina dir die Verantwortung über Haus und Kind nicht überlassen. Vielleicht hast du das „Pech", eine Frau an deiner Seite zu haben, die nichts abgeben kann, das Baby 24/7 nur bei sich haben möchte, alles besser weiß und unerreichbare Sauberkeitsstandards kultiviert. Aber statt mit den Augen zu rollen und Maternal Gatekeeping zu schreien, solltest du vielleicht nach dem Warum fragen. Warum ganze Frauengenerationen, obwohl sie wissen, dass sie die alleinige Beanspruchung der Care-Arbeit langfristig auslaugen, körperlich wie geistig kaputt und finanziell abhängig machen könnte, sich trotzdem, und angeblich freiwillig, dazu entscheiden, diese weiterhin allein auszuführen? Oder ob sie es vielleicht doch nicht ganz freiwillig tun.

Sicherlich gibt es Frauen und Mütter, die diese Aufgaben mit der größten Herzensfreude und Lebenslust erledigen. Absolut wunderbar und richtig und wichtig. Nur ist Parität erst erreicht, wenn sich alle Mütterrollenbilder in unserer Gesellschaft wiederfinden und wenn sich nicht eine überproportionale Anzahl von 86 Prozent aller Mütter für ebendiese Aufgaben verantwortlich fühlen müssen[69] – egal, ob sie es wollen oder nicht.

Und dann, lieber Markus, solltest du dir, wie in jedem guten Mitarbeiter*innengespräch auch, mal darüber Gedanken machen, warum du in diesem Bereich bisher (noch) keine große Hilfe warst, warum du bisher vielleicht (noch) nicht die nötigen Anforderungen erfüllt hast und ganz ernsthaft und ehrlich auch mal bei dir nach möglichen Gründen fürs Paternal Underperforming suchen. Klar, auch an dir ist die Sozialisation nicht spurlos vorbeigegangen. Auch du hattest keine Vorbilder, keine Väter, Großväter, Onkel oder Kumpel, die ganz selbstverständlich Care-Arbeit leisteten oder ganz selbstverständlich ihr eigenes Paternal Underperforming kritisch analysierten.

Vielleicht solltest du da also ein bisschen tiefer ins eigene Fehlermanagement einsteigen und überlegen, wie du die Care-Arbeitsmanagerin in Zukunft von deinen Fähigkeiten überzeugen könntest, statt dich mit verschränkten Armen in dein

„Soll sie ihren Scheiß doch allein machen"-Schneckenhäuschen zurückzuziehen. Glaub mir, es ist, wie Anne Dittmann in ihrem Artikel so treffend schrieb: Gute Arbeit schafft Vertrauen, da zieht sich jede noch so perfektionistische Gatekeeperin samt Sozialisation sehr gern, ganz selbstverständlich und wie von allein zurück. Mach du dir da mal keine Sorgen.

„Der Mann hat beim Packen etwas vergessen. Na und? Davon geht die Welt auch nicht unter!“

Unter dem Deckmantel des Maternal Gatekeeping tummelt sich eine Reihe von Bullshitsätzen, wir kommen hier zu einem weiteren „gut gemeinten“ Exemplar – und zwar als Reiseedition. Hört man sich in Internetforen, auf Instagram, Twitter oder auch einfach nur im Freundinnenkreis um, gibt es kaum eine Mutter, die diesen Satz in irgendeiner Variation nicht schon mal gehört hat. „Lass doch einfach den Mann die Tasche packen“, „Wenn er etwas vergisst, geht die Welt davon auch nicht unter“ oder der Klassiker unter den Loslass-Lösungen: „Zur Not kauft ihr es eben vor Ort.“ Auch ich habe diese Sätze 2018 noch so oder ähnlich gesagt und in Artikeln aufgeschrieben. Und ähnlich wie beim Maternal Gatekeeping glaube ich auch immer noch, dass ein wahrer Kern drinsteckt. Klar, Frauen und Mütter müssen sich vom Perfektionismus verabschieden. Klar, wenn ein Koffer oder eine Strandtasche nicht für alle Eventualitäten gerüstet ist, dann ist es halt so, die Welt wird davon nicht untergehen, niemand wird sterben, und der Urlaub muss auch nicht abgesagt werden. Problem gelöst, Mental Load erledigt? Leider nein.

Denn in diesem Satz stecken verschiedene unsichtbare Bullshitaspekte, die erst nach gründlichem Sezieren ihr hässliches Gesicht zeigen. Lasst uns das gemeinsam ansehen:

Als ich mich mal mit der Journalistin Mia Latković über dieses Thema unterhielt, schrieb sie mir etwas, das dem Ganzen eine völlig neue Dimension verlieh: Es ist auch deswegen kein Zufall, dass es meist Väter sind, die mit den Schultern zucken und sagen „Na und? Zur Not kaufen wir eben vor Ort", weil sie es sich meist auch eher leisten können. „Vor Ort zahlt man für Essen, Trinken, Sonnencreme, Strandspielzeug etc. viel mehr, als wenn man das alles regulär zu Hause kauft und dann mitnimmt", schrieb sie. „Und leisten kann sich das Vergessen eben immer eher derjenige, der mehr Geld zur Verfügung hat."

Es stimmt, es schwingt etwas mit in diesem „Entspann dich, dann kaufen wir es eben vor Ort"-Satz. Es ist ein bisschen herablassend, ein bisschen wie „Ich muss *so was* doch nicht mitdenken, ich habe doch das *Geld*, das das Problem löst. All die Gedanken, die du dir da machst, die Matschhosen, Extra-Windeln und das Lieblingskuscheltier sind einfach nicht so wichtig, folglich ist Care-Arbeit nicht so wichtig, wenn es doch einfach mit einem Extra-Zehner aus der Urlaubskasse ersetzt werden kann." Dieser Gedanke hat mich dann doch ziemlich umgehauen, zeigt sich doch in diesem „Chill mal, kaufen wir es eben vor Ort" erstens die unterschwellige Hierarchie Geld schlägt Fürsorge (High five, Kapitalismus!), man muss einfach an das eine nicht mehr denken, wenn das andere zur Genüge vorhanden ist. Und zweitens zementiert dieser Bullshitsatz einmal mehr, dass die Frau offenbar fürs Kümmern verantwortlich ist und der Mann fürs Bezahlen (High five, Patriarchat!). Anstatt also von Müttern zu verlangen, auch beim Kofferpacken loszulassen, wäre es viel besser, bei Vätern nachzufragen, warum sie sich nicht auch dafür verantwortlich fühlen, an das eine Kuscheltier zu denken. Es sollte hier nicht darum gehen, dass die Frau sich kümmert und der Mann das Geld hat. Sondern darum, dass der Mann sich kümmert, obwohl er das Geld hätte, es nicht zu tun.

Ist der Partner übrigens knauserig und will gerade nicht die überteuerten Ersatzprodukte vor Ort kaufen, ist das für die Frau doppelt nervig – muss sie in dem Fall nicht nur daran denken, alles für alle mitzunehmen, sondern auch deswegen alles für alle mitzunehmen, damit der Knausepeter vor Ort nicht auch noch rummotzt. Das Packen selbst bleibt naturgemäß bei ihr. Warum? Dazu kommen wir gleich noch.

Hat die Frau beim Packen dann doch losgelassen, nicht an alles gedacht oder die Hälfte dem Mann übertragen (dieses Wort allein, bedeutet es doch, dass sie die unausgesprochene Hauptverantwortliche ist und der Mann lediglich „mithilft") und es wurde etwas vergessen und vor Ort nachgekauft, stellt sich früher oder später die Frage: Wohin stecke ich jetzt die dreifachen Ersatzsonnenhüte, Ersatztaucherbrillen, Ersatzschwimmflügel, Ersatzgummistiefel, Ersatzsonnencremetuben, Ersatzzahnbürsten und das zwölfte Ersatzbuddelsachenset? Die verstopfen zu Hause dann die sowieso schon übervollen Kommoden, Schubladen, Badezimmerschränke und Dachbodenkartons. Dann sieht es wieder aus wie bei Hempels unterm Sofa, ungemütlich, chaotisch – vor allem dann, wenn Schwiegermutter zu Besuch kommen will. Und schon ist es wieder, ihr ahnt es schon, an der Frau, die sich doch so viel Mühe beim „Loslassen" gegeben hatte, den ganzen zusätzlich gekauften Mist einzuräumen, auszumisten, aufzubrauchen oder eben logistisch sinnvoll und dabei fürs Auge ansehnlich zu lagern.

Denn auch dieser frauentypische Drang nach Gemütlichkeit, Aufgeräumtheit und schöner Einrichtung ist keinesfalls ein Klischee, sondern eine ganz konkrete Art von Arbeit, die in der Genderforschung nun auch einen konkreten Namen – nämlich „emotional labour“ – hat, die ebenso wie Mental Load komplett unsichtbar geschieht, auch meist von Frauen erwartet und von Frauen erledigt wird. Emotionale Arbeit beschreibt das Sich-Kümmern, darum, dass es zu Hause alle schön und gemütlich und nett haben. Ein emotional positiv aufgeladenes Heim quasi. Dass frische Blumen auf dem Tisch stehen, dass hübsche Kissen auf der Couch liegen und die Kekse im Backofen gut riechen; dass mit dem Kind die Wunschliste an den Weihnachtsmann geschrieben, damit eine schöne Kindheitserinnerung kreiert und das Video davon per WhatsApp an die Schwiegermutter geschickt wird; dass Beziehungsprobleme entdeckt, durchleuchtet und auf den Tisch gebracht werden, dass Wege aus diesen Problemen gesucht, Therapieplätze gegoogelt und beantragt werden, dass Streitigkeiten bestenfalls im Sinne der gewaltfreien Kommunikation und bedürfnisorientiert gelöst werden, sich vorher in gewaltfreie Kommunikation und bedürfnisorientierte Erziehung eingelesen wird und einfach all das, was man unter „Zu Hause ist es doch am schönsten“ und „Unser Alltag ist ihre Kindheit“ versteht – und was natürlich überwiegend unsichtbar und alles unmissverständlich bei der Mutter angesiedelt ist.

Zusätzlich also zu dieser unsichtbaren und unbezahlten emotionalen Arbeit soll ich mir jetzt also nach dem Urlaub noch überlegen, wo ich in diesem Haus die scheiß extra gekaufte Ersatz-Strandmuschel lagern soll? Und wohin zur Hölle ich die im Ausland gekaufte Super-Jumbo-Windelpackung packen soll, leider in der falschen Größe, die ich wohl werde spenden müssen, nachdem ich mühselig ein Frauenhaus recherchiert und die Großpackung dahin gekarrt habe?!

Alex, du übertreibst maßlos, könnte man jetzt meinen, *es ist doch nur ein Koffer. Oder eben eine Strandtasche, du machst da aber eine halbe Wissenschaft draus. Was ist denn daran so schwer? Badesachen, Snacks, fertig.*

Muss gerade noch jemand lachen? Und so ist es auch kein Wunder, dass folgender Text von mir dazu mal viral ging:

> Badesachen suchen, Badesachen finden. Sonnenhüte suchen, Sonnenhüte finden. Sonnencreme suchen, Sonnencreme finden. Wetter googeln, Strickjacken für die Kinder? Für alle Fälle. Windeln? Für alle Fälle. Feuchttücher. Wo ist der Schwimmring? Schwimmflügel? Hier ist der linke, wo ist der rechte? Snacks. Knabberzeug, Äpfel, Bananen auch? Reicht das? Vielleicht doch Brote? Buddelsachen. Wo ist die Schaufel? Wir brauchen die zweite, sonst gibt's Streit. Der Lieblingseimer hat ein Loch, fuck. Wechselsachen, wenn sie keinen Badeanzug anziehen will und ins Wasser fällt. Sandalen, wenn er nicht auf die Steine treten will. Wo ist der zweite Schuh? Braucht sie Spielfiguren? Was ist, wenn die verloren gehen? Vielleicht doch nur die große Puppe? Ja, schon gut, Spielfiguren also. Dann brauchen wir dafür einen extra Behälter. Was zu trinken, wo ist die Wasserflasche, nein, die andere, die nicht ausläuft. Die Decke, hast du an die Decke gedacht? Handtücher oder diese Strandpullover. Wo ist meine Zeitung? Nein, MEINE Zeitung. Hast du sie gesehen? Nein, ich will MEINE Zeitung. FEIN, DANN FAHREN WIR EBEN OHNE!

Klar, könnte man jetzt sagen, Eltern haben im Jahr 2022 einfach absurd hohe Ansprüche an einen Strandtag. Oder: Unsere Kinder sind einfach alle verwöhnt. Natürlich, man könnte auch Dreiviertel davon vergessen und schauen, was passiert. Spoiler: Tränen oder zum Hotel zurücklaufen. Ich weiß nur, dass zusätzlich zu dieser Denkarbeit nun auch dieses Reflektieren über den potenziellen Verzogenheitsgrad der eigenen Kinder hinzukommt, das wieder nur Frauen leisten. Ist ja auch logisch. Für den anderen ist es ja nur: Badesachen, Snacks, fertig.

Und damit kommen wir zum letzten Schritt bei der Demontage dieses Bullshitsatzes. Denn klar, einerseits könnte man sagen: Hey, dann sind in der Strandtasche eben nicht drei alternative Strandbeschäftigungen drin, sondern nur die eine. Da bricht die Welt nicht zusammen. Kann sein, dass das Kind dann zwei von drei Stunden schreit, weil nicht dieses eine Stickerheft, Buch, Buddeleimer, Schwimmbrille oder whatever dabei war, die es nun unbedingt haben möchte. Passiert. Müssen sie stattdessen eben Sandburgen bauen. Da gehe ich komplett mit, solange – und jetzt kommt der Knackpunkt – für den dreistündigen Sandburgenspaß nicht *allein* die Mutter verantwortlich ist. Solange fürs Neubeschaffen der Buddelsachen, weil das Geschrei ab Stunde drei dann doch nervtötend für alle Beteiligten ist, nicht *allein* die Mutter verantwortlich ist. Solange fürs Dann-doch-über-den-heißen-Sand-zurück-zum-Hotel-laufen-samt-Kind-auf-den-Schultern-um-die-so-schmerzlich-vermisste-Anna-und-Elsa-Figur-zu-holen nicht *allein* die Mutter verantwortlich ist. Solange fürs Beschaffen der Ersatz-Sonnencreme fürs Neurodermitiskind im europäischen Ausland quer über die Insel fahrend nicht *allein* die Mutter verantwortlich ist.

Während ich vor meinem Laptop sitze und all diese Gedanken in die Tastatur hämmere, fällt es mir wie Schuppen von den Augen: Es hat einen Grund, warum zum Großteil Frauen die Urlaubskoffer und Strandtaschen packen. Es hat einen Grund, warum die meisten von ihnen all diese Eventualitäten mitbedenken und es auch weiterhin tun werden. Das ist kein übertriebenes perfektionistisches Übermuttergehabe, sondern einfach das ganz normale Mitdenken, Vorausplanen und sich Erinnern – und damit der uns allen schon längst bekannte Mental Load –, nur eben als Urlaubskofferversion. Der aber, nervig genug, nicht mal eben so in seiner bekannten Umgebung, mit den bekannten Läden, Produkten und Orten erledigt werden kann, sondern mit zusätzlichen Herausforderungen wie fremder Sprache, fremden Ortschaften, fremden Verkehrsmitteln, fremden Geschäften und fremden Produkten in Einklang gebracht werden muss. Mental Load Vacation Style. Und weil wir aus Studien wissen, dass sich heute schon 86 Prozent der Frauen für den Mental Load zu Hause verantwortlich fühlen[70], werden sich diese Frauen natürlich auch für den Mental Load im Urlaub verantwortlich fühlen müssen, der dort n o c h herausfordender und kräftezehrender ist, als sowieso schon.

Genau deswegen ist es der größte Bullshitsatz der Welt, wenn Mann, der sonst nie packt, mit einem „Entspann dich mal, lass doch einfach mich packen“ oder „Kaufen wir das Vergessene eben vor Ort“ kommt. Denn damit macht er den Mental Load, der in diesem Koffer steckt, unsichtbar – das bisschen Sachen packen. Und dass Frauen diese Aufgabe nur sehr ungern ihren Partnern übertragen, hat auch nichts mit Kontrollwahn oder Maternal Gatekeeping zu tun. Es geschieht aus reinem Selbstschutz, wissen sie doch, dass das „Loslassen“ hier den potenziellen Mental Load im Urlaub vergrößern könnte. Und das ausgerechnet an den wenigen Tagen im Jahr, an denen sie sich eigentlich theoretisch von dem ganzen Scheiß mal erholen wollen!

Oder, um es wieder mit dem Vokabular aus der Arbeitswelt plastisch zu machen: Man würde dem Kollegen, der noch nicht so lange dabei ist, doch auch nicht gleich bei der großen jährlichen Auslandsjahrestagung die gesamte Eventplanung überlassen. Ganz sicher nicht, wenn er die Attitüde „Zur Not kaufen wir den Beamer und ein Extra-Flipchart halt vor Ort" an den Tag legt. Man würde ihm erst mal kleinere Projektleitungen im Inland übertragen, Planung und Taschepacken für den Tagesausflug in den Zoo zum Beispiel, oder Projektleitung Badetasche fürs Schwimmbad. Und wenn sich das als vielversprechend erweist, ist dann irgendwann die große jährliche Auslandsjahrestagung dran.

Ich weiß schon, es klingt lächerlich, es klingt kleinlich, korinthenkackerisch und völlig übertrieben. Aber warum eigentlich? Weil ich eine berufliche Jahrestagung mit dem Familienurlaub vergleiche? Weil das eine „echte" Erwerbsarbeit und das andere „nur" Care-Arbeit ist? Weil das ja wohl „jeder" hinkriegen kann? Na ja, offenbar nicht.

Ich kann es nur immer wieder betonen: Das Private ist politisch. Folglich ist Strandtasche-Packen politisch. Ja, es ist so lächerlich und gleichzeitig so wahr, wie es hier steht.

„Meine Frau hat einfach höhere Sauberkeitsstandards als ich."

Wie mich dieser Satz, so wie er da steht, schon fertigmacht! So praktisch: Es sind nicht etwa die niedrigen Sauberkeitsstandards der Männer schuld an der Misere, sondern natüüüüüürlich die viel zu hohen Sauberkeitsstandards der Frauen. Ist klar. Sie könnten den Dreck ja auch einfach mal liegen lassen, niemand zwingt sie, in jeder freien Minute sofort die Klobürste zu schwingen, stattdessen sollten sie einfach die Füße hochlegen, Dreck auch mal Dreck sein lassen, überhaupt ihre Sauberkeitsansprüche herunterschrauben, und wenn der Mann es eben anders macht, wird die Welt davon nicht untergehen.

Stimmt – die Welt *des Mannes* wird davon nicht untergehen. Die Welt der Frau schon. Was wahnsinnig pathetisch klingt, lässt sich leider auch im Jahr 2022 in nahezu jeder heterosexuellen Beziehung beobachten. Denn das Problem sind nicht die überhöhten Sauberkeitsansprüche der Frauen, sondern die überhöhten Sauberkeitsansprüche *an diese* Frauen. Allein den Satz entsprechend umzuformulieren, würde ihn sofort ad absurdum führen. Würden wir sagen „*an meine* Frau werden höhere Sauberkeitsstandards gestellt als an mich", wären wir bei einer völlig neuen Unterhaltung! Und zwar bei einer, die das Problem und die Lösung dafür nicht im Privaten, also bei der Frau und ihren Putzansprüchen sucht, sondern wir führen plötzlich eine gesellschaftliche Debatte darüber, wie unterschiedlich unsere Anforderungen an einen Hausmann und an eine Hausfrau offenbar sind. Und darüber – und diesen Punkt haben wir hier noch nicht beleuchtet – was eigentlich mit dem Ansehen einer Frau passiert, wenn sie diesen Anforderungen plötzlich nicht mehr gerecht wird – und tatsächlich „einfach mal loslässt".

„Ansprüche herunterschrauben", „Dreck einfach mal Dreck sein lassen" oder „Auch mal nicht an alles denken" bedeutet auch, gewisse Dinge egal zu finden. Klingt an sich ganz angenehm, entlastend auch und auf den ersten Blick total erstrebenswert. Ob die Nachbar*in, Lehrer*in und überhaupt das ganze Umfeld aber wirklich eine Frau feiert, die dazu steht, dass ihr bestimmte Sauberkeitsstandards egal sind, ist zumindest fraglich. Aber schauen wir mal, wohin uns dieser Gedanke gleich führen wird.

Immerhin gibt es hier auf den ersten Blick eine gewisse positive Entwicklung, einen Druckabbau, denn es gibt mittlerweile genug Postkartenmotive und Insta-Quotes, die den Spruch „Good moms have sticky floors, dirty ovens and happy children" verinnerlicht haben. Müttern ist es also heute – zumindest auf hübschen Kacheln auf Instagram – erlaubt, ihre Wohnungen einfach unordentlich zu lassen. Nimm das, Rousseau! Wobei man auch hier hinterfragen muss, ob jetzt im Umkehrschluss dieser Spruch bedeutet, dass Frauen, die ihre Öfen und Böden gern sauber halten, dadurch automatisch zu „schlechten" Hausfrauen und Müttern mutieren. Und ob nicht jegliche Form von Kategorisierung, was eine sehr gute, gute, mittelgute, mittelschlechte oder gänzliche Rabenhausfrau ausmacht, per se allen Frauen schadet.

Wir halten also fest, im Jahr 2022 scheint es für Frauen in Ordnung zu sein, dreckige Böden zu haben. Yes, Armmuskel-Emoji! Und auch ich muss gestehen, dass ich gern damit kokettiere und mich besonders modern fühle, wenn ich zum Beispiel öffentlich auf einem Spielplatz zugebe, dass ich noch nie Taschentücher dabeihatte oder Feuchttücher oder Wechselwindeln, dass meine Fenster eigentlich immer dreckig sind oder dass ich ständig unsere U-Untersuchungen verpeile. (Dass dieses Verhalten anderen Frauen gegenüber von oben herab wirkt, weil: Ich bin nicht so eine Übermutter wie ihr, ist noch mal ein ganz anderes Problem.)

Wenn aber das „Lass doch einfach mal" nicht mehr Feuchttücher auf dem Spielplatz meint, sondern das Nikolausgeschenk für das Kind, wenn plötzlich keine sauberen Unterhosen mehr da sind, wenn für die Schwiegereltern kein Weihnachtsgeschenk besorgt wurde (obwohl es seine Eltern sind), wenn die Schulmails nicht mehr weitergeleitet werden, damit der Mann sich selbst im Elternverteiler anmeldet – dann ist es mit der Toleranz ganz schnell vorbei. Dann geht das gesellschaftlich akzeptierte Kokettieren mit dem Aufbrechen der Frauen- und Mutterrolle plötzlich doch zu weit. Dann ist frau (!) doch irgendwie schuld, dass der Nikolausstiefel leer bleibt, die Hygiene nicht stimmt, die Schwiegereltern unterm Weihnachtsbaum verdutzt gucken und die Lehrerin jetzt noch mal nach den wiederholt nicht mitgebrachten Unterlagen fragen muss – und zwar natürlich die Mutter.

Wie oft mir meine Kinder schon stolz und freudestrahlend erzählten, dass sie beim Wochenendtrip mit Papa nicht ein Mal Zähne geputzt haben! Und ich mich dann sofort schamvoll fragte, ob das die anderen Kinder (oder noch schlimmer: die anderen Eltern) riechen konnten. Wie oft ich Grabenkämpfe mit den Kindern ausfechten musste, weil sie partout ihre Haare nicht waschen wollten, der Mann aus dem Nebenzimmer einfach „Dann lass sie doch!“ rief, und ich nur dachte: „Was wird die Lehrerin morgen denken?“ Und gleich danach: „Warum interessiert das eigentlich nur mich und geht ihm offensichtlich am Arsch vorbei?!“ Na, weil man niedrige Sauberkeitsstandards beim Daddy halt süß findet und „Toll, dass er sich überhaupt kümmert“. Während ich den gesellschaftlichen Tod sterben würde, weil: „Was bist du denn für eine Mutter, hast ja noch nicht mal die Hygiene deiner Kinder im Griff!“

Dafür kann mein Mann nichts, ich beneide ihn sogar für seine Lässigkeit, ganz ehrlich, und fürs Protokoll: Am Ende waren unsere Kinder bei allen Treffen und Familienfestlichkeiten auch immer sauber und wohlriechend genug. Nur sterbe ich bei diesem Loslass-Balance-Akt jedes Mal aufs Neue tausend Tode, was über 18 Jahre gerechnet extrem erschöpfend sein wird, während er sich darüber keine Gedanken macht und nur mit den Schultern zuckt. Denn Väter spüren an der Stelle keinen Druck, ihre Daseinsberechtigung wird weder am vermeintlichen Ideal des guten Hausmanns noch des guten Vaters gemessen – weswegen ihnen der Tipp an die Mutter „Du musst einfach deine eigenen Ansprüche herunterschrauben“ übrigens auch viel leichter über die Lippen geht.

Deswegen funktioniert der Spruch „Schraub doch einfach deine Ansprüche herunter“ zwar für Väter, nicht aber für Mütter. Denn wenn Väter das Minimum an Care-Arbeit machen, bekommen sie Applaus. Dreck weggeräumt? – Was für ein toller Ehemann und Vater! Dreck nicht weggeräumt? – Ist doch nicht so schlimm, toll, dass er sich überhaupt kümmert. Wenn Mütter das Minimum an Care-Arbeit machen, sind sie schlechte Mütter.

Der verinnerlichte Druck, immer besser oder ordentlicher zu werden, ist Bestandteil der gesellschaftlichen

Konstruktion von Weiblichkeit, schreibt Journalistin Teresa Bücker, „daher laufen auch Appelle an Mütter heute, doch einfach weniger zu machen und die eigenen Ansprüche zu senken, häufig ins Leere".[71]

Was bei diesem Bullshitsatz übrigens auch auf der Strecke bleibt: Für Alleinerziehende, Mütter of Color, Frauen mit Migrationshintergrund oder Bonusmütter wird dieses „Loslass"-Spiel noch schwerer. Sie müssen damit rechnen aufgrund ihrer Herkunft oder ihres sozialen Status abgestempelt und stigmatisiert zu werden: „Hast du schon gesehen, wie lang die Fingernägel ihrer Kinder sind? Auf Schul- und Elternmails antwortet sie auch nicht. Meinst du, wir müssen da jemanden einschalten?"

Überhaupt wird bei den ganzen Entspann-dich-und-lass-den-Dreck-liegen-Bullshitsätzen mit zweierlei Maß gemessen: Lasse ich den Wäscheberg stehen, bin ich eine coole feministische Mama. Lässt eine Alleinerziehende den Dreck stehen, scheint sie wohl mit der Situation überfordert zu sein. Kaufe ich stolz für mein Kind überwiegend Second-Hand-Kleidung, bin ich die coole Öko-Mom, die auch noch Geld spart. Trägt ein Kind aus der Flüchtlingsfamilie die Kleidung aus zweiter Hand, ist es ein „armes" Kind, dessen Eltern ihr Geld wohl für „andere" Sachen als für die Kleidung ihrer Kinder ausgeben. Ganz zu schweigen von Frauen, die fürs Nicht-Putzen eventuell vom Partner verbal oder körperlich angegriffen werden. Wie sollen sie da ihre „Sauberkeitsstandards herunterschrauben"? Ein Thema, das ich im Kapitel „Frauen müssen ihre Typen halt auch einfach mal auf den Pott setzen." noch ausführlich beleuchte.

Auch deswegen sind solche gut gemeinten Ratschläge einfach Bullshit, weil sie – und das mögen viele Frauen und

Männer nicht gern hören – oft nur an die hippe, weiße, gut situierte feministische Mom-Bubble gerichtet sind und Frauen, die mit Gewalterfahrungen, Klassismus, Rassismus und vielen anderen Ismen zu kämpfen haben, komplett ausschließen.

Ich weiß natürlich, wie es gemeint ist. Frauen sollen sich einfach weniger stressen, sie sollen wissen, dass sie heute endlich nicht mehr perfekt sein müssen und dass es ihnen erlaubt ist, ihre Sauberkeitsstandards an die Realität anzupassen. Das Problem ist nur, dass diese „Erlaubnis" scheinheilig ist und die Wahl, auch mal loszulassen, Frauen nur vorgegaukelt wird. Es ist ein Märchen, eine Art Alibi fürs Patriarchat. Das Problem der überhöhten Sauberkeitsstandards wird aber wieder bei den Frauen selbst gesucht, und Männer sind außen vor. Es schließt auch die kritische Auseinandersetzung mit unseren überhöhten Frauenbildern nicht mit ein, es schließt nicht mit ein, dass Care-Arbeit immer anspruchsvoller wird und diese Ansprüche nicht dadurch gesenkt werden, dass Frauen loslassen, sondern indem es jemanden gibt, der das Losgelassene auch auffängt. Die Verantwortung und die Konsequenzen, falls etwas beim „Loslassen" schiefläuft, liegt aber weiter bei der Frau. Denn lassen wir mal los und übertragen dem Partner (wenn es ihn denn gibt) den Kitaantrag, das morgendliche Anziehen, die Suche nach dem Therapieplatz oder die Orga der Geburtstagsfeier, und läuft dann etwas schief (was natürlich nicht sein muss, aber falls doch), wird es nicht der Mann sein, der hier etwas versäumt hat, sondern auch hier: die Frau. Von der zwar verlangt wurde loszulassen, aber bitte nicht zu viel. Ja gut, der Papa hat das Kind bei einstelligen Temperaturen im T-Shirt rausgeschickt – na ja, aber süß, dass er sich überhaupt kümmert –, aber wo war denn bitte die M u t t e r, um das zu verhindern?! Denn die Vaterqualitäten eines Durchschnittsdaddys werden nicht an einem vergessenen Geburtstagskuchen gemessen oder an den löchrigen Kindersocken, vier Tage in Folge. Die Mutterqualitäten schon.

Und so können Frauen in diesem Lass-liegen-Szenario eigentlich nur verlieren. Denn allen Entspannt-euch-mal-Zitaten zum Trotz wird von ihnen doch erwartet, alles im Griff zu haben: Lass liegen, sei keine Helikoptermutter, niemand verlangt es von dir; aber bitte lass nicht zu viel liegen, nicht die wichtigen Dinge, eigentlich gar keine Dinge, weil am Ende wirst du es sein, die an all dem gemessen wird. Weil der Vater ist eben nur der Vater. Die Mutter aber ist die Mutter.

Und damit ist es ziemlich furchtbar, was aktuell passiert: Einerseits verlangt das Frauenbild von ihr „Lass den Dreck liegen", sie nimmt sich das vor, arbeitet sich dran ab. Andererseits verlangt das Frauenbild von ihr „Lass den Dreck *nicht* liegen". Es ist in etwa so, als würde man von einer Jongleurin verlangen, mit dem Jonglieren aufzuhören – ohne, dass ihr dabei alle Bälle herunterfallen. Das geht doch gar nicht, sagt ihr? Richtig, das geht auch nicht. Und damit ist die entspannte Losslass-Frau zwangsläufig zum Scheitern verurteilt: Sie wird daran scheitern, dass sie eigentlich loslassen wollte; sie wird daran scheitern, dass sie ihren Alltag dadurch nicht mehr unter Kontrolle hat; sie wird bis 3 Uhr nachts wach liegen und den Fehler für das Versagen bei sich suchen, in Mama-Coachings Hilfe suchen, in Achtsamkeitsplanern und in Zeitmanagement-Apps – und ihre sowieso schon knapp bemessene Zeit jetzt auch noch damit verbringen. Um schlussendlich festzustellen, dass sie auch daran scheitern wird, weil es eben keine App gegen das Patriarchat gibt. Das von ihr verlangt, loszulassen und gleichzeitig nicht loszulassen, eine Aufgabe zu lösen, die unlösbar ist, und um sie damit ein Leben lang zu beschäftigen.

Ja und jetzt? Was kann ich denn jetzt allein gegen diesen gigantischen Widerspruch ausrichten? Gar nichts. Und genau darauf will ich hinaus! Es ist unmöglich, das Problem der pausenlosen Zuständigkeit und der daraus resultierenden Erschöpfung und finanziellen Abhängigkeit von Frauen im Privaten zu lösen. Schon gar nicht mit Bullshitsätzen wie „Schraub doch einfach deine Sauberkeitsstandards herunter". Die Allzuständigkeit und chronische Überlastung der Frau ist ein jahrtausendealtes Problem, das nur im Zusammenspiel mit Politik und Wirtschaft gelöst werden kann, mit neuen Rollenbildern in Werbung und Büchern, mit neuen Arbeitswochenmodellen, mit finanziellen Auffangnetzen für Familien, mit Väteranreizen für mehr Care-Arbeit, mit der Aufwertung von Care-Arbeit und vielen, vielen anderen Maßnahmen. Und erst im Anschluss mit den individuellen Entscheidungen der Frauen und Männer selbst.

Solange wir aber in der öffentlichen Wahrnehmung einerseits von der Mutter die Rolle der Familienmanagerin verlangen und sie andererseits dafür kritisieren, dass sie diese Rolle dann auch annimmt, wird es Frauen unmöglich gemacht, dieses ihnen anerzogene, aufgezwungene und überhöhte Frauenbild abzulegen. Dieses Bild, das sie erfüllen sollen und gleichzeitig nicht erfüllen sollen. Stattdessen wird es sie zerreißen.

Frauen haben einfach überhöhte Sauberkeitsstandards an sich selbst? Falsch, die Gesellschaft hat überhöhte – und völlig widersprüchliche – Sauberkeitsstandards an diese Frauen. Darüber müssen wir reden.

„Durch Pandemie und Homeoffice haben doch schon viel mehr Männer Care-Arbeit übernommen!“

Juhu, die Rettung naht, könnte man jetzt meinen. *Der zu langsamen Entwicklung Richtung Gleichberechtigung half im Jahr 2020 wenigstens die weltweite Epidemie auf die Sprünge. Die katapultierte zwar erst mal sämtliche Frauen zurück in die Küchen des Landes und warf die Frauenbewegung locker drei Generationen zurück, aber da sie auch Männer und Väter in Kurzarbeit oder ins Homeoffice zwang, bekamen diese endlich mal mit, wie sehr sie und ihre Karrieren von der unsichtbaren Care-Arbeit ihrer Frauen abhängen – und übernahmen dann natürlich umgehend mehr davon. Richtig?* Die Antwort auf diese Frage lautet: ja und nein. Schauen wir uns also die Fakten an. Erst mal zu ein paar positiven Aspekten, die es auch gab:

Ja, durch die Anerkennung der Systemrelevanz vieler, meist weiblich dominierter Berufe aus den Bereichen Pflege, Kita oder Lebensmittelhandel wurde sehr vielen Menschen erst so richtig bewusst, wie wichtig die dort geleistete Arbeit für uns alle ist. Lobeshymnen und ganze Klatscharien wurden auf den Balkonen und in den Nachrichtenspalten veranstaltet, um auf die Bedeutung dieser Berufe aufmerksam zu machen. An den Arbeitszuständen, dem Fachkräftemangel und den Lohnerhöhungen wurde von der Großen Koalition hingegen kaum etwas verändert, stattdessen gab es selbst gebackene Kekse von

Politiker*innen. Aber wir wollten ja erst mal bei den positiven Aspekten bleiben.

Ja, aufgrund dieser sichtbaren Systemrelevanz vieler Frauenberufe und der Tatsache, dass diese Frauen in Präsenz arbeiten mussten, mussten ihre Partner (wenn sie denn vorhanden waren) zu Hause mehr übernehmen, sodass sich der Care-Gap zwischen den Männern und den Frauen in *einigen* Paarkonstellationen etwas schließen konnte.

Ja, das viel gelobte Homeoffice bedeutete für Frauen und theoretisch auch Männer mehr Flexibilität, weniger Fahrtwege, weniger Rennerei. Dafür mehr In-der-Einkaufsschlange-Stehen in der Mittagspause, mehr Nachmittagsbetreuung auf dem abgesperrten Spielplatz und die Möglichkeit, sich dafür abends noch mal an den Laptop setzen zu können. Wie sehr gerade Letzteres wirklich von Vorteil ist, sei mal dahingestellt. Aber ja, Homeoffice förderte auf den ersten Blick die Vereinbarkeit.

Und ja, durch vermehrtes Arbeiten zu Hause haben auch einige Männer, zumindest ihren eigenen Angaben nach, zumindest für eine gewisse Zeit und zumindest in manchen Paarkonstellationen mehr Care-Arbeit übernommen. Ihr merkt schon, worauf die Argumentation hinauslaufen wird. Aber eins nach dem anderen:

Kommen wir also zum „Aber“ und damit zur Zerlegung des Bullshitsatzes, dass Väter während der Corona-Pandemie so viel mehr übernommen hätten und dass die Einführung des Homeoffice der totale Gleichberechtigungsbooster gewesen sei. Eine der bedeutendsten Soziologinnen Deutschlands, Jutta Allmendinger, hat der Frage nach der Retraditionalisierung der Geschlechterrollen während der Pandemie ein ganzes Buch gewidmet und zieht hier leider eine ziemlich nüchterne Bilanz.[72]

Erstens: Laut Allmendinger[73] führt mehr Homeoffice

erst mal dazu, dass nicht mehr genug öffentlicher Druck erzeugt wird, den Kita- und Ganztagsschulausbau voranzutreiben. Schließlich kommt von den Heimarbeitsplätzen dieses Landes ja jetzt das Signal: „Mutti macht das schon."

Zweitens: Das Arbeiten von zu Hause hat gerade für Frauen die Folge, dass ihnen dadurch die sowieso schon defizitäre Sichtbarkeit im Job fehlt. Wie soll man schließlich auf einer 3×2-Zentimeter großen Bildschirmkachel glänzen, charismatisch sein, überzeugend und souverän auftreten? Vor allem, wenn wegen der vielen parallel laufenden Schul-Video-Calls ständig das Bild einfriert oder man kurz nebenbei bei Mathe helfen muss?

Drittens – wir werden im nächsten Kapitel detaillierter darauf eingehen – ist jede vierte Frau in ihrem Leben schon mal Opfer häuslicher Gewalt geworden, die Dunkelziffer ist viel höher. Wenn also mindestens jede vierte Frau ihr Zuhause zumindest zeitweise als nicht sicher empfindet oder empfunden hat, wie kann dann das Arbeiten darin die Gleichberechtigung dieser vielen Hunderttausenden von Frauen vorantreiben?

Und viertens – jetzt muss ich etwas ausholen – wurde die viel gelobte Flexibilität für Mütter leider sehr schnell ebendiesen Müttern zum Verhängnis.

Man muss dazu wissen, dass während der Pandemie mehr Frauen ins Homeoffice gingen als Männer[74]. Das ist insofern erstaunlich, als dass doch eigentlich in den systemrelevanten Berufen vorwiegend Frauen arbeiten – wie konnte das sein? Für mich liegt der Verdacht nahe, dass dem die typischen „Weil ich ein Mann bin und mein Job wichtiger ist und dieser nicht einfach so im Homeoffice zu verrichten ist"-Argumentation voran gegangen sein könnte aber da ich dafür keine Belege aus der Forschung anführen kann und natürlich nicht alle Männer über einen Kamm scheren möchte, soll das hier einfach nur als Denkanstoß stehen bleiben.

Machen wir weiter: Gerade weil mehr Frauen im Homeoffice gearbeitet haben als Männer und in der öffentlichen Wahrnehmung ihrer vermeintlich „natürlichen" Rolle der Kinderbetreuung zu Hause nachkamen, wurde das Wort „Homeoffice" ganz schnell und über viele Monate hinweg mit „Homeschooling", „Homebetreu-ing" oder einfach „Home-Everything" gleichgesetzt – und zwar völlig unabhängig davon, ob eine Mutter parallel erwerbstätig war oder nicht, ob sie einen Partner hatte oder nicht und ob ihre Kinder eigentlich professionelle medizinische Betreuung brauchten oder nicht. Flächendeckend setzte sich die Denkweise durch: Das Kind bleibt zu Hause? Die Mutter auch? Passt doch.

Ich konnte es während der Schließungen kaum ertragen, Tag für Tag und Woche für Woche niemanden auf der Straße zu sehen außer den immer wieder ihre Kreise drehenden, sich von Weitem schon zunickenden und Kinderwagen schiebenden *Mombies.* Frauen, die mit Augenringen bis zu den Knöcheln ihre eintönigen, immer gleichen Runden drehten, an den mit Flatterband abgesperrten Spielplätzen vorbei, zu den geschlossenen Kitas und wieder zurück – wie Tiger, eingesperrt in ihrem ganz persönlichen Care-Arbeits-Käfig. Wie viele Mütter mir in Zeiten von Kita- und Schulschließungen schrieben, dass sie keine Zusage für die Notbetreuung ihrer Kinder bekamen, mit der Begründung, man sei ja im Homeoffice. Oder in Elternzeit. Mit einem neugeborenen Baby und einer frischgebackenen postnatalen Depression. „Aber hey, du bist doch eh in Elternzeit" – mit Kaiserschnittwunde oder nicht, ist doch völlig egal –, „da kannst du dem großen Kind ja auch gleich mal das Einmaleins beibringen."

Auch ich habe in meinem Bekannt*innenkreis Grabenkämpfe mit den verantwortlichen Stellen erlebt, als es darum ging, die Notbetreuung für Kitakinder gewährt zu bekommen. „Die Eltern sind doch im Homeoffice! Wo ist denn das Problem?", hieß es immer wieder. Wie gern wäre ich in dem Moment diesen verantwortlichen Stellen ins Gesicht gesprungen, um sie zu fragen, seit wann denn die Betreuung von Kleinkindern problemlos nebenbei geschehe? Seit wann man neben der Betreuung von Kleinkindern 50 Mails beantworten, drei Präsentationen vorbereiten und sämtliche Deadlines einhalten kann?! Es würde doch auch niemand auf die Idee kommen, eine*r Erzieher*in zu sagen: „Hey, du betreust ja ‚nur' Kinder, hier ist also mein Laptop, kannst du bitte drei Texte schreiben, das neue Projekt anschieben, fünf Calls mit brüllendem Baby auf dem Arm führen und dabei professionell rüberkommen?"

Es war auch nicht besonders hilfreich, dass selbst unsere damalige Familienministerin, Franziska Giffey, lange an ihrer Aussage festhielt, Homeschooling und Homeoffice „sei zwar anstrengend, aber möglich"[75]. Bis sie im Monat elf (!) der Pandemie dann doch endlich medienwirksam zugeben musste: Ach nee, geht wohl doch nicht.[76] Es war auch nicht besonders hilfreich, dass hochrangige Politiker (ich gendere hier absichtlich nicht) wie der Brandenburgische Wirtschaftsminister Jörg Steinbach erklärten, Eltern sollten sich freuen, endlich ihre Kinder richtig kennenlernen zu dürfen[77]. Oder dass Markus Söder in einer Pressekonferenz mansplainte, das Homeschooling biete jetzt die Chance auf eine ganz neue Work-Life-Balance. Wie ist ihm nach dieser Aussage seine Ehefrau samt Kindern nicht an die Gurgel gesprungen? Ach nein, ich vergaß, drei seiner vier Kinder waren zum Zeitpunkt des Lockdowns schon quasi erwachsen und das jüngste 13 Jahre alt.

Und während man nun meinen könnte, dass die Schul- und Kitaschließungen ja Väter und Mütter gleichermaßen betroffen haben, können hier die meisten Mütter tatsächlich nur noch sehr müde lächeln. Wenn sie überhaupt noch ihre Mundwinkel hochbekommen. Denn da in unserer Gesellschaft die Erwartungshaltung an die Frau und Mutter „Mutti macht das schon" lautet und selbst Politiker*innen das während der Pandemie mantramäßig (durch die Blume) herunterbeteten, ist es wenig überraschend, dass in dieser Zeit die Arbeitszeit von Frauen deutschlandweit um zehn Prozent mehr zurückging als die von Männern[78], dass Frauen häufiger als Männer freigestellt oder beurlaubt wurden[79], dass weltweit 5 Prozent aller erwerbstätigen Frauen ihre Arbeit verloren haben, im Vergleich dazu aber nur 3,9 Prozent aller Männer[80], dass die Lebenszufriedenheit von Frauen hierzulande während der Pandemie stärker gesunken ist als bei Männern, die Belastung hingegen stärker gestiegen, ganz besonders was die Einschätzung der eigenen Freizeit angeht.[81]

Ja gut, könnte man jetzt meinen, *ist logisch, dass mehr Frauen und vor allem Mütter ihre Arbeit reduzierten, haben sie doch sowieso schon Teilzeit gearbeitet, da ging es mit dem Reduzieren eben leichter.* Aha, ist ja interessant! Also, erstens: Teilzeit für Frauen ist kein unumkehrbares Naturgesetz. Stattdessen sollten unsere hohe Teilzeitquote bei Frauen und die starre Vollzeitquote der Männer als zwei d e r H a u p t p r o b l e m e angesehen werden, warum wir überhaupt in diesem ganzen Retraditionalisierungsschlammassel gelandet sind. G e r a d e w e i l in Deutschland so viele Frauen und Mütter in Teilzeit arbeiten und Männer das nicht tun, ist man ja überhaupt so schnell zu „Mutti macht das schon" zurückgekehrt. Zweitens ist der Gedanke „Arbeiten Frauen in Teilzeit, können sie ja auch gleich zu Hause bleiben" ganz schön unsinnig: Männer haben grundsätzlich mehr Arbeitsstunden und daher mehr Geld, Frauen weniger Arbeitsstunden und daher weniger Geld. Da kommt eine Krise, und jemand muss seine Stunden und damit sein Einkommen reduzieren – also nehmen wir natüüürlich die, die eh schon viel weniger hatten? Die, die sowieso schon benachteiligt waren? Ernsthaft? Bringen wir das unseren Kindern so auch auf dem Spielplatz bei? „Mein Schatz, ihr müsst die Schaufel teilen! Du hattest sie schon die ganze Zeit – also darfst du sie jetzt erst recht behalten." Logik? Fehlanzeige.

Während ihr an der Stelle vielleicht nickt und unterschreibt, dass das tatsächlich ziemlich unlogisch ist, wird aber genau diese Logik auch heute noch in vielen Millionen Haushalten angewandt. Beispiel A: Sie verdient weniger? Dann sollte sie in Elternzeit gehen und so noch weniger Geld verdienen. Beispiel B: Sie verdient weniger? Dann sollte sie in Teilzeit gehen und so noch weniger Geld verdienen. Und so wurden auch die Care-Arbeitsstunden für Männer während der Coronakrise nach dem Prinzip „Wer später kommt, kann auch früher wieder gehen" verteilt. Dadurch wurden Frauen doppelt bestraft: einerseits durch den Wegfall der bezahlten Erwerbsarbeit, andererseits durch die zusätzliche unbezahlte Care-Arbeit. Hach ja, Rousseau wäre so stolz.

So zeigt die Pandemie-Zeit einfach sehr deutlich, dass die Erwerbstätigkeit der Frauen, ihre finanzielle Unabhängigkeit und ihre Selbstständigkeit in unserem Land noch immer keine Selbstverständlichkeit waren und auch nicht sind, sondern ein Luxusgut. Ja, das meine ich ernst, es ist immer noch ein Luxusgut, etwas, das in einer Krise – ähnlich wie bei einem sinkenden Boot – als Erstes von Bord geworfen werden muss, weil es ja anscheinend so richtig keiner braucht.

Es war eben eine lebensbedrohliche Pandemie im Anmarsch, könnte man jetzt meinen, *da mussten die Schulen und Kitas halt auch einfach dichtmachen, war ja überall so!* Joa, schaut man sich alle 15 westeuropäischen OECD-Länder an, hatten nur vier von ihnen die Schulen länger geschlossen als Deutschland.[82] Die große Mehrzahl aber, die restlichen zehn westlichen OECD-Länder, öffneten Schulen und Kitas schon wesentlich früher wieder. Bei Kitaschließungen – also beim Umgang mit Kindern, die besonders betreuungsintensiv sind – war das Bild sogar noch drastischer: 12 von 15 der westlichen OECD-Länder machten ihre Kitas v o r Deutschland wieder auf.

Ich lehne mich an dieser Stelle mal ganz weit aus dem Fenster und stelle die Theorie auf, dass das nicht sonderlich überraschend ist in einem Land, das OECD-Schlusslicht ist, wenn es darum geht, wie viel Mütter zum Haushaltseinkommen beitragen, nämlich nur 22,6 Prozent[83]. Denn wenn in einem Land verhältnismäßig wenig Mütter erwerbsarbeiten, verhältnismäßig weniger Frauen in umsatzstarken Branchen tätig sind und in diesem Land grundsätzlich die Meinung vorherrscht, dass eine Mutter (nicht aber der Vater) beim Kind zu Hause bleiben und wenn, dann nur Teilzeit arbeiten sollte, dann ist es nicht verwunderlich, dass die Not hinter den Kita- und Schulschließungen und was das vorwiegend für die Mütter des Landes bedeuten könnte, nicht gerade die höchste Priorität auf der politischen Agenda hatte. Denn es ist schon auffällig, dass Deutschlands Mütter beim Haushaltseinkommen OECD-Schlusslicht sind, Mütter in Dänemark aber mit 42 Prozent[84] am meisten zum Haushaltseinkommen beitragen. Und gleichzeitig Dänemark die Kitas OECD-weit mit am frühsten wieder öffnete[85]. In Ländern wie Dänemark, Finnland, Norwegen oder den Niederlanden wurde der wirtschaftliche Ausfall von Müttern auf dem Arbeitsmarkt womöglich mehr befürchtet als in Deutschland, in dem nach wie vor ein sehr konservatives Mutterbild vorherrscht.

Was ist denn jetzt aber mit den vorher erwähnten Paaren, bei denen sich der Care-Gap laut Studien tatsächlich etwas geschlossen hatte? Tja, das betraf Allmendinger zufolge – Achtung – vorwiegend Paare, in denen die Frau systemrelevant war, demnach nicht im Homeoffice arbeiten konnte und der Mann somit regelrecht gezwungen war, mehr Care-Arbeit zu übernehmen – wenn er seine Kinder nicht unter einer Brücke parken wollte. Zwar gab es eine Studie vom Deutschen Institut für Wirtschaftsforschung (DIW), die im Schnitt eine Steigerung des Väteranteils an der Kinderbetreuung um satte 89 Prozent verbuchen konnte.[86] Doch auch diese astronomisch wirkende Zahl lässt sich im Grunde damit erklären, dass der Väteranteil zuvor einfach so unfassbar gering war. Die absoluten Zahlen zeigen, dass selbst im schlimmsten Lockdown ein Vater werktags im Schnitt 5,3 Stunden Kinderbetreuung übernahm, eine Mutter aber 9,6 Stunden – und damit immer noch fast das Doppelte.[87]

Ja gut, könnte man jetzt meinen, *wenigstens in dieser Zeit haben sich Männer mehr betätigt, ist doch ein Fortschritt!*

Erstens, kleiner Reminder – das Patriarchat klopft immer dann an die Tür, wenn wir Sätze wie „Es tut sich doch schon so viel" in den Mund nehmen. Und zweitens: Expert*innen gehen davon aus, dass selbst Väter, die während der Pandemie zumindest kurzfristig zu Hause mehr übernommen haben, bei dieser neuen Aufgabenverteilung langfristig aber nicht geblieben sind und sobald sie wieder in Vollzeit waren, in die alte Rollenverteilung zurückgefallen sind.[88] Und so haben sich eineinhalb Jahre nach Pandemiebeginn die Care-Arbeitsstunden folgendermaßen eingependelt: Frauen haben im Verlauf der Coronawellen immer mehr Kinderbetreuung übernommen, der Wert stieg kontinuierlich von 52 Prozent im April 2020 auf 69 Prozent im Juli 2021. Während die Verantwortlichkeit der Väter fröhlich stagnierte, von sowieso schon niedrigen 12 Prozent im April 2020 auf schlappe sieben Prozent im Juli 2021.[89]

Homeoffice für Frauen und Homeoffice für Männer sind einfach zwei sehr unterschiedliche Paar Schuhe. Auch das zeigen Studien, die bereits vor Corona Analysen dazu anfertigten und zu dem Ergebnis kamen – und ich weiß an der Stelle schon wieder nicht, ob ich weinen oder lachen soll –, dass Frauen im Homeoffice die gewonnene Zeit nutzten, um (na klar!) Care-Arbeit zu betreiben. Während Männer die Zeit wofür nutzten? Richtig! Um Überstunden zu schieben[90]. Warum? Weil das unseren Rollenerwartungen entspricht, dass Väter Ernährer und Überstundenkarrieristen sein sollten und Mütter Kümmerinnen. Und so ist es auch kein Zufall, dass ich mitten im Lockdown Nachrichten von Müttern erhielt, die selbst bei digitalen Elternabenden unter 25 Teilnehmenden nur eine Handvoll Männer ausfindig machen konnten. Und das, obwohl der Elternabend doch zu Hause stattfand. Und das, obwohl sich hier wunderbar die höhere Care-Arbeitsleistung der Väter hätte widerspiegeln können. Tat sie aber nicht.

Während ich an dieser Stelle einfach nicht mehr weiß, ob ich noch mit den Augen rollen oder schon auf ein Kissen einprügeln sollte, kommt jetzt noch ein allerletztes Puzzlestück für die Zerlegung dieses Bullshitsatzes: Denn wir haben uns bis jetzt nur die kurzfristigen Effekte während der akuten Kita- und Schulschließungen angesehen. Wollt ihr euch noch eine langfristige Folge anhören? Das Deutsche Institut für Wirtschaftsforschung (DIW) hat ein Jahr nach Pandemiebeginn festgestellt, dass immer mehr Väter – Achtung – gar keinen Bock mehr darauf haben, dass ihre Frauen erwerbstätig sind. Ohne Witz. So konnte eine Umfrage zeigen, dass der Anteil der Männer, die vor der Pandemie eine relativ gleichberechtigte Aufgabenverteilung zu Hause hatten, ebendieser egalitären Aufteilung nicht mehr ganz so positiv gegenüberstanden. „Der Anteil von Vätern junger Kinder mit sehr egalitären Einstellungen zur Erwerbstätigkeit von Müttern ist [...] von rund 60 auf 54 Prozent gesunken – ein Rückgang von zehn Prozent."[91] Unter westdeutschen Daddys war dieser Effekt übrigens am stärksten zu beobachten.

Gut. Was soll man dazu noch sagen?

Auch wenn wir dieses Kapitel an der Stelle eigentlich für beendet erklären könnten, möchte ich noch zu einem ganz persönlichen und noch nicht genannten Aspekt kommen, an dem ich ganz privat gemerkt habe, dass die Corona-Pandemie leider nur den Anschein erweckte, Gleichberechtigung zu forcieren. Ich muss dazu sagen, dass ich eigentlich in einer ziemlich gleichberechtigten Beziehung lebe. In Bezug auf Kinderbetreuung und Hausarbeit teilen der Mann und ich uns alles ziemlich paritätisch auf. Dem gingen viele Streitigkeiten, Debatten, Pläne und Diskussionen mit Arbeitgeber*innen voraus, aber am Ende haben wir wirklich gleich viele Nachmittage, Abende und Wochenenden, an denen wir jeweils unsere Kinder betreuen und in etwa dieselbe Anzahl an Wochenenden, die wir jeweils allein verbringen. Mehr noch: Vor Corona gab es sogar viele Phasen, in denen mein Job mich mehr forderte, sodass mein Mann sogar mehr Betreuungszeiten während der Woche übernahm als ich.

Kommen wir nun zu Corona: Auch uns warf diese Zeit zuerst an einigen Stellen in alte Rollenbilder zurück. Nicht komplett, nein, der Mann war zum Beispiel wochenlang mit den

Kindern von morgens bis mittags draußen unterwegs, damit ich ein paar Stunden erwerbsarbeiten konnte. Nachmittags haben wir dann getauscht. Auch das Homeschooling des Großen, der beim zweiten Lockdown bereits Schulkind war, übernahm er an vier von fünf Tagen komplett. Die Sauberkeit der Wohnung aber, das Abräumen und Abwaschen der schier unendlichen Anzahl an Dreckgeschirrladungen einer vierköpfigen Familie, die ausschließlich zu Hause isst, lag zum Beispiel größtenteils bei mir. Die gesamte Familienwäsche auch.

Als ich dann aber, irgendwann in schlimmsten Corona-Home-Everything-Zeiten einfach zwei, drei oder auch mal vier Tage am Stück die Küche verkommen ließ und er dann übernahm, konnte ich an unserem und besonders an meinem Verhalten etwas feststellen, das ich Paritäts-Backfire-Effekt nenne. Denn obwohl der Mann noch lange nicht 50 Prozent der Hausarbeit übernahm, aber eben mehr als vorher, entstand bei ihm der Eindruck, er mache schon s o v i e l mehr, dass es fast unmenschlich sei – woraufhin ich im Umkehrschluss von ihm zu hören bekam, dass ich in letzter Zeit v i e l z u w e n i g machte. Es stimmte, ich machte weniger als sonst, aber in Summe immer noch mehr als er. Weil dieser Satz aber Wasser auf die großen Mühlen meines inneren patriarchalen Übermutterbildes goss, war ich jedes Mal kurz davor, meinen Anteil umgehend wieder hochzufahren, damit der Mann bloß nicht das Gefühl hat, ich komme meinen Aufgaben als gute Hausfrau nicht nach. Und das, obwohl ich in dem Bereich bereits so viel mehr übernahm!

Was nützt es also, in einer Beziehung, in der die Aufteilung der Care-Arbeit vielleicht bei 80/20 steht, wenn die Frau damit beginnt, weniger zu machen, um auf ein Verhältnis von 50/50 zu kommen; ihr aber bereits bei der Überschreitung der 70/30-Schranke Konflikte mit dem Partner („Du machst in letzter Zeit ja ganz schön wenig"), Vorwürfe vom Umfeld („Dein Mann übernimmt doch schon so viel") oder eigene Selbstzweifel („Er macht ja schon so viel mehr als andere Väter") entgegenwehen und sie als Reaktion daraufhin wieder m e h r übernimmt? Obwohl beide noch nicht mal ansatzweise in der Nähe der 50/50-Marke waren? Ich glaube, dass dieser Paritäts-Backfire-Effekt bei sehr vielen Paaren greift, eben weil die veralteten Rollenmuster so tief in uns verankert sind.

So viel zu unserer eigenen kleinen Corona-Gleichberechtigungsbilanz. Was die gesellschaftliche Ebene angeht und ob Kurzarbeit, Homeoffice und Co. wirklich Booster in Richtung Gleichberechtigung waren? Das kann man tatsächlich leider nur in sehr seltenen Fällen und auch nur zeitlich begrenzt für das erste Pandemiejahr 2020 bejahen. „Offensichtlich war der im Frühling und Sommer (2020) beobachtete Anstieg beim Anteil der Männer, die den überwiegenden Teil der Kinderbetreuung übernehmen, ein kurzfristiger Effekt, der vermutlich auf die Kurzarbeit zurückzuführen ist", analysierte im Spätsommer 2021 auch die wissenschaftliche Direktorin vom Wirtschafts- und Sozialwissenschaftlichen Institut der Hans Böckler Stiftung, Bettina Kohlrausch. „Es zeichnet sich somit kein Trend ab, wonach Männer dauerhaft mehr Verantwortung für die Kinderbetreuung übernehmen. Die Hauptlast hier lag und liegt während der Krise bei den Frauen."[92]

Bullshitsatz demontiert? Ja. Ziemlich traurige Angelegenheit? Leider auch.

„Frauen müssen ihre Typen halt auch einfach mal auf den Pott setzen."

Ja, genau! Schluss mit dem Opfer-Dasein. Frauen müssen auch einfach mal eine Ansage machen. Armmuskel-Emoji! Auch ich habe immer wieder geschrieben: Streitet euch mit euren Partnern, geht in den Konflikt, setzt sie auf den Pott und fordert, dass ihr mehr erwerbsarbeiten könnt, dass ihr euch die Care-Arbeit gerecht aufteilt, dass sie endlich mal nicht nur „mithelfen", sondern ihren Anteil der Care-Arbeit übernehmen sollen, dass sie bitte ihre Stunden reduzieren, dass ihr allein in den Urlaub fahrt oder oder oder. Bis ich online mal diesen Kommentar las:

> „Hätte ich meinem Ex damals gesagt, dass er jetzt mehr Wäsche machen soll, damit ich arbeiten gehen kann, hätte er mich grün und blau geprügelt."

Ja, ich weiß. Harter Tobak. Aber so sieht es nun mal aus. Und zwar statistisch gesehen bei jeder vierten Frau, die in ihrem Leben schon mal Erfahrung mit häuslicher Gewalt gemacht hat[93]. Und die sich das ganz sicher nicht so ausgesucht hat. Während ich diesen Satz las, saß ich da, auf meinem hohen Privilegienross, nach meinen ach so klugen Ratschlägen, mit der Hand vor dem Mund, und mir wurde von meinen eigenen Privilegien richtig übel.

Machen wir uns also an die Analyse: Erstens schließt dieser Bullshitsatz all die Frauen aus, die gar keinen Partner haben, den sie auf den Pott setzen könnten. Weil solche Sätze aber gern generell an „die" Frauen gerichtet werden, um angeblich mehr Vereinbarkeit in ihr Leben zu bringen, können Alleinerziehende – und damit jede fünfte Mutter[94] – mit diesem tollen „Ratschlag" absolut gar nichts anfangen. Zweitens schließt dieser Satz wahrscheinlich sehr viele Frauen aus, deren Partner physisch wie psychisch beeinträchtigt sind, die ein Pflegefall sind zum Beispiel, Depressionen, Burn-outs Sucht- oder andere Erkrankungen haben. Und drittens trifft dieser Bullshitsatz im Grunde eigentlich nur auf Frauen zu, die in einer gesunden, gleichwertigen Beziehung auf Augenhöhe leben, mit einem Partner, der sie nicht schikaniert, beleidigt, einschüchtert oder nach einem Satz in Richtung „auf-den-Pott-setzen" krankenhausreif prügelt.

Als ich vor ein paar Jahren einen Gastartikel für eine Finanzblogseite darüber schreiben sollte, warum die Tipps der allermeisten Finanzratgeber an den realen Situationen von vielen Frauen vorbeiführten, fügte ich auch einen Part über häusliche Gewalt ein und darüber, dass statistisch gesehen jährlich mehr als 120 000 Frauen[95] (wobei die Dunkelziffer viel, viel höher geschätzt wird) ihre Männer genau deswegen eben nicht auf den Pott setzen können. Sprich, ihnen vielleicht nicht unbedingt sagen können: „Hey Mann, ich bleibe länger in Elternzeit, lass uns bitte genau berechnen, was das für meine Finanzen bedeutet." Oder: „Zahle mir bitte einen finanziellen Ausgleich." Oder: „Beantrage bitte eine private Altersvorsorge für mich und zahle dort regelmäßig ein."

Vorsichtig fragte mich daraufhin die zuständige Redakteurin, ob dieser Teil des Textes nicht etwas zu weit führe: Das

Thema sei zwar extrem wichtig, schrieb sie damals, mache aber ein neues Fass auf. Wir müssten versuchen, bei arbeitsmarktbezogenen Themen zu bleiben. Erst da wurde mir klar, dass die meisten Menschen, ähnlich wie ich ja auch, beim Thema finanzielle Abhängigkeit der Frau die Frau selbst in der Verantwortung sehen und den Zusammenhang mit sogenannter „ökonomischer Gewalt", die sie zu Hause eventuell erleben könnte, nicht auf dem Zettel haben.

Was genau versteht man darunter? Ökonomische Gewalt ist eine Form der psychischen häuslichen Gewalt gegen Frauen.[96] Sie tritt zum Beispiel dann auf, wenn der Partner, der mehr verdient, der Frau das Geld verweigert; oder wenn sie viele ihrer Ausgaben erklären, begründen und sich dafür – ob durch die Blume oder ziemlich direkt – rechtfertigen muss; oder wenn sie sich eigentlich trennen möchte, aber feststellt, dass sie finanziell so sehr von ihm abhängig ist (schlimmstenfalls laufen sämtliche Haushaltskonten, Immobilien und Anlagen auf seinen Namen), dass sie befürchten muss, nach der Trennung weder sich noch mögliche Kinder durchbringen zu können. Das alles kann, je nach Intensität und Häufigkeit, Teil der sogenannten ökonomischen Gewalt sein, die wiederum zu psychischer Gewalt, und die wiederum als Teil häuslicher Gewalt angesehen wird.

Zwar heißt es auch in einem Bericht des Familienministeriums zum Thema, „es ist schwer, genau zu bestimmen, wo psychische Gewalt in Paarbeziehungen beginnt und wo es sich lediglich um eine Form von negativem, belastendem oder destruktivem Partnerverhalten handelt (oder) ob und in welchem Ausmaß es sich um psychische Gewalt handelt."[97] Und ich weiß auch, dass das ein sehr schwieriges, sehr persönliches und sehr privates Thema ist, aber ich möchte dem Patriarchat hier ganz sicher nicht den Gefallen tun, dieses Thema unter den Teppich zu kehren – und zwar gerade weil alle Formen von häuslicher Gewalt gegen Frauen in allen Bildungs- und Gesellschaftsschichten vorkommen und damit wirklich jederzeit jede Frau treffen können.

Kommen wir nun zu einem gruseligen Zusammenhang, der nicht nur unseren Bullshitsatz auseinandernehmen wird. Es sind Zahlen, die wir uns ehrlicherweise alle ausdrucken, tausendfach kopieren und damit sämtliche Schulen, Unis, Frauenärzt*innen- und Urolog*innenpraxen, Standesämter, Jugendämter, Finanzberatungszentren, Geburtsvorbereitungskurse, Geburtshäuser, Familienberatungszentren, Kirchen, Banken und Hebammenpraxen zukleistern sollten. Bereit?

Unter verheirateten Frauen im Alter zwischen 30 und 50 Jahren haben nur sechs Prozent ein eigenes Nettoeinkommen von mehr als 2000 Euro. 63 Prozent aller verheirateten Frauen zwischen 30 und 50 haben ein Einkommen von weniger als 1000 Euro netto. Und: 19 Prozent aller verheirateten Frauen zwischen 30 und 50 haben g a r k e i n eigenes Einkommen.[98] Es ist fast unnötig zu erwähnen, dass bei Männern diese Zahlen alle in etwa genau umgekehrt ausfallen.

Ich möchte an der Stelle nur mal kurz erwähnen: Das sind reelle Zahlen aus einer Befragung für das Bundesfamilienministerium aus dem Jahr 2015! Es ist einfach unfassbar, dass, würden wir in diesem Moment vor unserem inneren Auge unsere verheirateten Freundinnen zwischen 30 und 50 durchgehen, 63 Prozent von ihnen – also mehr als sechs von zehn –, entweder gar kein eigenes Einkommen haben oder weniger als 1000 Euro netto im Monat.

Ja, viele Frauen arbeiten ja auch in Teilzeit, könnte man jetzt meinen, *kein Wunder, dass sie so wenig verdienen.* Ja, stimmt. Aber lasst uns an dieser Stelle kurz an die letzten hundert Seiten aus diesem Buch denken und daran, mit welchen genialen Moves Patriarchat und Kapitalismus uns alle dazu getrieben haben, dass mehr als 60 Prozent aller Mütter hierzulande in Teilzeit arbeiten, während mehr als 90 Prozent aller Väter weiterhin Vollzeit ins Büro marschieren[99]. O.k.?

Wir stellen also fest: Mehr als jede zweite verheiratete Frau zwischen 30 und 50 Jahren hierzulande hat gar kein Einkommen oder ein Einkommen von weniger als 1000 Euro netto im Monat. Wie realistisch ist es dann, dass sich diese 63 Prozent erhobenen Hauptes hinstellen und ihren Mann mal auf den Pott setzen? Und nicht stattdessen Sätze wie „Er verdient halt mehr, da ist es doch klar, dass ich zu Hause mehr übernehme" verinnerlicht haben? Eben weil sie Care-Arbeit nicht als gleichwertige Arbeit ansehen, eben weil Care-Arbeit auch gesellschaftlich nicht als gleichwertige Arbeit angesehen und nicht bezahlt wird?

Und nun kommen wir zu dem gruseligen Zusammenhang, den ich euch angekündigt habe: Vor ein paar Jahren gab es eine groß angelegte Analyse des Bundesfamilienministeriums zu ökonomischer Gewalt in Paarbeziehungen gegen Frauen in Deutschland[100]: Mehr als 2100 Frauen, die angaben, Opfer psychischer Gewalt durch ihren aktuellen Partner zu sein, wurde ein Katalog von 27 Anzeichen für psychische Gewalt vorgelegt. Sie sollten ankreuzen, ob der Partner beispielsweise private Kontakte unterbindet oder sie vor anderen heruntermacht.

Das Ergebnis: Unter den fünf am häufigsten genannten Anzeichen wurden gleich zweimal ökonomische Gewalttaten angegeben. 20,6 Prozent der Frauen setzten ihr Kreuz bei „Aktueller Partner kontrolliert genau, wie viel Geld ich ausgebe" und weitere 16,1 Prozent bei „Lässt mich über Geld nicht selbst entscheiden." Etwas seltener wurde noch genannt „Lässt mich spüren, dass ich finanziell abhängig bin" und „Gibt selbst so viel Geld aus, dass für mich / Familie nichts übrig bleibt."

Ich möchte an dieser Stelle wirklich noch mal ganz deutlich herausarbeiten: Wir leben offenbar in einem Land, in dem einerseits 63 Prozent aller verheirateten Frauen zwischen 30 und 50 von ihrem Partner teilweise oder komplett finanziell abhängig sind, und andererseits die viert- und fünfthäufigste psychische Gewaltform in Paarbeziehungen das penible Kontrollieren und Rapport-Ablegen über die Ausgaben von Frauen ist! Und es ist uns als Gesellschaft einfach gar nicht bewusst! Wieso sprechen wir nicht ständig über diese Zahlen? Wieso sind die Zeitungen nicht voll damit, und wieso sind diese Zusammenhänge kaum Teil irgendwelcher öffentlicher Debatten oder Talkshows? In was für einer Zeit leben wir eigentlich?! Aber hey, wir sind doch angeblich alle längst gleichberechtigt. An dieser Stelle möchte ich übrigens das Hilfetelefon *Gewalt gegen Frauen* erwähnen, das unter 08000 116 016 oder www.hilfetelefon.de, 24/7 365 Tage im Jahr kostenlos und anonym zu erreichen ist.

Stellt euch also vor, ihr seid finanziell von so jemandem abhängig und sollt nun diesen Partner auf den Pott setzen? Und dann auch noch irgendwelche ETF-Sparpläne nur für euch selbst anschieben? Und von ihm dann noch lässig verlangen, dass er da doch bitte monatlich einzahlt?! Wie realistisch ist das? Dabei muss es noch nicht mal ökonomische Gewalt sein. Was machen Frauen, die ihre Partner „auf den Pott setzen" sollen, deren Männer aber sagen, dass sie einfach keinen Bock auf Care-Arbeit haben, wie die 27 Prozent aller Väter, die einfach keine Lust haben, in Elternzeit zu gehen?[101] Was machen Frauen, deren Männer sagen, dass das mit der Erwerbstätigkeit beider doch kein Problem sei, schließlich könne man das Kind ja von

7 Uhr bis 20 Uhr in der Kita lassen – die Frau das aber nicht möchte? Was antwortet man einer Frau, die sich fragt, warum es wieder sie ist, die Themen der Gleichberechtigung auf den Tisch bringt, die sich informiert, Bücher wie dieses liest, Sachverhalte erklärt, Pläne aufstellt und Engagement einfordert und deren Mental Load und emotionale Arbeit dadurch wieder ins Unermessliche steigen? Sich trennen? Ist klar, erzählt das mal den 63 Prozent aller Frauen, die teilweise oder vollkommen von ihren Männern abhängig sind. Oder um es mit den Worten einer Leserin zu sagen, die mir folgende Nachricht schickte:

> „Bevor ich Mutter wurde, habe ich toll verdient und war glücklich. Dann, ganz traditionell, bin ich 2,5 Jahre in Elternzeit gegangen und danach in Teilzeit wieder eingestiegen. Mein Mann war vor allem die ersten zwei Jahre unseres Sohnes komplett mit seiner Arbeit verheiratet und hat dadurch einiges in unserer Beziehung kaputt gemacht. Jetzt bin ich an einem Punkt, dass ich vor lauter Mental Load und Erschöpfung nicht mehr kann und meinen Job gekündigt habe. Das Ende vom Lied ist also: hier sitze ich, eigentlich mit sehr gutem Gehalt bisher, aber jetzt ohne Job und völlig abhängig von meinem Mann, und eigentlich will ich nur weg. Aber wie soll ich ausziehen, eine Wohnung finden, mich versorgen – ohne Job?! Arbeiten gehen schaffe ich aber mental nicht, so gerne ich wollte. Im Moment sitze ich die Situation aus […] Aber eigentlich geht es mir kacke damit. Richtig kacke. Irgendwann muss dafür ja eine Lösung her."

Sie hat so recht – natürlich muss eine Lösung dafür her. Weil es nicht die private Aufgabe dieser Frau ist, ihren Mann „auf den

Pott zu setzen“ und dann Gefahr zu laufen, dass er sie vielleicht schlägt, niedermacht oder finanziell schikaniert. Weil es nicht die private Konsequenz eines Paares mit Kindern sein sollte, dass wenn sie beide in Teilzeit gehen, sie so viel Gehalt einbüßen würden, dass sie in finanzielle Not geraten. Weil es nicht die private Aufgabe der Alleinerziehenden ist, sich zwischen Armut oder Das-Kind-bis-20-Uhr-im-Kindergarten-Parken entscheiden zu müssen, weil das Gehalt sonst einfach nicht reicht. Mal abgesehen von der Frage, welche Kita außerhalb der großen Städte überhaupt so lange öffnet?

Weil all diese Probleme einfach eine geringere Rolle spielen würden, wenn – und wir kommen immer wieder darauf zurück – Care-Arbeit bezahlt werden würde. Sei es in Form von Teilzeit für Eltern bei vollem Gehalt, in Form von radikalen Steuerentlastungen für Eltern oder in Form einer Rentenpunkteerhöhung, bis das Kind, sagen wir, Teenager ist oder oder oder.

Ihr merkt schon, worauf ich hinausmöchte: Natürlich sollen Frauen mit ihren Partnern in Diskussionen gehen, nicht nachlassen und ja, auch streiten, um irgendwann endlich bei einer fairen Aufteilung von Care- und Erwerbsarbeit anzukommen. Nur dürfen wir nicht so tun, als würden diese Tipps allen Frauen gleich helfen. Tun sie nämlich nicht.

Kritik daran, dass in einem Industrieland wie Deutschland immer noch mehr als jede zweite Ehefrau von einem männlichen Hauptverdiener abhängig ist, sollte immer auch mit einer allgemeinen Systemkritik einhergehen – und nicht als Erstes die Schuld bei den Frauen suchen, „die sich das mit der Teilzeit oder ihrem Partner ja freiwillig so ausgesucht haben“ oder „ihn halt mal auf den Pott setzen müssen“. Stattdessen sollten wir uns zum Beispiel damit beschäftigen, das Ehegattensplitting endlich abzuschaffen, das seit mehr als einem halben

Jahrhundert das Ein-Ernährer-Modell bevorzugt und Paare, die ein anderes Modell leben wollen, finanziell und steuerlich abstraft. Oder damit, unser Steuersystem so zu verändern, dass Alleinerziehende nicht mehr genauso stark besteuert werden wie Singles ohne Kinder. Oder nachzufragen, warum der Weg zur Arbeit eigentlich steuerlich absetzbar ist, der Weg zur Kita aber nicht. Oder damit, den Status Elternschaft als ein mögliches Diskriminierungsmerkmal ins deutsche Antidiskriminierungsgesetz aufzunehmen, damit Eltern und vorwiegend Mütter endlich eine rechtliche Grundlage für Klagen haben, wenn sie aufgrund ihrer Elternschaft gefeuert oder in ihrer Position degradiert werden – können sie aktuell nämlich nicht, weil das aktuell so richtig gegen kein Gesetz verstößt. Kein Witz. Oder zu hinterfragen, warum es nicht längst für alle werdenden Eltern in der Schwangerschaft neben dem Geburtsvorbereitungskurs einen verpflichtenden Mutterschaftsfinanzberatungskurs gibt, samt Aufklärung über die aktuellen Zahlen, Finanzplanerstellung gegen Altersarmut usw.

Also klar, der Bullshitsatz über diesem Kapitel stimmt schon, gerade die Frauen in gefestigten Beziehungen sollten mit ihren Partnern streiten. Sie sollten diese emotionale Arbeit auf sich nehmen, denn es gibt genug tradierte und historisch gewachsene Gründe, warum die meisten Männer dieses Gespräch von sich aus einfach nicht beginnen werden. Doch wir sollten versuchen, mit solchen Forderungen andere Frauen nicht auszuschließen. Denn wir wissen nun, es gibt jede Menge Frauen, die fühlen sich bei der Ansage „Frauen sollten ihren Mann einfach mal auf den Pott setzen" nicht abgeholt, geshamed und nicht gesehen. Und das ausnahmsweise mal nicht von anderen Männern, sondern – was doppelt hart ist – von anderen Frauen.

„Selbst Schuld, wenn sich Frauen gegenseitig die Augen auskratzen."

Wer diesen Satz noch nie gehört, gedacht oder sogar selbst ausgesprochen hat, werfe den ersten Stein. Ich habe diesen Satz schon sehr früh von meiner liebsten und großartigen Oma gehört, die ich sonst sehr für ihr emanzipatorisches Verhalten gefeiert habe und die mir schon früh den Satz einbläute: „Alex, verlass dich nie auf Männer, schau immer zuerst auf dich, am Ende hast du nur dich selbst, die dich wird retten können." Und dennoch leitete meine Oma, wenn sie von früher erzählte, ihre Arbeitsanekdoten gern mit dem Satz ein: „Weißt du, Alex, ich habe immer lieber mit Männern zusammengearbeitet. Sie haben geradeaus gesagt, was sie wollten. Frauen aber waren meist manipulativ und stachen von hinten mit dem Messer zu." Und diese Aussage blieb hängen. Bei mir und sicherlich bei vielen Frauen meiner Generation.

Was ist an diesem Satz so schlimm? Er bedient das Klischee, Frauen seien zickig, machtgeil, manipulativ und egoistisch. (Ich bin mir ziemlich sicher, dass Männer mit diesem Verhalten als meinungsstark statt zickig, verantwortungsbewusst statt machtgeil, strategisch denkend statt manipulativ und zielorientiert statt egoistisch beschrieben worden wären. Aber, anderes Thema.)

So eine Aussage stellt aber leider auch – selbst wenn sich „die Frauen" alle so verhalten würden – nicht die Frage, w a r u m sie es wohl tun? Denn nein, es liegt nicht daran, dass sie manipulativ sind, anderen Frauen die Augen auskratzen wollen, ihnen den Erfolg nicht gönnen oder irgendein anderer patriarchaler Schwachsinn, der Frauen als zickende, konkurrierende Superbitches abstempeln soll, um uns davon abzuhalten, Allianzen zu schmieden. Es liegt daran – und in der Frage steckt schon die Antwort –, dass diese Klischees für das Patriarchat überlebensnotwendig waren und sind, eben d a m i t Frauen keine Allianzen untereinander schmieden, weswegen das Patriarchat schon sehr früh damit begonnen hat, diese Klischees unter diese Frauen zu bringen.

Inwiefern? Das will ich euch erzählen, während wir uns gedanklich auf einen knackigen Sprung in die Geschichte vorbereiten. Wie, wann und an welcher Stelle es ganz genau zu der Unterdrückung der Frau in der Geschichte der Menschheit kam, damit beschäftigen sich viele verschiedene Disziplinen wie Biologie, Soziologie, Genetik, Anthropologie, Archäologie, Evolutionspsychologie, Religionswissenschaften uvm. Die kommenden Absätze sollen Zusammenhänge aufzeigen, die sich über viele Jahrhunderte hinweg ereigneten und die Frage beantworten, wie es zum Patriarchat kam, wie es das oberste Ziel wurde, Frauen von Männern abhängig zu machen, und aus welchen Gründen Frauen in dieser Situation eigentlich anfingen, einander „auszustechen". Bereit?

Frauen kratzen sich die Augen aus – historisch

Als die Menschheit noch als nomadisches Volk durch die Gegend zog, herrschten wohl, so sind sich die Anthropolog*innen weitestgehend einig, einigermaßen gleichberechtigte Zustände zwischen Mann und Frau.[102] Es gab in der Regel kein männliches Oberhaupt der Gruppe, Frauen und Männer hatten zwar unterschiedliche Aufgaben, waren in ihrem Status aber relativ gleichberechtigt[103], und es war auch nicht so, dass Männer durch die Jagd das Überleben der Sippe sicherten, während Frauen „nur“ Beeren sammelten. Denn: Je nach Wetterlage, Gegend und Jahreszeit war die Jagd nicht immer möglich und auch nur selten erfolgreich, und so konnten die Sippen nur dann überleben, wenn Frauen Beeren, Wurzeln und Pflanzen sammelten und giftige von nicht giftigen zu unterscheiden wussten.[104] Zudem machten Ausgrabungen aus Peru erst vor Kurzem Schlagzeilen, die bewiesen, dass sich unter die Jäger vor 9000 Jahren eindeutig auch Jägerinnen mischten.

Frauen bekamen mehrere Kinder von verschiedenen Männern, und Kinder, die nicht mehr gestillt wurden, wurden nicht etwa nur von der Mutter erzogen, sondern (Achtung!) von der gesamten Gruppe – von Männern und von Frauen.[105] So viel also dazu, wenn Hans-Günther bei der nächsten Familienfeier wieder etwas von „Frauen kümmern sich schon seit Anbeginn der Menschheit um die Kinder“ erzählt. Auch der gern zitierte „Mutterinstinkt“ oder die „natürliche Mutterliebe“ sind übrigens patriarchale Erfindungen. Neurowissenschaftler*innen und Psycholog*innen haben diesen Mythos längst widerlegt, Frauen müssen fürsorgliches Mütterverhalten auch erst lernen, und zwar genauso wie Männer.[106] Ich höre schon, wie sich Rousseau und seine Kumpels im Grabe umdrehen.

Zurück zur Geschichte: Das Patriarchat hat sehr wahrscheinlich mit der Sesshaftigkeit der Menschheit erst so richtig an Fahrt aufgenommen. Und zwar als die Menschen vor circa 5000 bis 10 000 Jahren (je nach Gegend) Ackerbau und Viehzucht für sich entdeckten und ländlichen Besitz für sich beanspruchten. Männer fingen an, Vieh zu fangen und zu besitzen, Häuser zu bauen und zu besitzen und somit den gesamten Haushalt, zu dem dann auch die darin lebende Frau und die Kinder gehörten – zu besitzen. Und damit fing das Debakel für die Frauen so richtig an. Warst du also nun eine Frau, warst du schon mal besser dran, wenn du die Frau eines der wenigen wohlhabenden Männer wurdest (das Konkurrenzdenken beginnt), statt selbst eine Sklavin zu werden, die Männern gehörte.

Der ländliche Besitz gewann an Wert und damit an Macht und musste mit Gewalt verteidigt werden (willkommen, erste Babyschritte des späteren Kapitalismus!). Um diesen Besitz gegenüber Plünderern zu verteidigen, begannen Männer sich mit anderen Männern zu verbrüdern, Dörfer aufzubauen, sich zu organisieren, Gesetze zu formulieren, Strukturen aufzubauen und sich in der öffentlichen Sphäre als Macht- und Einflussmenschen zu etablieren.[107] Die Seilschaften, die daraus entstanden, die Stadträte, Zünfte, Gremien oder Vereine, sind das, woraus später auch öffentliche Institutionen, Handelskammern, Universitäten und politische Systeme sowie viele berufliche Netzwerke hervorgingen – natürlich alle durch und durch männlich dominiert. Der öffentliche Einfluss von Männern wuchs so über Jahrhunderte und Jahrtausende stetig an.[108] Der Einfluss von Frauen hingegen beschränkte sich bei diesen Prozessen stets auf das Private, auf das Haus und den Hof. Die Entscheidungen, die sie dort trafen, waren nicht minder wichtig, hatten aber keinen Einfluss auf andere.

Die Erfindung des Geldes war dann der Sargnagel für die Rolle der Frau, denn Geld brachte sie, so die Evolutionsbiologin Meike Stoverock, in eine ausgesprochen ungünstige Position. Die Hauptarbeit der Frau war ja kaum monetarisierbar. Sie gebar und sie pflegte, sie ernährte und zog groß, aber sie produzierte nichts, was man zu Geld machen konnte. Also passierte etwas, das wir heute noch gut kennen: „Die Frau und Mutter wird zum Schlusslicht der Gesellschaft."[109] Ihre finanzielle Abhängigkeit vom Mann wurde Normalität, und damit war der Kampf um die wohlhabenden Männer eröffnet.

Nur kurz zur Erinnerung: Das alles geschah vor Tausenden von Jahren. Und heute? Sind mehr als die Hälfte aller Ehefrauen in Deutschland entweder teilweise oder komplett von ihrem Partner abhängig. Merkt ihr selbst, richtig?

Machen wir also weiter: Weil Besitz und Geld also immer wertvoller wurden, wurde es schon sehr früh sehr wichtig, dass man wusste, a) wie viele Erben es eigentlich gab und b) dass diese Erben bitte definitiv vom Stammhalter abstammen. Die Lösung? Die Fortpflanzung der Frau so schnell wie möglich kontrollieren und sie nur noch an einen Mann binden. Und damit sie sich nicht heimlich sexuell vergnügte, die Sexualität der Frau über Jahrtausende verschmähen, tabuisieren, hinter dem Keuschheitsgürtel verbannen und promiskuitives Verhalten als Huren- und Hexentum abstempeln (willkommen, religiöse Unterdrückung der Frau, Tabuisierung des weiblichen Körpers und all der andere frauenverachtende Mist).

Währenddessen begannen Männer mit mehr Ländereien, mehr Vieh, oder mehr Produkten, mit denen man handeln konnte, wertvoller zu werden als ihre Frauen. Zwar hatten Frauen im Laufe der Geschichte auch immer wieder die Möglichkeit, sich für Handwerksberufe ausbilden zu lassen, allein weil diese Einnahmen wichtig waren, um ihre Familien durchzubringen. Ausbildungsplätze für Frauen waren aber stets begrenzt oder je nach Epoche auch gänzlich verboten – das Konkurrenzdenken zwischen Frauen fand also nicht nur im privaten, sondern jetzt auch im beruflichen Kontext statt.

Mehr noch: Strömten etwa im Zuge von Städteausbau immer mehr Lehrlinge und Gesellen auf den Arbeitsmarkt oder kam es zu Lohnkürzungen, wurde immer zuerst bei Frauenarbeitsplätzen oder bei den Löhnen der typischen Frauenberufe gespart. Es gab beispielsweise Frauen, die sich mit Handwerk wie Seidenwebereien oder Seifenmanufakturen erste Handelsgeschäfte aufbauen konnten, doch sobald sie damit finanzielle Erfolge feierten und sich finanzielle Unabhängigkeit aufbauten, wurden ihre Einnahmen sehr schnell von Männern reglementiert oder gänzlich unterbunden. Frauen mussten dann etwa ihre Einnahmen deckeln, oder sie durften ihre Waren nicht auf öffentlichen Märkten verkaufen, sondern nur noch von zu Hause aus.[110] Na, schönen Dank auch.

So viel also zu den verwandten Bullshitsätzen „Frauen wollen doch gar keine Karriere machen“ oder „selbst schuld, wenn Frauen in schlecht bezahlte Berufe gehen“. Der begrenzte Zugang zu gut bezahlten Berufen oder auch die Reglementierung der Einnahmen in Frauenberufen haben eine lange Tradition – das Konkurrenzdenken zwischen diesen Frauen wurde also seit Jahrtausenden absichtlich geschürt.

Um das Ganze zu legitimieren, wurde von einem Haufen Männer ein Haufen religiöser Schriften und ein weiterer Haufen Gesetze erlassen, die u. a. erklärten, dass Söhne wichtiger seien als Töchter, dass Witwen und Töchter nichts erben durften, dass unehelich geborene Mädchen und Frauen keinen Zugang zu Berufszünften haben sollten, dass Frauen erst ihren Vater oder Bruder als rechtlichen Vormund hatten, danach den Ehemann und dass sie ganz grundsätzlich keinen Besitz haben durften (willkommen, finanzielle Abhängigkeit!), dass Hausarbeit als unwirtschaftlich abgestempelt wurde (willkommen, unbezahlte Care-Arbeit!), dass Ehebruch seitens der Frau mit dem Tode bestraft werden müsse, Ehebruch seitens des Mannes aber nicht und so weiter und so schrecklich fort.

Hinzu kam, sobald verheiratet, mussten Frauen auf das Gut des Mannes ziehen, während Männer bei Heirat einfach in ihrem Dunstkreis wohnen bleiben konnten. Junge Männer durften sich also Netzwerke aus Freunden, Brüdern, Vätern, Großvätern und Onkeln aufbauen, die sie durchs Leben trugen. Frauen aber wurden schon sehr früh aus ihren eigenen festen Großmutter-Mutter-Freundinnen-Netzwerken herausgerissen und entwurzelt.

Kurzum: Wollte man als Frau die letzten 5000 bis 10 000 Jahre einigermaßen glimpflich davon kommen, waren die obersten Ziele: Finde einen wohlhabenden Mann, damit du ein Dach über dem Kopf hast und nur diesem einen Mann dienen musst und nicht als mittellose Frau vielen Männern; sei hübsch, weil andere nur darauf warten, deinen Platz einzunehmen; sei zeugungsfähig, weil sonst andere darauf warten, deinen Platz einzunehmen; betrüge nicht, weil sonst andere darauf warten, deinen Platz einzunehmen; kümmere dich ja gut um deinen Mann, weil sonst andere darauf warten, deinen Platz einzunehmen; werde bloß nicht alt, weil sonst andere darauf warten, deinen Platz einzunehmen; hab bloß kein erkennbares Interesse an Geld, Besitz oder irgendeiner Form von Macht, deine Möglichkeiten in dem Bereich sind sowieso begrenzt, niemand wird dein Wissen ernst nehmen, und höchstwahrscheinlich wirst du dafür sogar abgestraft.

Ist das ein tausend Jahre altes Frauenbild? Ja. Ist es das Frauenbild, das heute immer noch in gefühlt allen Märchen, Hollywoodstreifen und Serien erzählt wird? Auch. Na, ist gerade noch jemandem übel?

Was ich mit diesem Geschichtsexkurs sagen will? Dass sich die Frage „Warum kratzen sich Frauen untereinander die Augen aus“ so beantworten lässt: Weil das Patriarchat dafür gesorgt hat, dass unzählige Generationen von Frauen entweder sehr begrenzte oder keinerlei finanzielle Mittel hatten und um die Gunst einiger weniger wohlhabender Männer buhlen oder eben auch kämpfen mussten, um zu überleben. Was blieb ihnen auch anderes übrig? Das Überleben einer Frau (und ihrer Kinder) war von einem Mann abhängig, und die größte Konkurrenz, die ihr dieses Überleben hätte streitig machen können, war eine andere Frau.

Frauen kratzen sich die Augen aus – in Filmen, Serien und Co.

Ach komm, Alex, könnte man jetzt meinen. *Das, was du da gerade beschrieben hast, ist ja auch schon 5000 Jahre her.* Ja, eben! Nur: Obwohl uns dieses Frauenbild vom Patriarchat vor rund 5000 Jahren aufgezwungen wurde, wird es auch im 21. Jahrhundert in fast jedem Mainstream-Märchen, jedem Kino-Trailer für eine romantische Komödie, jeder Serie und jedem *Disney*-Film weitertradiert.

Disney-Filme sind ein gutes Stichwort: Neulich bin ich über die Cartoons der venezolanischen Illustratorin María Guadarrama gestolpert[111], die das sehr eindrucksvoll illustriert hat. Ein Therapeut fragt darin eine konsternierte Arielle, warum sie eigentlich ihr ganzes Wesen verändern, ihre Stimme abgeben, ihre Familie, Freunde und ihre Herkunft leugnen wollte, nur um der Welt eines Typen anzugehören. Dann wendet sich der Therapeut Cinderella zu und fragt: „O.k. … du hast mit dem Typen ein paar Stunden auf einer Party getanzt und denkst jetzt, er ist die Liebe deines Lebens?“ Schlussendlich versucht er Belle klarzumachen, dass es egal ist, wie viele spannende Bücher das Biest ihr aus seiner Bibliothek geschenkt hat, da das rein gar nichts daran ändert, dass er sie immer noch als Geiselnehmer in seinem Haus gefangen hält. Ein Geiselnehmer übrigens, den sie am Ende des Filmes auch noch heiratet! Schon mal vom Stockholm-Syndrom gehört, liebe Belle?

Und je mehr ich darüber nachdenke, desto mehr fällt es mir wie Schuppen von den Augen: Jasmin wird von Aladin die ganze Zeit belogen und sie heiratet ihn danach ebenso! Und Schneewittchen und Dornröschen enden damit, dass ein wildfremder, herumstreunender Typ eine bewusstlos herumliegende Frau küsst! Das sind Erzählungen, die wir unseren Kindern kommentarlos zeigen. Und ich suche dabei wirklich nicht das antifeministische Haar in der Suppe. Das muss ich auch gar nicht, weil diese Filme selbst eine einzige antifeministische Suppe sind!

Ach komm, Alex, sind doch nur Märchen, im wahren Leben ist das natürlich anders. Woher zur Hölle sollen das aber bitte unsere Kinder wissen? Sitzt ihr bei jedem *Disney*-Film daneben, drückt alle zehn Minuten auf die Pausetaste und erzählt ihnen, was daran im wahren Leben gerade eigentlich alles falsch war? Als ich meiner vierjährigen Tochter neulich sagte (ich dachte, das sei eine Selbstverständlichkeit), dass der Prinz das bewusstlose Schneewittchen eigentlich nicht einfach so hätte küssen sollen, war sie völlig durcheinander. „Aber er liebt sie doch so sehr!“, sagte sie entgeistert. „Er wollte sie doch so gern küssen! Und wenn sie schon vorher ineinander verliebt gewesen wären“, fragte sie mich, „hätte er sie d a n n küssen dürfen, solange sie bewusstlos war?“ Wie erklärst du das einer Vierjährigen? Wie erklärst du ihr, dass es auch für einen Ehemann nicht ok ist, seine bewusstlose Frau zu küssen? Wenn das Happy End, auf das sie da eineinhalb Stunden lang hinfiebert, genau auf diesem Ziel basiert? Wie falsch das alles einfach ist! Wie falsch diese Geschichten sind, die so hübsch, zuckersüß, wunderschön gezeichnet und mit Welthits versehen in unsere Kinderzimmer flattern. Wie sie eine falsche, kranke und gefährliche Weltsicht für Mädchen und Jungen verbreiten!

Und trotzdem, Alex, du übertreibst maßlos. Außerdem gibt es genug Disney-Filme, in denen die Mädchenfiguren wirklich stark sind, Mulan zum Beispiel. Ach wirklich? Mulan zieht doch nur in den Krieg, weil sie als Braut keiner will, sie damit ihren Vater enttäuscht und nun wenigstens als Kriegerin seine Anerkennung gewinnen will. Sie muss ihr weibliches Selbst leugnen und sich als Mann ausgeben, um von den anderen Männern in der Truppe anerkannt zu werden. Und als sie am Ende des Filmes China rettet und der Kaiser ihr als erste Frau überhaupt einen Job im Beraterstab anbietet, was lassen die Drehbuchautoren Mulan da antworten? Richtig: Dass sie nach Hause zurückkehren will, um sich um Papa, Haus und Hof zu kümmern. Zum Glück heiratet sie dann noch einen Krieger und bekommt endlich die männliche Anerkennung, nach der sie sich den ganzen Film über gesehnt hat. Wow, was für eine „starke" Geschichte.

Es gibt natürlich andere, wirklich starke Disney-Mädchenfiguren, etwa in Filmen wie *Vaiana* oder *Raya.* Nur sind diese starken Mädchenfiguren eine ganz junge Entwicklung der letzten Jahre, und uns fällt oft erst dann auf, wie stark tradiert die allermeisten Frauenfiguren in Filmen noch sind, wenn zum Beispiel in der neuesten *Cinderella*-Verfilmung von 2021 Aschenputtel auf den Heiratsantrag des Prinzen mit der Gegenfrage „Und was ist mit meiner Arbeit?" antwortet. Ja, dann glühen die Tastaturen der Filmkritiker*innen, alle freuen sich, wie weit wir mit der Gleichberechtigung doch vorangekommen sind, wenn selbst Cinderella ihre Arbeit nach der Hochzeit nicht aufgeben will. Und merken dabei nicht, wie die überbordende Begeisterung für solch einen „progressiven" Move aus Hollywood uns eigentlich zeigt, wie selten solch moderne Frauenbilder in unserer Filmkultur noch sind.

Disney hin oder her, es gibt doch aber jede Menge Filme und Serien, in denen es nicht nur um Prinzen geht und darum, diese für sich zu gewinnen, sondern auch um tiefe Frauenfreundschaften, in denen sich Frauen gegenseitig unterstützen und nach vorne bringen. Gibt es wirklich genug davon? Selbst in diesen Filmen dreht sich doch ein Großteil der Unterhaltungen zwischen Frauen um Männer – um ihre Väter, Chefs, Kollegen oder potenzielle Partner. Es geht darum, sie zu analysieren, ihr Verhalten zu verstehen, sie rumzukriegen oder zu behalten, sie für sich zu begeistern oder zurückzugewinnen, sie zu überzeugen, ihnen zu imponieren und so weiter und so fort.

Wer das jetzt übertrieben findet, googelt bitte mal den Bechdel-Test. Mit diesem Test kann man leicht belegen, dass Frauen in einer Erzählung nicht als eigenständige Figuren, sondern nur im Zusammenhang mit einem Mann dargestellt werden. Der Bechdel-Test besteht aus drei ganz simplen Fragen: Gibt es in dem Film mindestens zwei Frauenrollen mit eigenständigem Namen? Sprechen sie miteinander? Und: Unterhalten sie sich über etwas anderes als einen Mann?[112] Was glaubt ihr, wie viele Filme heute wohl noch regelmäßig bei diesem Test durchfallen? Richtig, jeder zweite.[113] Jeder zweite Film, der heute ins Kino, Fernsehen oder übers Streaming zu uns nach Hause kommt, bringt es also nicht fertig, dass es darin zwei eigenständige Frauenfiguren gibt, die sich miteinander über etwas anderes als einen Mann unterhalten? WTF! Dass die vorhandenen Frauenrollen außerdem meist weiß, jung, wunderschön und sexualisiert sind, muss wohl nicht auch noch extra erwähnt werden.

Was bedeutet das alles? 50 Prozent dessen, was unsere Sehgewohnheiten, die Sehgewohnheiten unserer Freunde, Eltern und Kinder formt, zeigt namenlose, austauschbare, junge, wunderschöne, zurückhaltende Frauen, die sich ausschließlich über Männer unterhalten und um sie buhlen. Damit kommen wir dem Frauenbild – und so schließt sich der Kreis –, das vor 5000 Jahren entstanden ist, leider ziemlich nahe.

Ist euch außerdem schon mal aufgefallen, dass Filme oder Serien mit männlichen Hauptrollen als spannend für alle Geschlechter gelten und unsere männlichen Hetero-Freunde sich für so eine Serie oder einen Film gerne begeistern lassen? Während Serien oder Filme mit einem weiblichen Plot oder Hauptdarstellerinnen eher als Frauenserien, Chick Flicks oder Frauenfilme abgetan werden? Mir ist zudem schon häufig aufgefallen, dass diese „Frauenserien" dann auch nur von Frauen geguckt werden, entweder allein oder mit ihren Freundinnen, aber weniger von Paaren und schon gar nicht von Männern allein.

Das Problem bei Kindersendungen und Serien ist noch gravierender: Dort kommen Mädchen einfach so gut wie gar nicht vor! Komikerin Carolin Kebekus und Comedy-Autorin Mariella Tripke haben das in ihrem Buch „Es kann nur eine geben"[114] an vielen Stellen sehr anschaulich zusammengefasst: So hat das Institut für Medienforschung der Uni Rostock beispielsweise im Jahr 2016 rund 2700 Einzelprogramme der vier Kindersender *Kika*, *Super RTL*, *Nickelodeon* und *Disney Channel* untersucht und herausgefunden, dass 72 Prozent der dort auftretenden Protagonist*innen männlich waren. Tierfiguren in Cartoonproduktionen waren sogar zu 87 Prozent männlich, und selbst Fantasiepflanzen hörten zu 88 Prozent auf männliche Namen.[115] Pflanzen! Und es stimmt wirklich, denkt mal an beliebte Kindercliquen aus Erzählungen oder Kinderserien: *Super Wings* – eine Mädchenflugzeugin, *Garde der Löwen* – eine Mädchengepardin. Paw Patrol – vier Hunde, zwei Hündinnen, Thomas die kleine Lokomotive – 13 Züge, drei davon Mädchen. *Ritter Rost* – ein Burgfräulein Bö. *Schlümpfe* – eine Schlumpfine. *TKKG* – eine Gaby. *PJ Masks* – eine Eulette. *Harry Potter* – eine Hermine. Die Liste lässt sich endlos fortführen.

Und noch eine Beobachtung: Ist euch schon mal aufgefallen, dass, wenn ein zweites Mädchen dazukommt, der Plot nicht selten zeigt, dass sie sich mit der eigentlichen Hauptdarstellerin streitet oder konkurriert? Um den Thron, um ein Spielzeug oder – Augenrollen hoch Dreitausend – um einen anderen Jungen?

Wie, frage ich euch, wie sollen Mädchen da nicht schon von Anfang an das Gefühl bekommen, für sie ist der Platz rar? Wie sollen Mädchen und junge Frauen da also nicht schlussfolgern, dass genauso wie in den Kinderserien, Büchern und Filmen in dieser Welt nur einige sehr wenige Plätze für Mädchen und Frauen reserviert sind und sie folglich um diese Plätze kämpfen müssen? Dass sie um einen Jungen werden kämpfen müssen? Dass sie um einen Job und um Anerkennung werden kämpfen müssen? Wenn uns diese frauenverachtenden Inhalte praktisch mit den Märchenbüchern, Disneyfilmen und Hollywoodschinken in die Wiege gelegt wurden? Eben.

Frauen kratzen sich die Augen aus – auf dem Schulhof

Weil das eine stets das andere bedient, führen unter anderem auch diese Darstellungen in der Popkultur dazu, dass Frauen als Gruppe nach wie vor als unbeliebt gelten. Die Genderforscherin Franziska Schutzbach hat das in ihrem aktuellen Buch „Die

Erschöpfung der Frau"[116] so treffend durchdekliniert, dass man mit dem Handflächen-auf-Stirnpartien-klatschen gar nicht mehr hinterherkommt. „Umfragen zeigen, dass Frauen eine schlechtere Meinung haben von ‚den Frauen' als Gruppe, Männer dagegen haben eine recht gute von ‚den Männern'", schreibt Schutzbach. Das liege vor allem an der fehlenden Liebe und dem fehlenden Support von Frauen untereinander, während Männer die größte Liebe für- und untereinander verspüren. „Männer sind stark an anderen Männern interessiert, es gibt dafür in der Soziologie den Begriff der Homosozialität. Männer orientieren sich insgesamt an anderen Männern, denn das sind in der Regel auch diejenigen, die Macht haben und diese weitergeben können. […] Männer fördern und befördern Männer, sie zitieren Männer. […] Homosozialität wird auch bei der Herstellung von Wissen, in Debatten, bei der Ausbildung von Weltanschauungen und Wertesystemen, in Kunst und (sozialen) Medien (re)produziert – etwa wenn Forscher nur andere Forscher zitieren oder Kritiker vor allem Bücher von Schriftstellern besprechen."[117] Und nicht zuletzt: „Männer bejubeln Männer im Sport – nirgendwo werden Frauen von Männern derart bejubelt oder mit Aufmerksamkeit beschenkt wie Männer von Männern im Sport. Es gäbe nichts, wirklich nichts, was eine Frau tun könnte, um von Männern derart bejubelt zu werden."[118]

Oh, wie dieser letzte Satz wehtut. Auch, weil Frauen einfach mal andere menschliche Wesen in ihren eigenen Körpern heranzüchten, weil Frauen Herzen, Lungen, Gehirne, Knochen, das komplizierteste Nervensystem der Welt in sich erschaffen und gebären können, quasi das Göttlichste, was ein Mensch herstellen kann – und selbst DAS kommt nicht ansatzweise an die Begeisterung und Anerkennung heran, die Männer einem Sportereignis mit einem Ball und zwei Toren entgegenbringen können. Solange der Ball von Männern bewegt wird, natürlich.

Die Beobachtungen von Franziska Schutzbach tun auch deswegen so weh, weil – denke ich ihre Gedanken weiter – sie uns dazu zwingen, unsere prägende Zeit als junge Erwachsene durch die feministische Brille zu betrachten – und, oh, schmerzt dieser Blick: Schon als Teenagermädchen lernte ich beispielsweise, lernten ehrlicherweise sehr viele heterosexuelle cis-Mädchen, dass es einem Ritterschlag gleicht, wenn ein Mädchen von einer Gruppe Jungen als cool wahrgenommen oder sogar in die Gruppe aufgenommen wird. Andersherum galt es nie als Statussymbol für einen heterosexuellen cis-Jungen in einer Mädchengruppe aufgenommen zu werden. Eher lief man daraufhin Gefahr, als uncool oder als „unmännlich" abgestempelt zu werden. Und als ob uns der Schulhof da nicht genug beeinflusst hätte, wurden uns exakt diese Rollenbilder durch unzählige Highschool-Filme, -Serien und -Sitcoms der 80er-, 90er- und 2000er-Jahre genau so gespiegelt.

Du hattest es als Mädchen geschafft, wenn dich die Jungs attraktiv fanden, aber nicht „schlampig", wenn du Kumpel, aber auch Dating-Material warst, wenn sie sich sogar für deine Meinung interessierten und deinen Musik- Film-, oder Popkulturgeschmack respektierten oder sogar mochten. Und wenn sie wussten, dass sie mit dir – die höchste Auszeichnung überhaupt – über andere Mädchen sprechen und mit dir über diese ablästern konnten.

Hier verstecken sich gleich zwei Probleme. Erstens lernten wir offenbar schon als Kinder, dass sich unser gesamtes soziales Verhalten auf Jungs konzentriert und der Wert eines Mädchens sich daran misst, wie cool oder uncool sie von den Jungs gefunden wird. Und zweitens lernten wir, dass wir bei diesen Jungs am besten ankommen, wenn wir mit ihnen zusammen über andere Mädchen herziehen. Und das hat Folgen.

„Wenn Frauen sich mit Männern identifizieren und an deren Urteil orientieren, geht dies auf Kosten von Frauenbeziehungen", schreibt Franziska Schutzbach. „Mit der Folge, dass Frauen sich ihren Selbstwert oft an männlichen Maßstäben erarbeiten, ein unmögliches und erschöpfendes Unterfangen, weil sie in der Welt der Männer nicht ankommen können, nicht als Gleichrangige […]."[119]

Auch diese Beobachtung von Schutzbach lässt sich sofort weiterdenken und auf unsere Realitäten übertragen. Wir kennen das ja längst: „Verhandele dein Gehalt wie ein Mann", „Netzwerke wie ein Mann", „Sprich über Geld wie ein Mann" – alles Sätze, die uns Erfolg versprechen sollen, „Mann" wird als ein Synonym für Erfolg verwendet. Und Frauen? Stehen für das Gegenteil. Oder wie gut würden sich wohl Ratgeber verkaufen mit Titeln wie „Netzwerken wie eine Frau" oder „Verhandele dein Gehalt wie eine Frau"? Klingt leider wenig Erfolg versprechend? Warum wohl? Stattdessen kriegen wir Sätze zu hören wie „Du rennst wie ein Mädchen", „Für ein Mädchen spielst du aber gut Fußball" oder „Du bist ganz anders als andere Frauen". Was für eine gequirlte Scheiße das alles einfach ist!

Weil Mädchen also gänzlich alles aus der Perspektive eines weißen, heterosexuellen cis-Jungen betrachten (wir erinnern uns an dieser Stelle wieder an die Abiturjahrgänge, die überwiegend Literatur von Männern lesen müssen), verstehen sie früh, dass sie in dieser Welt nur bestehen und erfolgreich sein können, wenn sie versuchen, wie Jungs zu werden und folglich das „Mädchenhafte" oder sagen wir „Tussenhafte" abzulegen. Genau an der Stelle übernehmen sie wiederum eine frauenverachtende Denkweise, indem sie „typisch weibliches"

Verhalten (was auch immer das überhaupt sein mag) an sich und an anderen Frauen abwerten. Auch sie zitieren dann Männer, auch sie retweeten Männer, auch sie wählen Männer – weil ihnen das Respekt unter anderen Männern verschafft und sie so höhere Chancen haben, an Anerkennung, Jobs, Geld und Macht zu gelangen.

Kurze Zusammenfassung: Weil Erfolg und Macht männlich dominiert sind, passen sich Frauen ebendiesen patriarchalen Strukturen an. Sie passen sich dem patriarchalen Denken an, indem sie sich an Männern orientieren, indem sie ihre Meinungen übernehmen, indem sie ihre Sichtweise stärken und so auch Frauen und ihre Sichtweise schwächen. Oder anders formuliert: Eine weibliche Führungskraft unter 30 Männern, die einen sexistischen Witz auf Kosten von Frauen reißt, oder eine Frau unter 30 Männern, die einen sexistischen Witz outcalled – wer kommt von beiden wohl beruflich weiter? Während wir denken: „Ha! Ich bin unter Männern erfolgreich geworden, ich habe das Patriarchat besiegt!", haben wir uns sehr wahrscheinlich einfach nur den männlichen Regeln angepasst und dadurch die patriarchalen Strukturen und Denkweisen reproduziert. Und ich? Möchte einfach nur noch heulen.

Wer also von „Stutenbissigkeit" spricht, der sollte sich erst die Frage stellen, wie es denn so weit kommen konnte. Und dann, von wem Frauen denn das nichtmännliche Führen, Wirtschaften, Regieren hätten lernen sollen? Wenn Frauen in Führungsrollen, an Unis, in Unternehmen, im Fernsehen, auf Bühnen, in Podcasts, in Spielzeugregalen, in Büchern, in der Politik, als Musikerinnen, als Geldgeberinnen und Netzwerkbetreiberinnen einfach völlig unterrepräsentiert sind? Wenn selbst auf dem griechischen Olymp ein Göttinnenanteil von

50 Prozent herrschte[120] und im aktuellen Bundestag ein Frauenanteil von 34,8 Prozent? Wenn selbst unsere Sprache nur das Wort „verbrüdern", nicht aber „verschwestern" kennt? Wie sollen Mädchen und junge Frauen daraus nicht schon sehr früh schlussfolgern, dass nur einige sehr wenige Plätze an der Spitze für Frauen reserviert sind? Natürlich werden sie sich um diese wenigen Plätze streiten. Natürlich werden sie sich wegen dieser Plätze die Augen auskratzen. Oder wie es die Schauspielerin Palina Rojinski in einem Interview mal so treffend formulierte: „Ich möchte mal sehen, was mit den Bro'schaften passieren würde, wenn es immer nur einen Platz gäbe. Die würden einander zerfleischen."[121]

Wenn wir also so eine Situation beobachten und dazu nur müde mit den Augen rollen und das alte Narrativ von den stutenbissigen, machtgeilen Frauen reproduzieren, manifestieren wir das frauenfeindliche, patriarchale Bild dieser Frauen. Wir strafen diese Frauen ab und damit eigentlich uns selbst, denn der patriarchale Kreislauf dreht sich durch uns und durch solche Sprüche einfach weiter.

Stattdessen also sollten wir einen Schritt zurückgehen und uns fragen: W a r u m gibt es für diese Frauen eigentlich nur den einen Stuhl, während Männer zehn, zwanzig, Hunderte davon haben? D a s ist das, was wir hinterfragen sollten, wenn uns Oma sagt, dass sie nicht gern mit Frauen zusammenarbeitet. D a s ist das, was wir uns fragen sollten, wenn uns der Typ ins Ohr haucht, dass wir ja ganz anders sind als alle anderen Frauen, die er kennt. Denn wir sind nicht anders als alle anderen Frauen. Wir s i n d diese Frauen. Nur sind wir keine Furien – wir wurden lediglich von einem 5000 Jahre alten System zu diesen Furien gemacht.

„Frauen müssen einfach öfter über Geld reden."

Ja, ganz genau. Fertig ist das Kapitel. Wenn es doch nur so einfach wäre. Erst mal eine Sache vorweg: „Über Geld spricht man nicht", scheint ein sehr deutsches Problem zu sein. Tatsächlich soll Deutschland das verschwiegenste Land der Welt sein[122], wenn es um Kohle geht. Und das Spannende ist: Es scheint zwischen Männern und Frauen in dem Fall kein großer Unterschied zu bestehen. So ergab eine Studie der Postbank im Jahr 2015, dass das Thema sowohl unter 63 Prozent aller Frauen, als auch unter 64 Prozent aller Männer ein Tabu ist[123]. *Yes*, könnte man jetzt meinen, *wenigstens hier herrscht Gleichberechtigung! Heißt das doch, dass Frauen und Männer an dieser Stelle dieselbe Ausgangslage haben, gleich verkorkst sind und der Bullshitsatz gar kein Bullshit ist. Sollte doch für Frauen gar nicht so schwer umzusetzen sein, oder?*

Ihr könnt euch denken, dass ich auch hier die Spielverderberin sein muss. Denn leider ist die Ausgangslage für Frauen und Männer bei Weitem nicht dieselbe. Wer die letzten Kapitel nicht gerade verschlafen hat, weiß, dass Frauen seit Tausenden von Jahren mit Gesetzen, Verboten und gesellschaftlicher Ächtung von Besitz, Macht und Geld abgeschottet wurden. Die letzten 5000 Jahre lassen sich nicht einfach so aus unseren Köpfen löschen. Zumal unter uns ja immer noch Generationen von Frauen leben, die noch genau wissen, wie es ist, um Erlaubnis bitten zu müssen, um arbeiten gehen zu dürfen. Frauen, die ihr eigenes Geld verdienen, das war gefühlt vorgestern noch per Gesetz verboten – wer wird da heute also gleich über Geld reden oder sogar mehr verlangen wollen?

Das große Problem ist auch, dass die Vorstellung, dass Mädchen nichts mit Geld am Hut haben, auch heute noch weit verbreitet ist. Glaubt ihr nicht? Es gibt Studien, die zeigen, dass Eltern mehr Zeit damit verbringen, mit Jungs über Geldanlagen zu sprechen, als mit Mädchen[124], und Umfragen, die zeigen, dass Söhne hierzulande elf Prozent mehr Taschengeld bekommen als Töchter.[125]

Wer glaubt, im Erwachsenenalter wird es besser, den muss ich leider auch enttäuschen: Während in Schweden beispielsweise jeder Hinz und Kunz die Einkommen von jeder anderen Hinzin und Kunzin in den örtlichen Ämtern einsehen kann, freuen sich Unternehmen hierzulande diebisch, dass Arbeitnehmer*innen nicht über ihre Gehälter oder mögliche Boni reden. Nachher wollen alle mehr, wäre ja schön blöd. Mit der monetären Geheimniskrämerei kann man als Unternehmen auch noch schön Geld sparen und Eifersüchteleien und Unmut zwischen den Kolleg*innen gleich mit. Nach dem Motto: Was ich nicht weiß, macht mich nicht heiß. Deswegen wird immer noch die Verschwiegenheitsklausel in Arbeitsverträge eingearbeitet, obwohl sie so pauschal längst keine juristische Grundlage mehr besitzt.[126] Die Klausel ist übrigens nicht mehr rechtens, weil man festgestellt hat, dass Arbeitnehmer*innen nur über das offene Kommunizieren feststellen können, ob sie gleich behandelt werden oder nicht. Und für wen ist das besonders relevant? Richtig: für Frauen.

Es wissen allerdings nur die wenigsten, dass diese Klausel Quatsch ist. Für wen ist das besonders von Nachteil? Genau: auch für Frauen. Erstens, weil sie sowieso schon weniger mit

Geld sozialisiert wurden und nun auch noch vertraglich dazu ermahnt werden. Zweitens, weil Frauen so nicht erfahren, was ihre Kolleginnen verdienen, aber auch nicht, was Männer bekommen, die im Schnitt eh 19 Prozent mehr kriegen. Und drittens: Welches Geschlecht wird besonders zu Fairness, Gehorsam und Ehrlichkeit erzogen, wozu auch so etwas wie Brich-bloß-keine-offiziellen-Vertragsklauseln gehört? Richtig: nicht die Männer.

Beweise gefällig? Es gibt Statistiken, die belegen, dass Frauen sich erst dann auf einen Job bewerben, wenn sie 100 Prozent der Voraussetzungen erfüllen[127]. Und Männer? Die bewerben sich schon, wenn sie nur 60 Prozent davon erreichen. Die Annahme also, dass Klauseln wie „Sprich nicht über dein Gehalt, sonst wirst du gefeuert" auf Frauen bedrohlicher wirken als auf Männer, – allein schon, weil sie auf dem Arbeitsmarkt eh benachteiligter sind, erst recht in höheren Positionen – ist nicht von der Hand zu weisen.

Hinzu kommen soziologische Aspekte. Geld ist gleich Macht, und Frauen wurden seit Jahrtausenden von Macht ferngehalten. Macht ist kein typisch weibliches Attribut, weswegen eine Frau, die nach mehr Geld aka Macht strebt, per se schon mal unsympathisch erscheint. Und zwar für Männer und Frauen gleichermaßen.[128] Das sieht man auch daran, wenn Politikerinnen, die nach Macht streben, Gefühlskälte attestiert wird. Hillary Clinton hatte das Problem, Julia Gillard hatte das Problem, Annalena Baerbock hatte das Problem. Treten sie hingegen als besonders gefühlsbetont auf, sind sie zwar typisch „weiblich" und sympathisch, laufen aber Gefahr, „zu emotional" zu wirken. „Frauen erfahren im Beruf oft eine Art Dilemma", fasst es Genderforscherin Franziska Schutzbach zusammen: „Zeigen sie zu viel Gefühl, sind sie keine richtige Führungspersönlichkeit, zeigen sie zu wenig, sind sie keine richtige Frau."[129]

Wollen Frauen also diesen monetären Verschwiegenheitskreislauf durchbrechen, müssen sie sich wissentlich dazu entscheiden, in einen Dialog oder eine Situation zu gehen, aus der sie zwangsläufig als unsympathisch herausgehen werden. Sie müssen sich dessen bewusst sein und sich trotzdem in diese Situation begeben wollen. Sie haben dann die Wahl zwischen (theoretisch) mehr Geld – aber Kolleg*innen oder auch Freundinnen werden sie für karriere- und geldgeil halten – oder sie gelten weiterhin als sympathisch, aber bleiben chronisch unterbezahlt. Pest und Cholera also. So viel zu „Frauen müssen einfach mehr über Geld reden".

Kurzum: Zwar reden Männer und Frauen hierzulande offenbar gleich ungern über Geld, aber von den Folgen dieser Verschwiegenheit sind Frauen viel härter betroffen. Statt darüber zu reden, passiert meist Folgendes: Eine Freundin erzählte mir neulich von dem Moment, als sie ihre langjährige Bekannte fragte, was sie eigentlich verdiene, und dieser Bekannten daraufhin alles aus dem Gesicht geglitten sei. „Alex", sagte meine Freundin später zu mir, „diese Frau hat mir über Jahre hinweg von all ihren Affären berichtet, ich weiß im Detail, wo, wann und wie oft sie ihren Ehemann betrogen hat. Aber über Geld reden?! Das kam für sie nicht infrage!«

Ich kenne diese Art Gespräch: Als ich mal eine sehr enge Freundin nach ihrem Gehalt gefragt habe – wir saßen gerade in einem Café – sah sie mich fast böse an und meinte, dass der Untersuchungsstuhl ihrer Frauenärztin schließlich auch nicht mitten in einem Café stünde – und sie darüber einfach nicht reden wolle. Nur fürs Protokoll: Geld rangiert auf der Tabuskala offenbar selbst unter Freundinnen weit über Ehebrüchen und

Vaginaluntersuchungen. Übrigens auch dann, wenn es nicht um den Job geht, sondern um Altersvorsorge etwa oder – ganz schwieriges Thema – um Ausgleichszahlungen vom Partner bei ungleich verteilter Care-Arbeit. „Zahlt dein Mann eigentlich in deine Rentenversicherung ein, wenn du drei Jahre in Elternzeit bist?", „Läuft das Haus eigentlich auf eure beiden Namen oder nur auf seinen?", „Könntest du die Miete auch alleine bezahlen, wenn dein Mann morgen weg wäre?"

Alles sehr wichtige Fragen. Die sofort mit einem peinlich berührten Rumdrucksen und Themenwechsel im Keim erstickt werden. Egal ob unter Freudinnen oder zwischen Menschen, die das Bett teilen. Warum? Weil das Patriarchat in so einer Situation Panikflecken bekommt, will hier doch erstens eine Frau über Geld reden, zweitens sich kritisch mit ihrer Mutter- und Familienrolle auseinandersetzen und drittens den Mann in die Pflicht nehmen, hier eventuell finanziell oder care-arbeitstechnisch mehr zu übernehmen. Das ist doch ihre Leidenschaft, will sie da ernsthaft ein Preisschild dranbappen?! Herrschaftszeiten, wo kämen wir denn da hin? Also schlägt uns gerade in solchen Situationen die alte Leier vom „Ein Kind gehört zur Mutter", „Ich liebe mein Baby, da kann ich doch fürs Kümmern kein Geld verlangen" und all dem anderen schon zerlegten Schwachsinn entgegen.

Kommen wir zum Erwerbskontext zurück: Auch ich kenne das Problem, zu fordernd und unsympathisch zu wirken, sobald ich über Geld, Beförderungen, Zusatzzahlungen oder Honorare sprechen möchte. Und doch habe ich mich in meinen bisherigen Jobs, vor Gehaltsgesprächen oder auch vor den Verhandlungen für dieses Buch zwangsläufig über Geld unterhalten m ü s s e n. Um dabei nicht ganz so unsympathisch zu wirken, hatte ich mir unbewusst einen Textbaustein zurechtgelegt, den ich auch heute noch in Nachrichten oder persönlichen Gesprächen mit Frauen immer vorweg abspule, um die Antipathie von mir auf das institutionelle Problem aka das Patriarchat umzulenken. Das klingt dann in etwa so: „Hey, kann ich dich etwas fragen? Du weißt, ich bin ja immer der Meinung, dass Frauen viel zu wenig über Geld reden und daher auch viel weniger verdienen, also: Können wir uns über Summe X, das Honorar Y oder die Gehaltserhöhung Z unterhalten?" Ich versuche also aus zwei Frauen, die potenzielle Konkurrentinnen um mehr Geld oder eine höhere Stelle sein könnten, zwei Verbündete zu machen, die – ganz pathetisch gesagt – gemeinsam gegen das Patriarchat vorgehen.

Und auch wenn das nach einem netten kleinen Trick klingt – wie erschöpfend ist es bitte, dass ich mich als Frau noch *vor* dem eigentlichen Verhandlungsgespräch schon verbiegen, meine Gefühle im Zaum halten muss, aber sie schon auch zeigen soll, mein Interesse an Geld und Macht äußern, aber nicht zu laut. Dass ich diese ganzen Eventualitäten mitbedenken muss, die mich als *Frau*, die über Geld sprechen will, schon vorab bremsen – während sich ein Mann über all das einfach gar keine Gedanken machen muss! Oder wie es Franziska Schutzbach beobachtet: „Männer können bedenkenlos nach Macht streben, Frauen, die sich Macht wünschen, kommen damit sowohl mit anderen als auch mit sich selbst in Konflikt. Denn ein solches Streben ist nur schwer zu vereinbaren mit den immer noch vorherrschenden und verinnerlichten Weiblichkeitsbildern."[130]

Wir sind damit wieder bei den unmöglich zu erfüllenden Anforderungen an Frauen angekommen: Rede über Geld, aber rede nicht über Geld. Verlange mehr Geld, aber verlange nicht mehr Geld. Ja, was denn nun? Wie groß aber der Unterschied sein kann, wenn es Frauen doch hinbekommen, diesen ganzen

Rollenbilderabfuck zu überwinden und über Gehälter und Honorare zu sprechen, will ich euch an mir und meinem Weg zu dem Vorschuss für dieses Buch, das ihr gerade in den Händen haltet, zeigen.

Ich bekam von meinem Verlag als ein erstes Angebot mit verschiedenen Vertragskonditionen als Vorschuss eine fünfstellige Summe X. Ist schon klar, dass kann jetzt alles zwischen 10 000 und 99 000 Euro bedeuten, aber bleiben wir realistisch – Letzteres war es nicht! Da es sich um einen vertraulichen Vertrag handelt, kann ich über die konkrete Summe schlecht öffentlich schreiben – was im Rahmen dieses Kapitels auch ein bisschen lustig ist. Was ich aber natürlich machen kann, ist, mich p r i v a t mit anderen Autor*innen, die über ähnliche Themen in ähnlichen Verlagen schreiben, über diese Summe auszutauschen. Und das tat ich: Ich suchte den Kontakt zu fünf verschiedenen Buchautorinnen, nannte ihnen mein Angebot und fragte sie nach ihren Vorschüssen. Nicht alle nannten sie, manche drucksten mit Pi-mal-Daumen-Summen herum, und andere erzählten von anderen Autorinnen, die sie kannten. Lange Rede, kurzer Sinn: Die Spannbreite der Vorschüsse dieser Autorinnen lag zwischen rund 5000 Euro und 30 000 Euro.

Die Buchautorin, die zum Beispiel nur 6000 Euro bekam, erzählte mir, dass sie den Fehler gemacht hatte, vorab mit niemandem über diesen Betrag zu sprechen, sie hatte das Angebot damals sofort angenommen und war jetzt, nach unserem offenen Gespräch, extrem dankbar, weil sie nun wusste, dass sie bei einem potenziellen zweiten Buch besser verhandeln würde.

Eine andere Frau, die zuerst 5000 Euro angeboten bekam, hatte die Verhandlungen noch nicht beendet und ging nach unserem Gespräch mit einer Gegenforderung von 13 000 Euro in die zweite Verhandlungsrunde. Sie konnte sich hinterher mit dem Verlag auf 10 000 Euro einigen – was immerhin das Doppelte von ihrem ersten Angebot war.

Autorinnen, die, zum Teil mit der Hilfe von Agent*innen, Vorschüsse zwischen 20 000 und 30 000 Euro verhandelt hatten, konnten mir wiederum Tipps geben und mir helfen, eine Summe zu bestimmen, die ich als unterste Schmerzgrenze definieren sollte. Und ich war ihnen unfassbar dankbar. Denn wenn Frauen sich über Gehälter, Honorare oder Boni unterhalten, kriegen sie ja nicht nur eine Summe X einer anderen Frau mit, sondern sie lernen eine S p a n n b r e i t e kennen und finden heraus, welche Spielräume für sie möglich sind. Oder sie stellen sogar fest, dass die Spannbreite eine völlig andere ist, als sie immer dachten – oder als ihre Vorgesetzt*innen sie haben glauben lassen.

So hatte die Tatsache, dass sich in meinem Fall sechs Frauen über Honorare unterhalten haben, ganz konkret Einfluss auf zukünftige Einkünfte von mindestens drei von ihnen, die daraufhin mehr für sich verhandeln konnten und von nun an ungefähr die Spannbreite ihrer Kolleg*innen kennen. Die Kür des Ganzen wäre es gewesen, danach noch männliche Sachbuchautoren zu befragen und ihre Honorare zu vergleichen, denn statistisch gesehen liegen die Angaben dieser Frauen wiederum locker zehn bis zwanzig Prozent unter den gängigen Vorschüssen männlicher Autoren. Aber ein Schritt nach dem anderen.

Kommen wir zum Bullshitsatz zurück: Natürlich sollten Frauen viel mehr über Geld reden. Nur müssen wir uns dabei bewusst machen, dass hier von „einfach“ keine Rede sein kann. Dass wir die unterbewussten Prozesse, tradierten Bilder, den Druck als Frau nicht zu „fordernd“ zu wirken, stets mitbedenken müssen. Und natürlich ist auch die Lösung für dieses Problem nicht bei den Frauen allein zu suchen. Neben vielen politischen und wirtschaftlichen Zielen muss das Thema Geld endlich enttabuisiert werden. Frauen sind von diesem Tabu stärker betroffen als Männer, und Mütter stärker als Nicht-Mütter. Wie wäre es beispielsweise für Bald-Eltern mit einem verpflichtenden Kurs für einen Finanzführerschein? Mit Fragen wie: Wer geht wie lange in Elternzeit? Wer geht wie lange in Teilzeit? Was bedeutet es für seine Rente, was für ihre? Wer gleicht wann und wie viel aus? Und kann dort bitte jemand unbedingt klar und deutlich und mit sehr vielen Ausrufezeichen sagen, dass 15 Jahre Minijob (in denen meist Frauen durch das Ehegattensplitting feststecken) eine Rente von 70 Euro monatlich bedeuten wird?[131]

Wenn wir Frauen dazu ermutigen wollen, häufiger im Job über Geld zu reden, sollten wir zuallererst mal uns selbst, unsere Eltern, Großeltern, Tanten und Urgroßonkel an die Nase fassen und uns eingestehen, dass wir seit Generationen gerade den Mädchen eintrichtern: „Über Geld spricht man eben nicht." Und wir sollten zur Strafe selbst jedes Mal ein halbes Vermögen in das Phrasensparschwein schmeißen, wenn uns dieser Satz mal wieder über die Lippen wandert. Stattdessen sollten wir mit unseren Töchtern, Freund*innen, Kolleg*innen und ja, auch Vorgesetzt*innen so oft und so viel es geht, über Geld reden. Um dann gestärkt in Gehaltsverhandlungen zu gehen, um dort – und leider muss ich die aufbauenden Worte an dieser Stelle schon wieder beenden – dafür wieder so richtig abgestraft zu werden. Denn das Patriarchat ist leider ziemlich schlau: Kann es uns nach diesem Kapitel nicht mehr daran hindern, oft und offen über Geld zu reden, wird es uns beim nächsten Schritt, nämlich in der konkreten Gehaltsverhandlung, dafür doppelt das Genick brechen. Schaut euch vorsorglich ein paar Cat-Content-Videos zur Beruhigung an, wir kommen zum nächsten Bullshitsatz.

„Frauen sollten einfach verhandeln wie Männer."

Wollt ihr die kurze oder die lange Zerlegung? Die kurze geht so: Verlangen Frauen mehr Geld, genauso wie Männer es tun, werden sie aus verschiedensten Gründen unterbewusst abgestraft und das Geld wird nicht fließen. So viel also dazu.

Nun zur langen Zerlegung. Was Frauen heute bei Verhandlungen tatsächlich das Genick bricht, ist nicht etwa der fehlende Mut, nach mehr Geld zu fragen, oder dass sie weniger aggressiv verhandeln oder gar nicht mehr Geld verdienen wollen, sondern etwas, das sie nicht selbst beeinflussen können: das Übel nennt sich *Unconscious Gender bias* und ist eine unterbewusste Voreingenommenheit Frauen gegenüber, einfach nur, weil sie Frauen sind. Was jetzt sehr theoretisch klingt, ist mit ein paar einprägsamen Studien sehr leicht zu verstehen – und macht von 0 auf 300 unfassbar wütend. Bereit?

Im Rahmen einer britischen Studie[132] wurden mehr als 4600 Angestellte in rund 840 Unternehmen befragt, und man stellte fest, dass Frauen ihre Gehälter sehr wohl genauso oft verhandelten wie Männer – nur viel öfter mit ihren Forderungen abblitzten. Während 20 Prozent der Kollegen mit mehr Geld aus den Gesprächen spazierten, waren es bei den Kolleginnen nur 13 Prozent.

Der nächste Albtraum: Während Frauen sogar öfter als Männer aktiv nach Verhandlungen fragen – und sie offenbar seltener bekommen – werden Männer p a s s i v viel öfter nach Aufstieg und diesbezüglichen Verhandlungsgesprächen gefragt.[133] Also komplett ohne ihr Zutun. Nach dem Motto: „Ja ja, gute Frau, hechel du dich ruhig ab und frag mich nach mehr Geld, ihr Frauen wollt doch insgeheim eh gar keine Karriere machen. Ich gebe dir gar nichts und frage stattdessen lieber den Kollegen rechts von dir, ob der nicht eine Beförderung will."

Und es geht munter weiter: Eine Studie des Wissenschaftszentrums Berlin[134] zeigte 2019, dass bei mehr als 100 fiktiven Bewerbungen von Gleichqualifizierten auf Ausbildungsplätze die Frauen im Schnitt von den Personaler*innen um eine ganze Schulnote schlechter bewertet wurden. Eine! Ganze! Schulnote! Und das einfach nur, weil sie Frauen sind! Wie soll da das Gehalt der Frau nicht naturgemäß auch niedriger ausfallen? Dass Personaler*innen bei Frauen in Gesprächen ganz automatisch ein viel niedrigeres Gehalt ansetzen, um – Achtung – schon mal vorab die möglichen „Ausfälle" als Frau (aka Kinder kriegen und so) auszugleichen, ist dann schon fast keine Überraschung mehr.

Ich habe noch etwas Schönes: Schon mal etwas vom sogenannten *Stereotype threat* gehört? Dieses sozialwissenschaftliche Phänomen beschreibt, was passiert, wenn wir bestimmte Stereotype, die uns „von Natur aus" zugeschrieben werden, so sehr verinnerlicht haben und uns so davon bedroht fühlen, dass wir am Ende genau diesen Klischees erliegen – und sie bedienen.[135] Beispiel: Ein Mädchen, dem von Geburt an erzählt wird, Mädchen seien schlecht in Mathe, verinnerlicht, dass dies eine naturgegebene Tatsache ist und wird folglich auch schlecht bei Mathetests abschneiden – obwohl sie es vielleicht besser könnte. Aufs Gehalt bezogen würde das bedeuten, dass Frauen eingeredet wird, dass sie nicht gut verhandeln können. Sie verinnerlichen das so sehr, dass sie schon vor dem

Gespräch eine Niederlage erwarten, sich folglich von ihrem eigenen Stereotyp so bedroht fühlen, dass sie wahrscheinlich genau diesen Stereotyp bedienen werden – und am Verhandlungstisch scheitern.

Na, könnt ihr noch, oder habt ihr längst aufgehört zu lesen und auf Meeresrauschvideos umgeschaltet? Überhaupt werden Männer und Frauen bei Verhandlungen komplett unterschiedlich wahrgenommen: Während Frauen meist auf Grundlage ihrer bereits erbrachten Leistungen bewertet werden, sprich rückwärtsgewandt, werden Männer auf ihr Potenzial hin eingestuft – also nach vorne gerichtet.[136] Wie hoch werden das Potenzial von einem Mann vs. das Potenzial von einer Frau wohl eingeschätzt in einer Gesellschaft, in der – wie wir vorhin gelesen haben – Männer als Gesellschaftsgruppe einfach bereits ein viel höheres Ansehen genießen als Frauen? Eben.

So viel also zum aktuellen wissenschaftlichen Abfuck, Entschuldigung, Status quo. Und dann ist da noch eine andere Sache, die mir neulich bewusst wurde: Es reicht ja noch nicht mal, wenn du selbst so weit bist, deine Angst vor Gehaltsverhandlungen abzulegen. Denn oft hängen die Gelder ja nicht von dem einen Gespräch und dem einen unmittelbaren Vorgesetzten ab. Der oder die ist in der Regel bloß Mittelsmann und wird eure Forderung „nach oben" kommunizieren und dort wiederum für euch argumentieren und Geld rausschlagen müssen. Ist eure Mittelsmannvorgesetzte zudem auch noch selbst eine Frau, ist das doppeltschwer, weil sie euch als Frau befördern will und dann auch noch sich selbst als Frau in der Rolle der Förderin präsentieren will, was die Operation „Gehaltserhöhung" quasi unmöglich macht.

Frauen müssen also einfach verhandeln wie Männer? Es wäre so schön, wenn es nur nicht so unmöglich wäre. Ein Grund für diesen ganzen Schlamassel ist übrigens die sogenannte *Role Congruity Theory.* Wir hatten es schon im Kapitel zuvor, in dem es um Geld ging: Die Theorie zeigt auf, dass Menschen abgestraft werden, wenn sie sich nicht „geschlechtertypisch" verhalten. Für Verhandlungsgespräche heißt das konkret: Verhalten sich Frauen wie Männer, eher aggressiv, durchsetzungsstark und fordernd, und hauen mal so richtig auf den Tisch (auch so ein typischer Bullshit-Karrieretipp für Frauen) – erreichen sie leider genau das Gegenteil. Sie werden erst recht unterbewusst abgestraft, weil sie sich nicht verhalten „wie eine Frau" und müssen tatsächlich statt der ersehnten Gehaltserhöhung erst recht Lohneinbußen in Kauf nehmen.[137] Unfassbar? Ja. Trotzdem wahr? Leider auch.

Es läuft also platt gesagt in etwa so ab: Sie ist zu dreist, kriegt eh bald Kinder, und ihre Forderung ist für eine Frau völlig unverschämt. Er ist risikobereit, Familienstatus eh wurscht und seine Forderung imposant und durchsetzungsstark.

Und während das alles schon ziemlich unerträglich ist, sind die hier diskriminierten Frauen eigentlich noch die „Privilegierten". Mütter beispielsweise kommen selten so weit, irgendwelche Gehälter „wie Männer" zu verhandeln, weil sie im Zweifelsfall gar nicht erst zum Vorstellungsgespräch eingeladen werden: In einer Studie des Wissenschaftszentrums Berlin für Sozialforschung wurde erst 2019[138] untersucht, wie oft Frauen ohne Kinder im Vergleich zu Frauen mit Kindern und Männer ohne Kinder im Vergleich zu Männern mit Kindern eigentlich zu Vorstellungsgesprächen eingeladen wurden. 800 identische Bewerbungen wurden dafür quer durch die Bundesrepublik verschickt. Man kann sich das Ergebnis fast schon denken: Frauen mit Kindern mussten bei gleicher Qualifikation etwa ein Drittel mehr Bewerbungen schreiben als Frauen ohne Kinder.

Ja gut, könnte man jetzt sagen, *ist nicht schön, aber man kann den Arbeitgeber an der einen oder anderen Stelle vielleicht verstehen, mit so einem Baby fallen Mutter und Vater halt öfter aus.* Ähm ja, ich will jetzt nicht wieder mit der Leier von unserem chronisch vergreisten Land kommen, das dringend Kinder braucht, sondern antworte nur damit: Laut Studie scheint das „Problem" der Kinder, in der Soziologie auch *Child penalty* genannt, aber tatsächlich nur bei Frauen zu bestehen – denn männliche Bewerber wurden im Experiment genauso häufig eingeladen und zwar völlig egal, ob sie Kinder hatten oder nicht. Und während ich einfach nicht mehr weiß, was ich an der Stelle noch sagen soll, noch eine kleine absurde Ergänzung: Männer mit Kindern bekamen offenbar auch überdurchschnittlich schnell nach Einstellung eine Gehaltserhöhung, weil: sie müssen doch die Familie ernähren.

Ich weiß nicht, wie viele Affen-mit-Augen-zu-Emojis die Fassungslosigkeit hinter diesen Zahlen veranschaulichen könnten. Man fragt sich, wo eigentlich die versteckte Kamera ist. Oder kennt jemand von euch eine M u t t e r, die kurz nach ihrer Einstellung gleich eine Gehaltserhöhung angeboten bekam? Nein? Komisch ...

Was lernen wir also aus alledem? Frauen sind beim Bewerben und Verhandeln schlimmer dran als Männer. Frauen mit Kindern sind noch schlimmer dran als Frauen ohne Kinder. Weiter unten auf dieser Jobbeliebtheitsskala aus der Hölle kommen dann irgendwann die Alleinerziehenden. Wahrscheinlich noch weiter unten befinden sich Frauen mit ausländischen Namen, mit dunkler Haut oder Kopftuch auf dem Bewerbungsfoto. Die Hälfte von ihnen wird bei ihren Bewerbungen sowieso schon diskriminierende Erfahrungen gemacht haben.[139] Haben sie dann a u c h noch Kinder oder sind sogar alleinerziehend –

brauchen sie sich wahrscheinlich gar nicht mehr zu bewerben. Während ich wirklich wünschte, so ein Bewertungssystem wäre einfach ein richtig schlechter Witz, ist es leider für einen großen Teil der Frauen in unserem Land bittere Realität und besagter „Verhandele doch einfach wie ein Mann"-Satz entsprechend blanker Hohn.

Kein Wunder, dass die Dozentin Natasha A. Kelly zwischen Förderung für Frauen und Förderung für Frauen einen Unterschied macht. Denn Schwarze Frauen profitieren zum Beispiel nicht von den vielen Angeboten, die es da draußen für weiße Frauen bereits gibt. „Während *weiße* Frauen den gleichen Lohn fordern, ist unsere Forderung, überhaupt erst mal Zugang zum Arbeitsmarkt und zu Universitäten zu bekommen. Genau deswegen müssen wir intersektional denken."[140] Und das in einer Welt, in der mein Schreibprogramm, mit dem ich in diesem Moment diese Worte in die Tastatur tippe, die Formulierung „intersektional" rot unterkringelt, als fehlerhaft. So viel also dazu.

Was ich damit sagen will: Sätze, die beginnen mit „Frauen sollten X oder Y oder Z tun, um erfolgreicher zu sein, den einen Job oder die eine Gehaltserhöhung zu kriegen", sind an sich schon total Banane, weil sie Ratschläge geben für ein Problem, das Frauen allein aber gar nicht werden lösen können und sich dann abrackern, während das Patriarchat sich lächelnd die Hände reibt. Zumal mit „die" Frauen hier ja dann meist weiße, meist deutsche, meist normschöne, meist cis, meist gebildete, meist gut situierte, meist mit deutschem Namen versehene, meist ohne Kinder und meist in einer heterosexuellen Partnerschaft lebende Frauen gemeint sind. Und nur diese Frauen bei der Gleichberechtigung zu unterstützen, ist genauso wie g a r k e i n e Frauen zu unterstützen.

Noch mal zurück zu unserem Bullshitsatz „Frauen sollten einfach verhandeln wie Männer". Wenn wir also in Zukunft entweder uns selbst dafür geißeln, bei der Verhandlung abgebügelt worden zu sein, oder – schlimmer noch – wenn wir andere Frauen für ihre Misere selbst verantwortlich machen, indem wir ihnen den tollen Tipp geben, beim Gehalt doch einfach mal so richtig auf den Tisch zu hauen, sollten wir bedenken: Natürlich sollten wir versuchen, bessere Bezahlung für uns einzufordern, wenn aber das Ergebnis enttäuschend ist, hat das nicht nur etwas mit der Frau selbst zu tun, sondern vor allem damit – dass sie eine ist.

Das Wissen über den *Unconscious Gender bias* oder die *Role Congruity Theory* ist etwas, das insbesondere (männliche) Personaler immer präsent haben sollten. Denn sie sind hier ein gigantischer Hebel. Ich weiß, das ist wahrscheinlich sehr optimistisch, und dennoch möchte ich hier eine Bitte formulieren: Hey du, Entscheider, der das hier liest (oder gegebenenfalls vorgelesen bekommt), wenn du merkst, die Frau stapelt ganz schön tief – nutze es nicht aus. Bitte bedenke: Sie wurde von einem von Männern für Männer erschaffenen System sozialisiert. Du hast Jahrtausende lang davon profitiert, sie nicht. Du bist dafür verantwortlich, dieses System aufzubrechen. Also bitte, sei kein Arsch, biete ihr so viel Geld an, wie du auch einem Mann anbieten würdest, und sag ihr unter der Hand, dass sie das nächste Mal bitte mehr verlangen soll. Danke!

„Bist du sicher, dass du so viel verlangen solltest?“

Na, wer hat diesen Satz schon einmal selbst aus lauter nett gemeinter Übervorsicht einer Freundin, Kollegin oder Bekannten gegenüber geäußert? Wir haben ja bereits erörtert, wie sehr die Geschichte Frauen bei Gehaltsverhandlungen bremst, wie sehr *Unconscious bias* bei Personaler*innen und Chef*innen Frauen bremst und wie die *Stereotype Threat Theory* und all die typischen Zweifel im Kopf der Frauen selbst Frauen bremsen. Kommen wir zu unserem nächsten Problem.

Haben wir alle irgendwann verstanden, dass das System uns um Karrierestufen, Gehälter und Boni betrügt, ist es damit leider nicht getan. Denn nur weil wir das System „durchschaut“ haben, sagt das Patriarchat leider nicht: „Na gut, Alex, du hast mich erwischt, jetzt kriegst du, was du willst.“ Nein. Denn es gibt ja immer noch Freundinnen, Mütter, Schwestern, Kolleginnen, Chefinnen und viele, viele mehr, die das System weiterhin stützen und es damit am Leben erhalten. Das ist insofern ein Riesenproblem, als dass wir uns ja mit ebendiesen Kolleginnen, Müttern und Freundinnen doch eigentlich über Geld austauschen wollen. Doch leider hat das Patriarchat vorgesorgt: Wenn eine Frau das System durchschaut hat, hat es zig andere systemtreue Frauen in petto, die sie aufhalten werden.

Das Perfide daran – sie merken es gar nicht, machen es nicht mit Absicht, stechen uns auch kein Messer in den Rücken oder was dieses ganze frauenverachtende Schwachsinnsnarrativ uns erzählen möchte, sondern sie meinen es tatsächlich gut. Weil sie es anders gar nicht kennen. Weil man es ihnen genau so beigebracht hat.

Geht es um Gehaltsforderungen, werden Sätze fallen wie „Puh, Alex, willst du diese Summe wirklich verlangen?", „Krass, ich würde mich das nicht trauen", „In meinem Freundinnenkreis verdient niemand so viel" oder das absolute Totschlagargument: „Wow, meinst du nicht, das ist etwas dreist?" Und ich frage mich: Ist es wirklich „dreist"? Es geht ja keine von uns in eine Verhandlung rein, wohlwissend, dass man in dem Betrieb branchenüblich im Monat vielleicht so 4000 Euro Brutto kriegt, und verlangt völlig dreist 40 000 Euro monatlich. Es geht doch nur darum, vielleicht mit einer Forderung von 5000 Euro reinzugehen, um sich hoffentlich in der Mitte bei 4500 Euro treffen zu können und damit knapp 10 Prozent über dem Branchensatz zu liegen. Was übrigens nicht dreist ist, sondern eine ganz normale Verhandlungsbasis.

Warum also sind wir so schnell darin, Forderungen von anderen Frauen als „dreist" zu empfinden und dieses Feedback auch genauso zu geben? Warum ziehen sich Frauen in diesen Momenten nicht gegenseitig hoch, pushen sich oder beißen sich zumindest auf die Zunge, sondern schneiden stattdessen mit ihren gut gemeinten Ratschlägen jeder Frau, die fliegen lernen will, sofort die Flügel ab? Denn das tun sie damit! Weiß leider auch die Wissenschaft.

Die Entscheidungsfindung, ob wir überhaupt Karriere machen wollen, und wie erfolgreich wir in einem Beruf sein werden, wird bei Männern und Frauen verschieden beeinflusst. Also, warum ein Mann Rektor, Arzt oder Pilot wird und eine Frau eher Erzieherin, Krankenschwester oder Stewardess, ist nicht nur eine persönliche Präferenz, sondern hat natürlich auch damit zu tun, wie wir von unserem Umfeld, also auch von unseren Freundinnen, beraten werden. Die Untersuchungen der beiden renommierten US-Psychologinnen und Professorinnen Gail Hackett und Nancy Betz gelten als Pionierarbeit auf dem Gebiet, wie stark unser Umfeld Einfluss auf unsere Karrierechancen nimmt – und es ist schon ein bisschen lustig, dass es erst zwei Frauen brauchte, um diesen Meilenstein in der Wissenschaft zu setzen.

Was aber haben diese Frauen 1981 herausgefunden? In ihrer sogenannten *Theorie der eigenen Leistungserwartungen*[141] haben sie sich drei bereits bestehende Faktoren angeschaut, die uns bei unserer Leistung im Job und unserem eigenen Glauben daran, dass wir erfolgreich sein können, entscheidend beeinflussen. Ob wir also erfolgreich in unserem Job sein werden und uns herausfordernde Jobpositionen zutrauen, hängt unter anderem davon ab: Erstens, wie oft wir vorher schon schwierige Situationen erfolgreich gemeistert haben. Zweitens, wie oft und deutlich wir es durch Vorbilder vorgelebt bekommen haben, und drittens, wie oft und stark wir durch unser Umfeld überzeugt und darin bestärkt werden, dass wir das Ziel, den Job, das Gehalt, die Präsentation, den Pitch oder was auch immer schaffen werden. Diese drei Faktoren entscheiden maßgeblich, ob wir Erfolg im Beruf haben werden oder nicht. So weit, so schlüssig.

Nun stellten Hackett und Betz die Theorie auf, dass diese drei Punkte meist von Vorteil für m ä n n l i c h e Karrieren, nicht aber für weibliche Karrieren sind. Die beiden argumentierten wie folgt: In Bezug auf den ersten Punkt, wie oft wir vorher schon schwierige Situationen außerhalb unserer Komfort-Zone erfolgreich gemeistert haben, stellten sie fest, dass Frauen immer noch viel zu sehr im Kontext der Familie und des Heims gesehen werden und schon von klein auf weniger dazu erzogen werden, schwierige, ungewohnte und für „Mädchen eher untypische Situationen" auszuprobieren.

Den zweiten Punkt, inwiefern Frauen durch Vorbilder Karriere vorgelebt bekommen haben, können wir eigentlich gleich überspringen. Oder soll ich hier noch mal die Unterrepräsentanz von Mädchen und Frauen in Kinderserien, Filmen, Cartoons, Chefredaktionen, Lehrstühlen, Rathäusern, Parlamenten, Wirtschaftsgremien, Romanen oder Nachrichtensendungen rezitieren? Mal abgesehen davon, dass jeder vierte in Deutschland lebende Mensch Migrationshintergrund hat und von migrantischen Frauen oder Frauen of Color noch weniger Vorbildpotenzial in unserer Gesellschaft vorhanden ist. Wie ist es sonst zu erklären, dass wir erst 2021 mit der Grünen-Abgeordneten Awet Tesfaiesus die erste schwarze Frau im Bundestag hatten?

Selbst wenn wir so eine Heldin als Vorbild für uns finden, wird uns das wenig nützen, denn dann schlägt der dritte Punkt zu, nämlich der fehlende Support aus dem eigenen Umfeld, besser bekannt als die oben schon erwähnten, leider nur gut gemeinten, Ratschlaggeberinnen, die uns auch heute noch sofort fragen, ob wir uns das mit der Führung wirklich gut überlegt haben, ob wir nach der Geburt wirklich so schnell und viel wieder arbeiten wollen oder ob unsere Gehaltsforderung nicht doch zu dreist ist!

Wenn diese drei Aspekte maßgeblich daran beteiligt sind, ob ein Mensch Erfolg in seinem Beruf haben, Karrierestufen erklimmen, Titel und Gehälter sammeln wird – wie fair ist es dann, wenn die Grundvoraussetzungen aber bei Frauen und Männern so völlig unterschiedlich sind? Das ist ja in etwa so, als würde man bei einem Staffellauf nach dem Startschuss eins der Teams noch künstlich am Startpunkt festhalten, ihnen dann noch mehrere, teils unüberwindbare Barrieren in die Bahn stellen und sich dann wundern, dass sie entweder viel zu spät ins Ziel einlaufen oder gar nicht – und die Schuld für diese Verspätung daraufhin nicht beim Veranstalter, also dem System, sucht, sondern beim angetretenen Team selbst. Und so ist es kein Wunder, dass sich in dem Zusammenhang zu Gender-Pay-Gap und Gender-Care-Gap nun auch der sogenannte Gender-Confidence-Gap[142] dazugesellt, die Tatsache also, dass sich Frauen im Jobkontext zwangsläufig unsicherer fühlen werden aufgrund der Sozialisation, die sie als Mädchen und Frauen im Laufe ihres Lebens erhalten.

Was heißt das aber für uns als beratende Freundin oder Kollegin? Uns muss bewusst sein, dass Bullshitsätze wie „Bist du sicher, dass du so früh wieder arbeiten gehen möchtest?" oder „Bist du sicher, dass du so viel verlangen solltest?" nicht einfach Denkanstöße, persönliche Bedenken oder gut gemeinte Ratschläge sind, sondern tatsächlich zu einem großen Teil die Weichen dafür stellen, ob die Freundin, mit der ihr sprecht, erfolgreich sein wird, oder nicht. Wir müssen uns die Rolle in dieser Situation und den Einfluss, den wir auf den ganz persönlichen Confidence-Gap unserer Freundin haben, deutlich vor Augen führen. Und wir sollten uns einfach viel öfter auf die Zunge beißen, wenn gut gemeinte Bullshitsätze wie „Bist du sicher, dass du so viel verlangen solltest?" über unsere Zunge rollen wollen.

Ja komm, Alex, könnte man jetzt meinen, *ich kann doch nicht meine Freundin für ihre Gehaltsforderung abfeiern, obwohl ich Bedenken habe.* Ich verstehe den Einwand. Aber stellt euch vorher immer diese Frage: Wäre meine Freundin ein Mann, hätte ich dann all diese Bedenken auch? Und mehr noch: Würde ich diese Bedenken dem Kumpel gegenüber auch so deutlich äußern? Oder äußern wir diese Bedenken nur, weil uns gegenüber eine Frau sitzt, die nach einer höheren Stelle, nach mehr Geld, also nach mehr Macht strebt und wir das mit den tradierten Rollenbildern in unseren Köpfen nicht vereinbaren können – ich sage nur *Role Congruity Theory* –, aber bei dem Kumpel würden wir seine hohe Forderung feiern, weil er seinen Wert offenbar so gut kennt und so selbstsicher ins Gespräch geht?

Und so möchte ich an dieser Stelle unbedingt einen allerletzten Gedanken loswerden: Umgebt euch mit Frauen, die so ticken wie ihr. Die verstanden haben, dass das System sie absichtlich behindert. Umgebt euch mit diesen Frauen, und bildet Banden mit ihnen. Denn es hilft nicht, wenn ihr auf der Suche nach Rat, wie ihr am besten vorankommt, euch erst mal dafür rechtfertigen müsst, warum ihr überhaupt vorankommen wollt. Dieses Erklären, das System erklären, die Ungerechtigkeiten erklären – das alles frisst eure Zeit und Energie. Dieses Herumplagen mit den Ungerechtigkeiten, das Sich-Erstreiten der gleichen Rechte, das Sich-Streiten mit Freundinnen, die das alles erst verstehen müssen, und dieses ganze Sich-Abrackern an der Beweisfindung, dass es das Dreckspatriarchat überhaupt gibt – so als wäre die Unterdrückung der Frauen nur eine Meinung von vielen – das alles ist ein altbewährtes patriarchales Tool. Diese Ablenkung nutzt das Patriarchat ganz besonders gern: weil wir gezwungen sind, die strukturelle Diskriminierung immer wieder von Neuem zu erklären, können wir gleichzeitig nicht an ihrer Abschaffung arbeiten. Und während wir erst mal darlegen müssen („gefühlig, aber nicht zu forsch"), dass wir genau so viel Gehalt wollen, genau dieselben Stellen wollen, genau dieselbe Macht wollen, sind Männer längst weitergezogen. Sie mussten das ja auch niemandem erklären und konnten derweil ihre Karrieren, ihre Sichtbarkeit und ihre Erfolge einfach weiter ausbauen. Und alles ist so geblieben, wie es war.

Also, ich bitte euch: Umgebt euch mit Menschen, die eure kostbare Zeit nicht mehr damit verschwenden, zu hinterfragen, ob ihr wirklich „sooo viel“ Gehalt verlangen solltet – umgebt euch mit Menschen, die feiern, *dass* ihr das tut.

„Gib deine Kinder einfach nicht im Lebenslauf an!“

Fangen wir mit der bereits erwähnten Brechstange an: Eine Frau mit Kind muss rund ein Drittel mehr Bewerbungen schreiben, um zu einem Vorstellungsgespräch eingeladen zu werden, als eine Frau ohne Kind.

Ein Mann mit Kind hingegen wird genauso oft eingeladen wie ein Mann ohne Kind. Die logische Schlussfolgerung für alle Mütter dieses Landes müsste also lauten: Gib doch deine Kinder im Lebenslauf einfach nicht an, und fertig. Um wenigstens dieses eine – nun ja – Manko, Hindernis, Karrierebremse aus dem Lebenslauf zu entfernen. Ja, ich habe Kinder gerade ernsthaft als Manko oder Hindernis beschrieben. Ich habe mir das System leider nicht ausgedacht.

Tatsächlich hatte ich meinen Lebenslauf vor Jahren schon so aufgebaut, dass ich meine Kinder dort gar nicht angab. Aber nicht aus besonders feministisch-aktivistischen Gründen, sondern weil ich, ehrlich gesagt, gar nicht wusste, wo ich meine Kinder hätte erwähnen sollen. Ganz oben unter „Persönliche Angaben“ direkt unter meinem Namen fand ich es zu sehr mit der Tür ins Haus. „Hallo, ich bin Alexandra Zy … UND ICH HABE ÜBRIGENS ZWEI KINDER!!!“ Weiter unten, unter „Berufliche Erfahrung“, stehen meine beruflichen Erfahrungen. Ich wüsste nicht, inwiefern zwei Kinder in die Welt zu setzen dazuzählt. Und unter „Weitere Interessen / Sonstiges“ neben Yoga und Pokern meine zwei Kinder zu parken, fand ich dann doch unfreiwillig komisch. Zumal ich auch schon immer dachte: Was ist, wenn sie dich aufgrund der Kinder sofort aussortieren, noch bevor sie überhaupt dein Anschreiben angeguckt haben? Nee nee, sollen sie mich erst mal vor sich sitzen haben, und wenn ich sie dann so weit habe, dass sie mich unwiderstehlich finden, werde ich die Kinderbombe platzen lassen.

Können wir an dieser Stelle mal ganz kurz Halt machen und festhalten, wie absurd allein dieser Gedankengang war? Die Tatsache, dass ich mir als eine von elf Millionen Müttern in diesem Land überlegen muss, an welcher Stelle dieses DIN-A-4-Papiers ich meine Kinder bestenfalls „versteckt unterbringe", sodass mich ihre schiere Existenz beruflich weniger ausbremst. Weniger – heißt, dass ich mir dessen bewusst bin, dass sie mich auf jeden Fall ausbremsen *wird*. Und wenn wir schon dabei sind: Wie absurd ist die Vorstellung, dass elf Millionen Väter in diesem Land sich diesen Gedanken nur sehr selten stellen müssen? Es interessiert einfach kein Schwein, ob ein Bewerber Vater ist oder in zeugungsfähigem Alter oder wie die Betreuung seiner Kinder geregelt ist! Eine BewerberIN aber muss mit all diesen Fragen stets und eigentlich immer rechnen. Allein also, dass ich mich mit diesen Gedanken ganz selbstverständlich beschäftigt habe und gefühlt jede der elf Millionen Mütter hierzulande sich früher oder später damit beschäftigen werden, zeigt, dass Mütter auf dem hiesigen Arbeitsmarkt so beliebt sind wie ein fensterloser Indoorspielplatz im Sommer. Mitten in der Pandemie. In einem Hochrisikogebiet.

Zurück zu meinen Bewerbungsunterlagen: Statt im Lebenslauf schien mir also das Anschreiben als Platz für die Kinderbombe geeigneter zu sein. Aber auch da habe ich ein bisschen rumgeeiert: Je nach Redaktion, in der ich mich bewarb, erwähnte ich die Kinder in Nebensätzen wie dem, dass ich durch meine Kinder über spannende Themen stolperte oder dass ich gern über Mutterschaft und Mutterbilder schreiben würde.

Ich argumentierte gern und viel in meinem Freund*innenkreis und in meiner Community in diese Richtung: Lasst die Kinder aus dem Lebenslauf raus, oder erwähnt sie irgendwo ganz klein und versteckt, sonst verderbt ihr euch die Chance überhaupt zum Gespräch eingeladen zu werden. Denn Kinderhaben bedeutet berufliches Abstellgleis.

Aber ist es nicht gemein, die Kids aus den Bewerbungsunterlagen herauszuschneiden wie Outtakes aus einem Film, bekam ich dann öfter als Frage gestellt, *schließlich gehören sie ja auch zum eigenen Leben dazu.* Ja, aber – Achtung, wir demontieren jetzt das Übermutterbild ein bisschen – unsere Kinder gehören nicht w e n i g e r zu unserem Leben dazu, wenn sie auf einem DIN-A4-Blatt, das berufliche (BERUFLICHE!) Meilensteine abbildet, unerwähnt bleiben. Denn das ist Punkt Nummer eins, getarnt als schlechtes Gewissen, das uns daran hindert, Kinder nicht in unserem Lebenslauf anzugeben – es fühlt sich an, als würden wir sie verstecken oder verleugnen, sie gedanklich aus unserem Leben streichen. Merkt ihr es selbst? Wie tief das Patriarchat uns die *Mom-Guilt* eingepflanzt hat, dass uns selbst ein Stück Papier das Gefühl geben kann, eine schlechte Mutter zu sein?! Und zwar nur, weil wir uns auf diesem Papier zuallererst als Kollegin, Expertin, Referentin oder Abteilungsleiterin bezeichnen? Und erst später, nachgelagert, als Mutter? Oder es vielleicht komplett unter den Tisch fallen lassen? „Wie kannst du nur?", hören wir das Patriarchat in unser Ohr zischen, „was für eine Mutter bist du denn?" Oder die patriarchale Brechstange: „Liebst du deine Kinder etwa nicht?" WEIL ICH SIE NICHT IN MEINEN BEWERBUNGSUNTERLAGEN ANGEGEBEN HABE??!!

Wie ihr diese Stimme also zum Schweigen bringt? Indem ihr den Spieß umdreht und eure Partner oder die Partner eurer Freundinnen (wenn vorhanden) fragt, ob s i e eigentlich ihre Kinder oder ihre Elternzeiten in ihren Bewerbungen angeben. Und ob sie sich jemals dafür schlecht gefühlt haben – oder als schlechter Vater – wenn sie dies nicht tun. „Hey Thomas fühlst du dich eigentlich als schlechter Vater, wenn du eure Kinder im Lebenslauf weglässt?" Allein diese Frage laut auszusprechen, offenbart die Absurdität dahinter und leider auch die berufliche Zwei-Klassen-Gesellschaft, in der Männer mit Kindern und Frauen mit Kindern auf dem Arbeitsmarkt jeweils leben. Wir halten also fest: Das Ding heißt nicht umsonst B e w e r b u n g, es geht darum, Werbung für sich selbst im beruflichen Kontext zu machen, und nicht um den *Mom-of-the-Year-Award.* Nein, wir lieben unsere Kinder nicht weniger, wenn wir sie auf einem Blatt Papier nicht erwähnen. Und nein, wir müssen uns vor diesem Blatt Papier dafür nicht rechtfertigen.

Bei der zweiten Art von Bedenken, die mich erreichen, wenn es um Kinder und Lebensläufe geht, geht es um die Elternzeiten. Kann man die nicht mehr erwähnen, muss man die zeitlichen „Lücken" in den Bewerbungsunterlagen irgendwie erklären. Auch ich dachte das lange Zeit. (Wieso eigentlich „Lücken"? Als hätte ich zwölf Monate lang meine Eierstöcke geschaukelt, statt 24/7 das Überleben eines komplett hilflosen, menschlichen Wesens zu sichern!) Aber wie absurd ist es, dass jede Menge Frauen in diesem Land sich darüber Gedanken machen, wie sie am besten ihre Lebensläufe frisieren könnten, um was genau zu verstecken? Dass sie zwischendurch ihren Lebensunterhalt als verschwörungstheoretische Querdenkerin bei Tag und Rentnerabzockerin bei Nacht erstritten? Nein, sie versuchen vor dem Arbeitsmarkt ernsthaft zu vertuschen, dass sie einfach nur Kinder in dieses Land gesetzt haben. Kinder, die auf ebendiesem Arbeitsmarkt in 30 Jahren als Fachkräfte dringend gebraucht werden. Kinder, die später die Renten für dieses Land finanzieren werden. Eine Heldinnentat im Grunde, ein Dienst an der Gesellschaft, am Finanzministerium und an den Alten sowieso. Um als Dank in ihrem Lebenslauf anzugeben, dass sie ebendiese Heldinnentat eigentlich n i c h t begangen haben. Was für ein Armutszeugnis für dieses Land!

Nachdem ich reihenweise die Bedenken vieler Followerinnen über besagte „Lücken" im Lebenslauf gelesen hatte, bekam ich irgendwann die erlösende Nachricht einer Personalerin eines großen Konzerns. Frauen sollten endlich aufhören, sich wegen dieser angeblichen Lücken zu stressen, schrieb sie mir. Denn: War frau fest angestellt, lief der Vertrag während der Elternzeit doch ganz normal weiter. Dass da ein paar Monate oder auch Jahre Elternzeit dazwischenlagen, tut doch nichts zur Sache. Die Frau war durchgehend im Unternehmen angestellt. Keine Lücken, keine Fragen, fertig.

Na ja, schrieb ich zurück, aber frau war ja nicht IN der Firma. Entrüstet antwortete sie mir sinngemäß: Du glaubst doch nicht ernsthaft, dass Männer in ihren Lebensläufen ihre Elternzeitlücken angeben?! Das habe ich in all meinen Jahren als Personalerin nicht ein Mal erlebt!

Dieses Argument saß. Wenn Männer keine Kinder und auch keine Elternzeiten angeben, warum sollten es Frauen dann tun? Bestärkt durch diesen Austausch, wurde mir klar: Frauen sollten ihre Kinder einfach nicht im Lebenslauf erwähnen, und fertig. Kapitel zu Ende?

Leider noch nicht ganz. Denn dann kam das große und ziemlich traurige Aber: Das Patriarchat ist leider auch hier ziemlich schlau. Und hat sich für diese Raffiniertheit der Frau eine Gegenraffiniertheit ausgedacht. Befolgst du nämlich meine logisch herbeigeleitete Argumentation und gibst dein Kind im Lebenslauf nicht an, passiert dir sehr wahrscheinlich Folgendes, wie mir eine Followerin schrieb:

> „Noch schlimmer ist ja, wenn man als kinderlose Frau Mitte/Ende 30 nicht eingeladen wird, eben weil man ja eh bald schwanger wird und weg ist."

Ob du überhaupt Kinder willst, welche kriegen kannst oder nicht auch der/die Partner*in das Kind dann betreuen könnte, spielt da offenbar überhaupt keine Rolle. Denn: Frauen sind dazu geboren, Kinder zu bekommen. Eine Mutter gehört zum Kind und ein Kind zur Mutter. Schön war auch die Nachricht einer anderen Frau:

> „Oder wenn man als Mutter mit einem Kind nicht eingeladen wird, weil ja sowieso bald das zweite kommt'."

Und den absoluten Vogel schoss eine weitere Nachricht ab, die konstatierte:

> „Es gibt nur drei Karrierezustände für eine Frau: zu jung, zu fruchtbar, zu alt."

In diesem Moment reichten meine Hände und Stirnpartien nicht mehr aus, um das eine gegen das andere zu klatschen, bis Absurdistan das Steuer in meinem Hirn übernahm: Ich weiß es, dachte ich, ich hab's, ich habe die Lösung, den idiotensicheren Schlachtplan: Man sollte – erstens – als Frau seine Kinder DOCH im Lebenslauf angeben, um vorzubeugen, dass einem mögliche baldige Kinder aka Karrierekiller angehängt werden, dann aber – zweitens – sollte man unbedingt irgendwo ganz klar vermerken, dass die Betreuung aber so was von bombensicher geregelt ist, und dass man – drittens – wirklich, wirklich, WIRKLICH keine weiteren Kinder plane. Absurd? Total. Etwas, das nur Frauen betrifft und die meisten Männer einfach nicht tangiert? Absolut.

> „Ich könnte an meinen Lebenslauf ja die Bescheinigung der Vasektomie meines Mannes tackern."

Die Nachricht wäre so witzig, wenn es nicht alles so endlos traurig wäre. Was lernen wir also daraus? Als Frau die Kinder in den Lebenslauf zu schreiben ist falsch. Als Frau die Kinder nicht in den Lebenslauf zu schreiben ist falsch. Ja, und nun?

Eben.

Und genau deswegen, genau aus diesem Grund, müssen wir aufhören, nach der Lösung für das Ende der Mütterdiskriminierung im Job in den Lebensläufen dieser Mütter zu suchen und den Müttern die Verantwortung dafür zuzuschieben. Es ist egal, wie Frauen es drehen und wenden: Sind sie von Mitte 20 bis Mitte 40 in einem gebärfähigen Alter, wird der Arbeitsmarkt sie diskriminieren. Ob wissentlich oder unwissentlich, es wird passieren. Das sind natürlich auch genau *die* zwanzig Jahre, in denen Karriereweichen gestellt werden – für Männer zumindest. Und jetzt frage ich euch, was sagt das über eine Gesellschaft aus, wenn in diesen Jahren Frauen als Gesellschaftsgruppe die prekärste und unfairste Behandlung auf dem Arbeitsmarkt zu befürchten haben? Wie kann man da noch von „Wir sind doch alle längst gleichberechtigt" sprechen?

Immerhin gibt es an der Stelle ein paar Tipps: Ich würde

meine Kinder trotzdem weiterhin nicht im Lebenslauf angeben, weil ich denke, dass Abfuck Nummer eins – deswegen nicht eingeladen zu werden – größer ist als Abfuck Nummer zwei – nicht eingeladen zu werden, weil demnächst Kinder kommen könnten.

Tipp Nummer zwei: Wenn man dann zum Gespräch eingeladen wird und Sätze fallen wie „Wie wollen sie den Job mit ihren Kindern vereinbaren?", oder „Wie sieht eigentlich ihre Familienplanung aus?", sollten wir das einfach melden. Vielleicht nicht im Gespräch selbst, wir wissen nur zu gut, dass es für uns besser ist, diese frauenfeindlichen Bemerkungen einfach wegzulächeln. Nicht jede Frau kann es sich leisten, einen potenziellen Job mit einer flammenden Rede über Frauendiskriminierung aufs Spiel zu setzen. Dennoch: Wenn aus dem Job nichts geworden ist, sollten wir uns die Zeit nehmen und eine Mail an die zuständige Personalabteilung schreiben. Wenn das alle tun, wird hoffentlich irgendwann irgendwer irgendwo hellhörig.

Und Tipp Nummer drei: Wir müssen damit aufhören, nach Lösungen für strukturelle Probleme in den privaten Lebensläufen von Frauen zu suchen. Für ein strukturelles Problem sind die Strukturen verantwortlich und nicht eine persönliche Angabe, oder eben Nicht-Angabe, auf einem DIN-A4-Blatt.

„Frauen sollten einfach kürzer in Elternzeit gehen."

Es klingt eigentlich logisch: Um den Gender-Pay-Gap zu minimieren und die Diskriminierung von vorwiegend Müttern auf dem Arbeitsmarkt zu beheben – also die Tatsache, dass Frauen mit Kindern auf dem Abstellgleis landen, was Gehälter, Beförderungen und Weiterbildungen angeht –, all das wäre zumindest in großen Teilen gelöst, wenn Frauen grundsätzlich kürzer in Elternzeit gingen. Sie wären nicht so lange aus dem Beruf raus, die Gefahr, einen Posten oder eine Position zu verlieren, wäre nicht mehr so groß. Und Männer wären dadurch außerdem gezwungen, länger in Elternzeit zu gehen. (Es ist zwar nicht so, dass irgendwer Väter heute daran hindern würde, länger in Elternzeit zu gehen. Aber das ist ein anderes Thema, zu dem wir später noch ausführlich kommen werden.) Mütter müssten also einfach kürzer in Elternzeit gehen, und das Problem wäre zumindest teilweise gelöst, oder? Dass die Antwort darauf leider „Nein" sein wird, könnt ihr euch wahrscheinlich denken, sonst wärt ihr in diesem Buch nicht bis hierher gekommen.

Um das Problem dahinter zu verstehen, müssen wir erst einmal erkennen, dass es in diesem Land eine gesellschaftlich „angemessene" Elternzeitdauer für Mütter (nicht Väter!) gibt. Es gibt also eine Art moralischen Kompass für die Beantwortung der Frage, wie lange eine Mutter hierzulande in Elternzeit gehen sollte, um – ja, um was eigentlich? – um offenbar als eine gute Mutter zu gelten. Da sind sie wieder, die Rousseaus und

Darwins, die sich mit ihren 200 Jahre alten Mütterbildern in unsere Hirne schleichen.

Und jetzt ratet doch mal, welche Elternzeitdauer hierzulande als angemessen gelten könnte. Sechs Monate? Nein, viel zu kurz! Ein Jahr? Könnte schon hinkommen, schließlich heißt es ja immer, dass Frauen im Schnitt ein Jahr in Elternzeit gehen, Männer im Schnitt zwei Monate. Vielleicht also so eineinhalb bis zwei Jahre, dachte ich, bevor ich die tatsächliche Zahl recherchierte – und wäre mit diesem Tipp gnadenlos durchgefallen.

Das Institut für Arbeitsmarkt- und Berufsforschung[143] hat diesen Wert ermittelt und vielleicht solltet ihr euch an dieser Stelle wie bei einem Horrorfilm lieber die Augen zuhalten und nur durch eure Fingerspalten weiterlesen: Unter den befragten 6500 Frauen (Frauen!) zwischen 18 und 60 hielten 56 Prozent, also mehr als jede Zweite, eine Elternzeit von drei Jahren und zwei Monaten für „angemessen". Drei Jahre und zwei Monate! Erst danach sollte eine Mutter wieder arbeiten gehen dürfen. D ü r f e n !!! Und auch im Anschluss sollte sie nicht Vollzeit arbeiten gehen – wo kämen wir denn da hin –, sondern nur rund 15 Stunden die Woche. Vollzeit sollte eine Mutter erst anpeilen, wenn das Kind sieben Jahre alt ist, so die vorherrschende Meinung in dieser Studie. Nebensächlich, dass Untersuchungen zeigen, dass gerade das Grundschulalter (also ab 7) sich für Vollzeiterwerbstätigkeit der Eltern erst recht schlecht eignet, weil die Ganztagesbetreuung in Grundschulen in diesem Land eine Vollkatastrophe ist.

Ich weiß nicht, wie es euch jetzt geht, aber ich an eurer Stelle hätte jetzt das große Bedürfnis, das Buch mal kurz zur Seite zu legen und mindestens in ein Kissen hinein oder aber vom Balkon aus die schlimmsten Dinge in die Welt hinauszubrüllen. Also eine Runde durchatmen. Einatmen, ausatmen.

Nachdem wir nun wissen, welche Elternzeitdauer hierzulande als „angemessen" erachtet wird (ich komme über dieses Wort einfach nicht hinweg), ist klar, dass der Bullshitsatz „Soll eine Mutter doch einfach kürzer in Elternzeit gehen, wenn sie im Job keine Benachteiligung erfahren will" uns wieder mal bloß vor die Wahl stellt, entweder für das eine oder das andere abgestraft zu werden.

Und so ist es leider schon fast lustig (wenn es nicht so endlos traurig wäre), dass Mütter, die diesen Rat befolgen, die es tatsächlich schaffen, sich gegen gesellschaftliche Zwänge zu wehren und kürzer in Elternzeit gehen, im Job nämlich leider auch dafür benachteiligt werden. „Arbeitgeber honorieren es nicht, wenn Frauen nach der Geburt schnell zurück in den Job kommen", hieß es in einem SPIEGEL-Artikel von 2018[144]. „Im Gegenteil: Sie nehmen sie als egoistisch und feindselig wahr." Ah ja, da ist sie wieder, die *Role Congruity Theory*, die Verhalten abstraft, was als nicht geschlechtstypisch angesehen wird. Was mal wieder nach 1960 klingt, belegt eine aktuelle Studie vom Wissenschaftszentrum Berlin für Sozialforschung. Dafür wurden 700 identische Bewerbungen rausgeschickt, nur mit dem feinen Unterschied, dass darin unterschiedlich lang Elternzeit genommen wurde. Das Ergebnis: Mütter, die schon zwei Monate nach der Geburt eines Kindes in den Job zurückwollten, wurden eineinhalb mal seltener eingeladen als Mütter, die ein Jahr ausgesetzt hatten.

Mehr noch: Selbst, wenn die Elternzeit schon mehrere Jahre zurücklag, wurden die Mütter für diese Entscheidung bei der Bewerbung trotzdem abgestraft. Das muss man sich mal vorstellen! Noch Jahre danach spielte die Elternzeitdauer bei den Personaler*innen eine Rolle! Aber es geht noch weiter: In einem Laborexperiment mit Student*innen fand man außerdem heraus, dass Mütter, die länger Elternzeit nehmen, von den Probanden im Schnitt als intelligenter eingeschätzt wurden, ihnen wurde mehr Führungskompetenz unterstellt – und sie galten als bessere Zuhörerinnen, als warmherziger, gutmütiger, als weniger intrigant und einschüchternd.

Weniger intrigant, weil man länger in Elternzeit geblieben ist?! Wow. Sofort sehen wir die eiskalte, geldsüchtige Karrieremutter vor uns, die es wagen konnte, ihr Baby nach einem halben Jahr beim – ja, bei wem eigentlich – ach ja, beim anderen Elternteil zu lassen! Wie konnte sie nur?! Dass hierzulande 58 Prozent aller Väter schon einen Tag nach der Geburt wieder ins Büro spazieren, ist natüüürlich etwas völlig anderes. Schließlich muss der Mann die Familie ernähren. Die Frau auch? Ach komm, hat sie keinen Ehemann?

Können wir uns diese Beobachtungen noch mal ganz deutlich vor Augen führen? Eine Mutter, die zu lange in Elternzeit geht, wird abgestraft, weil: Glucke. Eine Mutter, die zu kurz in Elternzeit geht, wird abgestraft, weil: kaltherzig. Diese unterstellte Kaltherzigkeit ist so schwerwiegend, dass sie die Mutter auch noch Jahre später im Bewerbungsprozess behindert. Wir reden hier also ernsthaft von einer vermeintlich „zu kurzen" Elternzeit, die Frauen auch noch behindert, wenn der Nachwuchs längst größer ist? Weil es in den Köpfen der Personaler*innen „angemessene" und „unangemessene" Elternzeitdauern für Mütter gibt, nicht aber für Väter?! Bei Männern spielt die Länge der Elternzeit keine Rolle für ihre Bewerbungschancen. Väter, die laut den fiktiven Lebensläufen ein Jahr lang Elternzeit genommen hatten, wurden fast genauso oft zu Vorstellungsgesprächen eingeladen wie Männer mit einer zweimonatigen Auszeit.

Ich habe dieses Dilemma ein paarmal in meiner Social-Media-Community thematisiert und bekam viele Hunderte Nachrichten, die diese Denkweise bei realen Chef*innen und Personaler*innen gut illustrieren. Ein paar Beispiele?

„Wozu wollen Sie so früh wieder einsteigen? Ihr Mann verdient doch gut."

„Wart mal ab, wenn das Baby erstmal da ist, wirst du gar nicht mehr arbeiten wollen."

„Wozu kriegt man überhaupt Kinder, wenn man sie sofort nach der Geburt wieder abschiebt?"

Solche Sätze erreichen allein mich in unzähligen Variationen. Wie viele Zehntausende davon haben wir alle schon mal durch die Blume oder ganz unverblümt gehört? Denn ob wir es wollen oder nicht, das zeigt unser heutiges Mutterbild. Das Mutterbild, das sich so manifestiert hat, sich so in unsere Hirne eingebrannt hat, dass – seien wir mal ganz ehrlich – selbst wir diese Gedanken schon automatisch denken, wenn uns eine befreundete Mutter erzählt, dass sie „schon" wenige Monate nach der Geburt wieder arbeiten möchte.

Zurück zu unserem Bullshitsatz: Wäre es also grundsätzlich gut, wenn Mütter kürzere Elternzeiten nehmen würden? Natürlich. Aber nicht als *einzige* Lösung für das Problem! Dafür müssten gleichzeitig Millionen Väter viel länger in Elternzeit gehen. Dafür müssten die Vätermonate auf mindestens vier Monate angehoben werden. Dafür müsste der Elterngeldhöchstbetrag von 1800 Euro endlich erhöht werden - das ist nämlich trotz steigender Inflation seit 14 Jahren nicht passiert. Und wenn wir schon dabei sind: Frauenberufe müssten endlich gleichwertig entlohnt werden, damit es sich für Frauen finanziell überhaupt lohnt, schnell aus der Elternzeit zurückzukommen. Es müssen spezielle Vollzeit-Modelle her, in denen Eltern (solange die Kinder klein sind) Teilzeit arbeiten, aber Vollzeit bezahlt werden. Das Angebot an Kitas und Ganztagsschulen muss gerade in Kleinstädten und auf dem Land endlich so ausgebaut werden, dass es nicht die Norm ist, dass die Kinder schon um 12 Uhr mittags abgeholt werden müssen, sondern eine Ausnahme.

Kurzum: Das Problem der Mutterdiskriminierung im Job wird sich nicht allein dadurch lösen lassen, dass Mütter einfach kürzer in Elternzeit gehen. Sehen wir nicht endlich ein, dass wir in Deutschland immer noch extrem veraltete Rollenbilder hochhalten; sehen wir nicht ein, dass diese Rollenbilder uns unterbewusst dazu treiben, Mütter als intrigant abzuwerten, wenn sie „zu früh" aus der Elternzeit wiederkehren; sehen wir nicht ein, dass sich dadurch ganze Generationen von Frauen finanziell von Partnern oder Ehemännern abhängig machen; fangen wir nicht endlich an, diese Rollenbilder aufzubrechen, uns selbst, unsere Freund*innen, Mütter, Väter, Kolleg*innen, Personaler*innen und Chef*innen und ihre Erwartungen an eine „gute" Mutter zu hinterfragen – wird es völlig egal sein, ob Mütter kürzere Elternzeiten nehmen oder nicht. An der Mütterdiskriminierung selbst werden wir so absolut und rein gar nichts ändern.

„Aber Väter werden im Job auch diskriminiert."

Das Totschlagargument, das auf die letzten Kapitel folgen musste. Auch deswegen, weil es regelmäßig in Diskussionen, auf Familienfeiern oder in den Kommentarspalten auf Social Media kommt, sobald es darum geht, auf strukturelle Diskriminierungen Frauen gegenüber aufmerksam zu machen. Dieser Satz kommt in vielen Formen: „Bei uns gibt es auch Väter auf den Spielplätzen." „Wir haben auch Männer in der Krabbelgruppe." „Bei uns lassen sich auch Männer zu Elternvertretern wählen."

Was all diese Phrasen gemeinsam haben? Erstens: Sie sind absolut richtig. Und zweitens: Sie bringen die Debatte kein Stück voran. Warum? Weil sie eine ganz perfide Argumentationstaktik anwenden, die sich *Whataboutism* nennt. „What about …?" – also „Aber was ist mit …?" Aber was ist mit den guten Männern? Was ist mit den Spielplatzvätern, mit den Krabbelgruppenpapas, mit den Elternvertretern? Ja, es gibt sie. Aber es geht in diesem Buch darum, weit verbreitete Missstände aufzuzeigen und nicht einige wenige Ausnahmen hochzuhalten, als Indiz für eine angeblich erreichte Gleichberechtigung. Auch wenn es diese „guten" Männer gibt, machen sie mit ihrer schieren Existenz nicht die anderen wett. Und schon sind wir nicht mehr damit beschäftigt, Missstände auf dem deutschen Arbeitsmarkt in Bezug auf Frauen zu thematisieren, sondern damit zu debattieren, ob das die wenigen Männer, die davon auch betroffen sind, nicht ausschließt.

Das macht nämlich *Whataboutism*, er soll vom eigentlichen Kernproblem ablenken, indem er die Finger-in-die-Wunde-Legerin in eine völlig andere Argumentation verstrickt, die mit der eigentlichen Debatte gar nichts zu tun hat und die eigentliche Problematik schön verschleiert. Fangen also Sätze an mit „Ja, aber was ist mit …", kann man sie ganz leicht parieren, indem man darauf aufmerksam macht, dass es sich dabei um „Whataboutism" handelt und das das eigentliche Problem nicht lösen wird. Jetzt kommt das Aber. Selbstverständlich will niemand einfach so weggebügelt werden. Schon gar nicht mit so neumodischen Anglizismen. Also gehen wir auf dieses Argument doch trotzdem kurz ein: Natürlich gibt es diese Männer, die richtig lange in Elternzeit gehen; natürlich gibt es diese Väter, die deswegen beruflich diskriminiert werden; natürlich gibt es diese Daddys, die man jeden Nachmittag auf einem Spielplatz trifft. Aber was ist denn unser Maßstab?

Ich möchte dafür auf ein paar aktuelle Zahlen eingehen, die eigentlich bekannt sein müssten, aber in den Medien in der Regel nur sehr verkürzt auftauchen. Also: Wie viele Männer nehmen denn aktuell in Deutschland überhaupt Elternzeit? 42 Prozent. Vier von zehn Männern, die Vater werden, beantragen also irgendwann im Laufe der darauffolgenden Monate Elterngeld und folglich somit Elternzeit. Eigentlich gar nicht mal so schlecht, diese Zahl wird ja auch in jedem einzelnen Artikel zu dieser Thematik zu Recht abgefeiert. Nun kommt die Preisfrage, die in den Zeitungen dann nicht mehr so oft auftaucht: Gibt es darunter auch Männer, die mehr als zehn Monate in Elternzeit gehen? Es sind aktuell – Trommelwirbel – 7,6 Prozent[145]. Die obligatorischen zwei Monate nehmen hingegen 75,4 Prozent der Väter. Wie viele Mütter nehmen dagegen zwei Monate? Dramatischer Trommelwirbel – 0,7 Prozent. Kein Witz. Mehr als zehn

Monate beantragen Mütter aber zu 95,4 Prozent. Wir halten also fest: 95 Prozent, also nahezu alle Frauen, die hierzulande Mütter werden, gehen mindestens zehn Monate oder länger in Elternzeit! Aber nur 7,6 Prozent aller Väter. Da kann man sich ja dann in etwa ausrechnen, wie viel von diesen fast nahezu allen Frauen aufgrund ebendieser zehn Monate und länger im Job diskriminiert werden. Klar, unter den wenigen Vätern werden sicherlich auch Diskriminierungsfälle sein. Aber versuchen wir gerade ernsthaft, 96 Prozent gegen 7,6 Prozent aufzuwiegen?

Was passiert hier also? Die „Ja, aber was ist mit Männern"-Argumentation lenkt die Aufmerksamkeit von den Opfern, die um ein Vielfaches mehr betroffen sind, einfach weg. Nach dem Motto: *Ja o.k., Millionen Mütter wurden und werden seit eh und je im Job diskriminiert, ihr müsst aber erst mal warten, damit wir uns mit den wenigen Männern befassen können, denen das jetzt zufällig auch passiert. Bei euch fanden wir die Diskriminierung öde und irgendwie auch normal, bei Männern aber spannend, also stellt euch hinten an.*

Zumal, liebe „Aber was ist mit den Männern"-Rufer, die Zahlen sprechen gerade im Job-Kontext gegen eine allgemeine Diskriminierung von Männern. Hier ein Beispiel: Wie wir aus den vorherigen Kapiteln wissen, wird Frauen ihr gebärfähiges Alter zwischen Mitte 20 und Mitte 40 karrieretechnisch zum Verhängnis. Frage in die Runde: Warum müssen eigentlich Männer, die ja im Grunde ihr ganzes Leben lang zeugungsfähig sind und damit theoretisch eine viel größere Gefahr laufen, aufgrund von Kindern im Beruf auszufallen, zu keiner Zeit dafür eine Unrechtbehandlung auf dem Arbeitsmarkt befürchten? Vielleicht, weil immer noch das Credo gilt „Ein Kind gehört zur Mutter"? Vielleicht, weil 58 Prozent der Väter überhaupt gar keine Elternzeit beantragen[146] und ein paar Tage nach der

Geburt ihres Kindes wieder ins Büro marschieren? Vielleicht, weil Dreiviertel von denen, die Elternzeit nehmen, dies nur acht Wochen lang tun? Und somit die Gefahr für den Arbeitgeber auch überschaubar ist? Hm, kann gut sein!

Übrigens *gibt* es zur Elterndiskriminierung im Job in Deutschland überhaupt gar keine aussagekräftigen Zahlen, sagte Anwältin Sandra Runge mal zu mir, die sich auf Elterndiskriminierung im Job spezialisiert hat. Das liegt unter anderem auch daran (wir hatten das Thema schon an anderer Stelle), dass das deutsche Antidiskriminierungsgesetz Diskriminierung aufgrund von Elternschaft oder Mutterschaft nicht kennt. Ernsthaft! Im deutschen Antidiskriminierungsgesetz, das offiziell Allgemeines Gleichbehandlungsgesetz (AGG) heißt, taucht das Wort „Elternschaft" als Diskriminierungsmerkmal gar nicht erst auf. Folglich können sich Eltern – und zwar meist Mütter – nicht darauf berufen, wenn sie offenkundig aufgrund ihres Elterndaseins nicht befördert oder in ihrer Position degradiert werden. Könnte dieses sowohl juristische wie auch wissenschaftliche Desinteresse an solchen Zahlen etwa auch daran liegen, dass das Problem – und so schließt sich der Kreis – wieder einmal „nur" Frauen betrifft, Gesetze aber vorwiegend von Männern für Männer gemacht werden?

Weil es also keine aussagekräftigen Zahlen gibt, die Aufschluss darüber geben könnten, wie oft Väter im Vergleich zu Müttern im Job diskriminiert werden, habe ich stattdessen ein paar andere Zahlen für euch: Wie war das noch gleich? Ach ja: Männer werden genauso oft zu Vorstellungsgesprächen eingeladen, völlig egal, ob sie ein Kind im Lebenslauf angeben oder nicht. Frauen mit Kindern hingegen müssen rund ein Drittel mehr Bewerbungen schreiben, um sich hinterher auch persönlich vorstellen zu dürfen. Männer mit Kindern verdienen je nach Alter sogar mehr als Männer ohne Kinder.[147] Und nun eine Zahl, zu der ich mittlerweile eine Hassliebe hege: Laut einer aktuellen Bertelsmann-Studie[148] müssen Frauen im Laufe ihres Lebens im Schnitt 40 Prozent an Kapital einbüßen, weil sie Kinder bekommen. Wenn sie zwei oder sogar drei Kinder kriegen – bis zu 70 Prozent! Das macht im Schnitt einen Unterschied von einer halben Million Euro Vermögen. Eine halbe! Million! Euro! Dafür, dass man zukünftige Steuer- und Rentenzahler*innen in die Welt gesetzt hat. Wie hoch aber ist die kinderbedingte Gehaltsbremse bei Männern, sobald sie Kinder kriegen? Schließlich geht es uns ja hier um diskriminierte Väter. Die Antwort: Statistisch gesehen spielen Kinder bei Männern k e i n e Rolle, wenn es um Einkommensverluste geht. Aber hey, Väter werden beruflich schließlich auch diskriminiert. Ist richtig.

O.k., Sarkasmus beiseite: Widmen wir uns an der Stelle auch kurz den Männern, die tatsächlich aufgrund von Elternzeiten oder Kindern im Job benachteiligt werden. Ja, es gibt diese Fälle, da gibt es auch nichts schönzureden. Schon gar nicht, wenn aus der Zeit gefallene Chefs als Antwort auf Elternzeitanträge ihrer männlichen Mitarbeiter so antworten: „Was willst du denn in Elternzeit, deiner Frau die Titten halten?" (Wirklich wahres Beispiel.) Offenbar dämmert es den Firmen jetzt mehr und mehr, dass auch Väter sich das Recht herausnehmen – ach du Schreck – in Elternzeit zu gehen und – heilige Kanonenkugel – dies sogar länger als zwei Monate tun. Ein Vater schickte mir dazu eine Nachricht und erzählte, dass er es auch schon erlebt hat, dass ihm als Mann unangenehme Fragen in Bewerbungsgesprächen gestellt wurden: ob seine Frau arbeite, wer auf die Kinder aufpasse und so weiter. Doch dann erwähnte er etwas, das ich leider schon wieder so bezeichnend fand, für die immer noch dominierende Zweiklassengesellschaft zwischen

Vätern und Müttern auf dem Arbeitsmarkt –, nämlich dass (zumindest in seinem Unternehmen) verheiratete Männer mit Kids und Häuschen – Achtung – noch beliebter seien als Single-Männer, weil sie sich kaum anderswo bewerben. Und da war ich tatsächlich baff. Männer mit Haus, Ehefrau und Kind sind also noch beliebter als kinderlose Single-Männer?! Während gleichzeitig genau dieser Häuschen-Kids-Status bei Frauen als absolutes K. O.-Kriterium auf dem Arbeitsmarkt gilt?!

Vielleicht war das nur ein Einzelfall. Auf der anderen Seite wissen wir ja bereits, dass angestellte Väter auch schneller befördert werden als angestellte Mütter. So oder so: Wer ernsthaft das Argument „Aber Männer werden doch auch diskriminiert" als zielfördernd für die ganze Mutterabfuckproblematik auf dem Arbeitsmarkt ansieht, für den habe ich einfach keine Worte mehr. Außer vielleicht noch die Anekdote der Aktivistin und Mutter Bárbara Zimmermann, die mir zur Veranschaulichung ihrer ganz persönlichen Doppelmoralerfahrung folgende Nachricht schickte:

> „Unser jüngstes Kind hat eine Behinderung. Nach ihrer Geburt habe ich die Absage für eine Stelle bekommen, weil: ‚Ihr Kind braucht Sie noch.' Mein Mann bekam nach der Geburt eine Lohnerhöhung."

Diese Doppelmoral kommt übrigens auch beim Thema Teilzeit zum Vorschein. Väter haben es viel schwerer, Teilzeitanträge durchzubringen, schon klar. Auch ich bekomme immer wieder Nachrichten und Geschichten zugeschickt, in denen Vätern aus obskuren betriebsbedingten Gründen Teilzeitanträge nicht gewährt werden. Auch darüber müssen wir unbedingt öffentliche Debatten führen!

Was ich aber an einer mir zugeschickten Nachricht so erstaunlich fand, war, dass sich ein Vater bei seinem Teilzeitantrag Folgendes anhören musste: „Sie wissen schon, dass man mit einer Teilzeitstelle keine Familie ernähren kann?“ Da wurde ich hellhörig. Männer, die Väter werden, werden offenbar in einer Art Vollzeitfalle gefangen, und mit patriarchalen Druckmitteln aus der Familienernährer-Mottenkiste dem Arbeitsmarkt gefügig gemacht. Während Frauen, die Mütter werden, in der Teilzeitfalle landen und ihnen die Vollzeit meist verwehrt bleibt. Oder kennt ihr auch nur eine Mutter, die als Antwort auf einen Teilzeitantrag zu hören bekam: „Martina, du weißt aber schon, dass man mit einer Teilzeitstelle keine Familie ernähren kann?“ Oh nein, Mütter werden stattdessen jahrelang mit Sprüchen wie „Martina, mach doch lieber Teilzeit, dein Kind ist nur einmal klein“ selbst kleingehalten. Haben Väter übrigens kein Problem damit, die Kindheit ihrer Kinder zu verpassen? Nö. Das Kind gehört schließlich zur Mutter, und der Vater muss die Familie ernähren! 1960 hat angerufen, es will seine Rollenbilder zurück.

Sorry für den Sarkasmus, aber es ist einfach echt bitter. Es ist einfach so bitter, wenn eine jahrzehntelange Debatte, die Millionen Mütter betraf und betrifft, jetzt von den wenigen Väterfällen gekapert wird. Und noch nicht mal von ihnen selbst, sondern von irgendwelchen Hans-Günthern und Udos, die diese Fälle instrumentalisieren wollen. Natürlich gibt es diese Väter, natürlich sehe ich auch, dass die Debatte besonders dann an öffentlichem Interesse gewinnt, wenn ebendiese Väter betroffen sind. Aber es regt mich auf. Es regt mich auf, dass die Öffentlichkeit Schnappatmung bekommt, sobald sich ein Vater medienwirksam über seinen familienunfreundlichen Chef aufregt, und die Welt ihm zuhört, nachdem Millionen Frauen genau das seit Jahrzehnten in die Welt hinausbrüllen – und dabei ebenso lange ungehört bleiben.

Um also zum eigentlichen Bullshitsatz zurückzukommen: Ja, es wird sicherlich immer mehr Väter geben, die diskriminiert werden, sobald sie längere Elternzeiten einreichen. Die schikaniert und diskreditiert werden, wenn sie Teilzeit beantragen, Kinderkrankentage einreichen oder ihre Kinder an festen Tagen nachmittags aus der Kita holen. Ja, es gibt sie. Und ja, wir sollten noch viel mehr über solche Fälle sprechen, damit Diskriminierung Eltern gegenüber – aber insbesondere Müttern gegenüber – endlich öffentlich sichtbar wird. Nur, es m u s s in dieser Debatte immer und erstrangig um die Millionen von Müttern gehen, denen das täglich passiert, und nachrangig um die wesentlich selteneren, aber dennoch existierenden Väterfälle.

Was ich mir also wünschen würde, wäre, dass die Männer, denen das passiert, oder diejenigen, die auf diese Männer aufmerksam machen möchten, bitte ganz laut brüllen sollen und die Medien informieren und ihre Personaler*innen sowieso. Aber dass sie dabei das Scheinwerferlicht dafür nutzen, um zu sagen: „Fuck, mir passiert das jetzt auch! Die Frauen hatten die ganze Zeit recht, ich schließe mich i h n e n an, höre i h n e n zu und unterstütze s i e in ihrer Sache." Denn die Lösung des Problems ist tatsächlich gar nicht so schwer: Es würde sich vieles automatisch lösen, wenn viel mehr Väter viel mehr Elternzeit nehmen würden, weil so zwangsläufig die Frage nach der Betreuung auch eine wird, die nicht ganz automatisch nur die Frauen, sondern auch die Männer im Job betrifft. Weil dann ein Kind nicht mehr nur zur Mutter gehören würde, sondern – wenn vorhanden – auch zum Vater. Und weil Unternehmen merken würden, dass sie sich solche elterndiskriminierenden

Strukturen verkneifen und sie sich stattdessen familienfreundlich aufstellen müssen, weil ihnen sonst Mütter *und* Väter davonrennen.

Also Männer, tut doch etwas dagegen, wenn ihr euch als Väter diskriminiert fühlt! Ihr seid es, die sagen solltet: „Hey Firma, werde familienfreundlicher, sonst gehe ich!" Ihr seid es, die sagen solltet: „Macht keine Besprechungen nach 16 Uhr, sonst gehe ich!" „Unterbinde Sprüche wie ‚Warum hütest du das kranke Kind zu Hause? Du hast doch eine Frau!', sonst gehe ich!" Und auch: „Ich finde es schwierig, wie ihr die schwangere Kollegin behandelt, das trage ich nicht mehr mit!" Allein schon, weil wir ja jetzt gelernt haben, dass ihr für so ein „rebellisches" Auf-den-Tisch-hau-Verhalten – anders als Frauen – nicht abgestraft, sondern viel eher für euer Durchsetzungsvermögen respektiert werdet.

Natürlich spreche ich auch hier gezielt die privilegierten Familien und Eltern an, die es sich leisten könnten, ihren Job zur Not auch aufzugeben, um ein Zeichen zu setzen. Dieses Privileg muss man sich erst mal leisten können. Nur beobachten Soziolog*innen, dass gerade Paare, die diese Privilegien haben, in traditionelle Rollen zurückfallen. Sie sind es aber, die hier vorangehen und die alten Muster aufbrechen sollten. Die Alternative ist doch die: Wenn wir es jetzt nicht tun, werden es unsere Kinder tun müssen – und ganz ehrlich – wollen wir das wirklich? Wer möchte ihnen unser Versäumnis gerne erklären? Also ich nicht.

„Frauen wollen doch gar keine Karriere machen."

Wenn ihr es bis zu diesem Kapitel geschafft habt, ohne einen Herzinfarkt zu bekommen oder die gesamte Zivilisation zusammenzubrüllen: Hut ab. Eigentlich müssen wir uns mit diesem Bullshitsatz gar nicht mehr beschäftigen, er wird im Grunde schon von den vorherigen Kapiteln widerlegt. Trotzdem sehe ich euren alten, weißen Großonkel Günther schon vor meinem inneren Auge, der auf jeder zweiten Familienfeier in diesem Land mit diesem Satz seiner Großnichte die Welt mansplainen will. „Viele Frauen wollen doch gar keine Karriere machen, die haben sich das doch genauso ausgesucht."

Natürlich könnten wir jetzt wieder die Kinderbücher, Kinderserien, Spielfilme und Spielzeuge heranziehen, die Mädchen heute immer noch aufs Kochen trimmen, auf Babys und Schönheitswettbewerbe, und Jungs auf das Leben als Erfinder, Macher und Tüftler. Wir könnten Filmanalysen zitieren, die belegen, dass Frauen in Blockbustern öfter Pilates machen, als einem Job nachzugehen, oder zeigen, dass in den 100 erfolgreichsten Filmen von 2017 nur 34 Prozent der Frauen Ziele bei der Arbeit verfolgten, dafür aber fast doppelt so oft wie ihre Filmmänner Ziele im Privatleben formulierten.[149]

Das Problem ist: Selbst das würde Günther nicht reichen. Weil dieser Satz leider nicht nur auf sämtlichen Familienfeiern mit lauter Stimme zu hören ist, sondern in zig Feuilletonartikeln, Leser*innenbriefen, Kommentarspalten, in den Köpfen vieler Männer, Personaler, Chefs und auch in den Köpfen vieler Frauen und Mütter im Jahr 2022.

Während ich wirklich keine Ambition habe, mein Lebensmodell allen anderen Frauen in diesem Land überzustülpen, und auch absolut nicht einfordere, dass jede Einzelne von uns Karriere machen sollte und muss (allein schon aus ökologischen Gründen nicht und weil das Höher-Schneller-Weiter unseren Planeten dahinrafft), kann und darf ich diesen Satz so niemals stehen lassen. Weil er einfach inhaltlich falsch ist.

Allein die Gegenüberstellung: Männer wollen Karriere machen, Frauen aber nicht. Das funktioniert nicht, weil wir Äpfel mit Birnen vergleichen. Weil wir uns klarmachen müssen, dass Karriere für einen Mann und gleichzeitig Vater und Karriere für eine Frau und gleichzeitig Mutter auf dem deutschen Arbeitsmarkt, in den Köpfen der Kolleg*innen, der Chef*innen, der Familienmitglieder und schließlich in den Köpfen der betroffenen Väter und Mütter zwei völlig unterschiedliche Dinge bedeuten.

Für den größten Teil der Männer in Deutschland, das belegen unzählige bereits zitierte Studien, bedeutet Karriere: Er kann sie machen, wenn er möchte. Dabei ist es völlig egal, ob er ein Vater ist oder nicht; völlig egal, ob er Mitte 20, Mitte 30 oder Mitte 40 ist; völlig egal, ob er selbstständig ist oder angestellt; wie viele Kinder er hat, ob er in Elternzeit war, wie lange er in Elternzeit war, ob seine Familienplanung bereits abgeschlossen ist, ob seine Eltern noch leben und ob sie in der Nähe wohnen; wie oft seine Kinder krank sind, ob die Kitas und Schulen im Lockdown schließen werden; es ist auch völlig egal, ob es neben ihm schon andere Männer in der Führungsetage gibt, wie viele Männer es in der Führungsetage gibt oder wie viele Männer vor ihm an dieser Stelle schon gescheitert sind. Kurzum: All diese Dinge spielen beim Großteil der Männer, die Karriere machen wollen, absolut und gar keine Rolle. Für Frauen aber spielt jeder einzelne dieser Aspekte eine entscheidende Rolle. Frauen wollen gar keine Karriere machen? Machen wir dazu ein Gedankenexperiment: Wir stellen uns jetzt eine herausgehobene Führungsposition in einem großen Unternehmen vor. Eine Frau äußert Interesse – und das Gedankenkarussell von Chef*innen und Personaler*innen beginnt sich zu drehen:

Es bewirbt sich eine Frau ohne Kind zwischen Mitte zwanzig und Mitte vierzig? Sie könnte bald ein Kind kriegen. Lieber nicht.

Es bewirbt sich eine Frau mit Kind? Sie könnte ein zweites kriegen. Lieber nicht.

Eine Frau mit kurzer Elternzeit im Lebenslauf? Wie herzlos. Lieber nicht.

Eine Frau mit langer Elternzeit im Lebenslauf? Eine Glucke. Lieber nicht.

Eine Frau mit Kindern? Aber was ist, wenn die Schulen wieder dichtmachen? Lieber nicht. Großeltern wohnen nicht in der Nähe? Lieber nicht. Ihr Mann arbeitet Vollzeit? Lieber nicht.

Eine Alleinerziehende? Uhhh, aber ihr Kind braucht sie doch! Lieber nicht.

Eine Frau mit Kind mit Behinderung? Hm, ihr Kind braucht sie doch erst recht! Lieber nicht.

Eine Frau, die wenig fordert? Sie kann ihren Wert nicht einschätzen. Lieber nicht.

Eine Frau, die viel fordert? Sie kann ihren Wert nicht einschätzen. Lieber nicht. Nachher will sie noch genauso viel wie ihr männlicher Kollege. Lieber nicht.

Eine Frau unter vielen männlichen Führungskräften? Wir haben doch schon eine andere Frau in der Führungsetage. Lieber nicht. Nachher beschwert sie sich über unsere gläserne

Decke, den Gender-Pay-Gap und die Herrenwitze auf der Weihnachtsfeier. Lieber nicht. Außerdem war auf der Position schon mal eine Frau und ist gescheitert. Lieber nicht.

Ich bin noch nicht mal beim „Sei bossy, aber nicht zu bossy", „Lächel doch mal, aber sei nicht zu freundlich", „Zieh dich maskulin an, aber trotzdem noch feminin genug"-Businessbullshit angekommen und frage mich, wie viele dieser Doppelmoralsätze ihr noch ertragen könnt. Denn eigentlich möchte ich all diese Sätze, all diese absolut widersprüchlichen, nervenaufreibenden, unmöglich zu erfüllenden und damit für jede Karrierefrau selbstzerstörerischen Sätze an Großonkel Günther weiterleiten und ihn fragen, wer unter solchen Umständen überhaupt Karriere machen wollen würde?

Wenn deine Karriere, neben den eigentlich inhaltlich anspruchsvollen Aufgaben, *zusätzlich* daraus besteht, dieses Klischeedenken jeden einzelnen Tag, immer wieder aufs Neue bei deinen Chefs, Kollegen und Geschäftspartnern aus dem Weg zu räumen und sie tagtäglich vom Gegenteil überzeugen zu müssen. Denn du wirst nie einfach in einer Führungsrolle gesehen, sondern immer als *eine Frau in der Führungsrolle* gesehen. Wenn du scheiterst, bist du nicht als Alexandra, Seyda oder Kirsten gescheitert, sondern als eine *Frau*. Und damit stellvertretend für alle anderen Frauen.

Wer, frage ich euch, liebe Großonkel, würde also unter all diesen Umständen freiwillig Karriere machen wollen? Würdet ihr das? Niemand würde das! Also ja, viele Frauen und Mütter wollen keine Karriere machen. Aber nicht aus freien Stücken. Sie wollen es nicht, weil dieses System aus unmöglichen Ansprüchen und Vorbehalten sie nicht lässt. Weil das System sie unendlich erschöpft. Weil das System nicht will, dass Frauen diese Karrieren machen.

Ja gut, Alex, könnten jetzt die Großonkel erwidern, *schauen wir uns doch mal die Fakten an: Für eine Karriere in einem Konzern muss man zum Beispiel meist Vollzeit arbeiten und oft Überstunden machen. Aber all das wollen Frauen eben nicht!* Wow, Günther. Schauen wir uns diese Fakten mal an. Und zwar anhand einer Studie des Instituts der deutschen Wirtschaft, die vor noch nicht mal einem Jahr damit Schlagzeilen machte, dass Mütter zwar vermehrt in Teilzeit gehen, aber – bevor hier Siegerfäuste in die Luft gereckt werden – ein großer Teil davon das unfreiwillig macht: Nur etwa zwölf Prozent aller nicht erwerbsarbeitenden Mütter geben darin an, dass sie tatsächlich auch keine Erwerbstätigkeit für sich wünschen. Auch Mütter, die weniger als 20 Stunden die Woche arbeiten, haben das bei Weitem nicht alle freiwillig so entschieden: Hier geben nur 12 Prozent an, dass sie freiwillig Teilzeit arbeiten.[150]

Damit hat die Studie einerseits gezeigt, dass sich der Anteil der Mütter, die gar nicht erwerbsarbeiten wollten, im Vergleich zu 1998 halbiert hat. Das Problem ist allerdings: „Die Einstellungen haben sich in den vergangenen 20 Jahren sehr viel schneller geändert, als viele in Politik und Wirtschaft sich das vorstellen konnten." Was so viel bedeutet wie: Die Frauen wollen zwar mehr und länger erwerbsarbeiten, aber Politik, Wirtschaft und unsere verstaubten Rollenbilder lassen sie nicht. Oder wie Jutta Allmendinger schreibt: Die Feststellung ‚Mütter wollen Teilzeit erwerbstätig sein' müssen wir vor dem Hintergrund verstehen, dass Mütter oft gar nicht Vollzeit arbeiten können. Die Infrastruktur fehlt.[151] Kitaausbau, carearbeitende Väter, Führung in Teilzeit, mehr und dauerhaftes Homeoffice für Väter ... Wenn also Frauen den Wunsch äußern, Teilzeit zu arbeiten, dann deutet das, so Allmendinger, „eher auf Defizite, fehlende Optionen, statt auf Präferenzen hin". So viel also zu „Ihr habt es euch mit der Teilzeit doch freiwillig so ausgesucht".

Und wir reden hier noch nicht mal von Karrieren, sondern einfach von Müttern, die gerne 25, 30 oder 36 Stunden arbeiten würden, um dann vielleicht auch irgendwann aufzusteigen – das System sie aber nicht lässt. Daraus die These abzuleiten, Frauen wollten doch gar keine Karriere machen, ist in etwa so, als würde man einem Berufssportler über Jahre hinweg jeglichen Zugang zum Training verweigern und ihm dann vorwerfen, dass er ja selbst schuld sei, wenn er sich nicht für die Olympischen Spiele qualifizieren konnte.

So, Günther, was war das zweite Argument? Ach ja, Überstunden! Für Karrieren brauche man Überstunden. Dass es durchaus Forderungen gibt, Überstunden gänzlich abzuschaffen oder höher zu besteuern, weil sie Burn-out gefährden, den Kapitalismus befeuern und zur Zerstörung unseres Planeten beitragen, sei mal dahingestellt. Betrachtet man Überstunden aus einer feministischen Perspektive, sind sie ein frauenverachtender Brandbeschleuniger und tradieren die Ungleichbehandlung im Job sogar noch mehr. Um das verständlich zu machen, überspitze ich mal sehr stark: Für Väter sind Überstunden toll, um voranzukommen, er muss halt die Familie ernähren, Überstunden sind für ihn gesellschaftlich anerkannt. Mütter, die Überstunden machen, sind hingegen Rabenmütter, sie lassen die Familie im Stich.

Für Männer sind Überstunden auch deswegen super, weil sie eine Beförderung wahrscheinlicher machen. Für Frauen zahlen sich Überstunden weniger aus, weil Frauen per se seltener befördert werden und aufgrund der *Role Congruity Theory* für „unweibliches" Verhalten, aka Überstunden statt Bauklotztürme aufbauen, abgestraft statt belohnt werden. Sehr viele Frauen werden sich mit ihren Überstunden also komplett umsonst verausgaben.

Gleichzeitig aber laufen Frauen mit Überstunden eher Gefahr zusammenzubrechen, weil die Care-Arbeit zu Hause, ihre berühmte „zweite Schicht", ja nicht weniger wird. Mehr noch, ich stelle mal die These auf, dass Frauen vor lauter schlechtem Gewissen wahrscheinlich noch mehr Care-Arbeit übernehmen, um die vielen Stunden im Büro zu kompensieren (wir erinnern uns an den Paritäts-Backfire-Effekt), damit sie sich wieder als „gute Hausfrau und Mutter" empfinden können. Heißt: Sie werden sehr wahrscheinlich mehr Erwerbsstunden und z u s ä t z l i c h mehr Care-Arbeitsstunden schieben.

Männern wird sich dieses Problem der Doppelbelastung hingegen nicht stellen, ihre Care-Arbeitsstunden lassen sich problemlos reduzieren, wenn Überstunden im Büro anstehen, dann wird ihnen von Frauen der berühmte „Rücken freigehalten". Ein schlechtes Gewissen wird ihnen auch nicht eingebläut, weil: ein Mann muss nun mal die Familie ernähren.

Am Ende werden wir also zwei Arten von Menschen sehen: Für die eine Person werden sich Überstunden finanziell auszahlen, während die Care-Arbeit irgendwie unsichtbar gewuppt und alle Bedürfnisse in der Familie (bis auf die der Mutter wahrscheinlich) erfüllt werden. Eine Gehaltserhöhung und Aufstiegschancen winken. Yay. Die andere Person wird zweifach umsonst arbeiten (unbezahlte Überstunden und unbezahlte Care-Arbeit), als Rabenmutter abgestempelt werden, eventuell Grabenkämpfe mit Mann, Familie, Freund*innen und Schwiegereltern ausfechten, ihr Familienglück aufs Spiel setzen und selbst erschöpft und krank auf der Strecke bleiben. Und das alles für eine Beförderung, die statistisch gesehen wahrscheinlich niemals kommen wird.

So viel also dazu.

Apropos Doppelbelastung. Wusstet ihr, dass Frauen öfter von Burn-out betroffen sind als Männer?[152] Woran liegt das wohl? Vielleicht an der Doppelbelastung aus Erwerbs- und Care-Arbeit? Vielleicht an den schier unerreichbaren Doppelstandards für Frauen – sei karriereorientiert, aber sei nicht karriereorientiert; verlange mehr Geld, aber verlange nicht mehr Geld. Vielleicht liegt es aber auch am *Gender-Pay-Gap*! Wieso? Wen würde es nicht in den Burn-out treiben, wenn Frauen in den gleichen Jobs weniger Gehalt kriegen? Wenn sie bei Verhandlungen prinzipiell schlechter wegkommen; wenn sie in Bewerbungen als grundsätzlich dümmer oder grundsätzlich gluckenhafter oder grundsätzlich dreister eingestuft werden; wenn ein- und dieselbe Gehaltsforderung bei Männern als angemessen, bei Frauen aber als überzogen empfunden wird[153] – obwohl beide gleich qualifiziert sind; wenn sie sich abstrampeln, nicht weiterkommen und sich daraufhin noch mehr abstrampeln? Wer, frage ich euch, würde da nicht irgendwann ausrasten und brüllen: „Steckt euch doch eure Karrieren sonst wohin!!!" Aber du hast natürlich recht, Günther, Frauen w o l l e n gar keine Karriere machen.

Atmen.

Für alle, die diese Argumente immer noch nicht überzeugt haben, sind hier ein paar Nachrichten von Frauen, die ich im Laufe der letzten Jahre so zugeschickt bekommen habe. Wie die dieser Mutter, die gerade aus der Elternzeit zurückkam:

> „Meine beiden Chefs sagten zu mir, sie fänden meine Forderung nach mehr Gehalt dreist. Schließlich müsse ich mich erst mal wieder beweisen. Kann ja sein, dass ich in der Elternzeit alles verlernt hätte. Mein männlicher

Kollege wurde ungefragt direkt bei seiner Rückkehr aus sieben Monaten Elternzeit befördert und bekam mehr Geld, obwohl auch er in Teilzeit zurückkam."

Oder als mir eine Mutter von einem Bewerbungsgespräch erzählte, das zufällig ihr Mann und sie gleichzeitig im selben Unternehmen führten:

„Wir haben ein gemeinsames Kind. Ich bin ein bisschen besser ausgebildet für die Branche, in der wir arbeiten als er. Unsere Bewerbungsgespräche waren zwei Wochen auseinander. Er wird zum Job gefragt. Ich werde dazu gefragt, wo meine Eltern wohnen, wie das ist, wenn das Kind krank ist, und dass ich ja sicher lieber 35 Stunden arbeiten möchte als 40."

Oder als eine Mutter konstatierte:

„Mein Mann und ich, gleicher Jahrgang, gleicher Schulabschluss, gleiche Ausbildung, beim selben Unternehmen, gleiches Abendstudium, gleiche Position im Unternehmen. Ich schwanger, ein Kind. Mein Mann wurde in der Zeit mehrmals befördert. Stand sechs Jahre nach Geburt: beide Vollzeit und er verdient mehr als das Doppelte."

Und nein, „hat sie sich freiwillig so ausgesucht" kann hier nicht die Antwort sein. Es kann nicht die Antwort des reichsten Industrielandes Europas sein, dass ein Elternteil das Doppelte vom anderen, genauso qualifizierten Elternteil verdient, und zwar nur, weil sie mehr Care-Arbeit übernommen hat. Es kann nicht sein, dass in Deutschland heute immer noch 340 000 Kitaplätze für unter Dreijährige fehlen[154] und man mit dem Ausbau vier Jahre hinterherhinkt.[155] Und es kann nicht sein, dass der Staat seit 1958 am Ehegattensplitting festhält, das seit mehr als einem halben Jahrhundert systematisch Millionen von Frauen dazu ermuntert, keine Karriere anzustreben und sich stattdessen lieber finanziell von ihren Partnern abhängig zu machen. Und das, obwohl die Abschaffung des Splittings ein Plus von 1,5 Prozent am Bruttoinlandsprodukt bedeuten würde.[156]

Frauen wollen also keine Karriere machen? Falsch, Günther. Das System will nicht, dass Frauen Karriere machen.

Aber weil das hier nicht das deprimierendste Buch der Welt werden soll, ein kleiner Lichtblick: Es gibt immer mehr Frauen, die es trotz der katastrophalen Umstände irgendwie geschafft haben, es mit diesen patriarchalen Strukturen aufzunehmen; die es doch geschafft haben, diesen Höllengipfel genannt Karriere zu erklimmen. Der für Frauen so viel steiniger, so viel steiler und so viel kräftezehrender ist. Wir sollten beten, dass sie diesen Kraftakt nicht auf dem Rücken anderer Frauen gemacht haben, sondern von ebendiesen Frauen getragen wurden. Wir sollten beten, dass sie auf ihrem Weg so viele andere Frauen wie möglich mitgenommen haben, Mütter, Alleinerziehende, Women of Color. Und dann sollten wir diese Frauen feiern, uns mit ihnen umgeben, mit ihnen Banden bilden. Denn ich will daran glauben können, dass es all diesen frustrierenden Zahlen, diesen brutalen Beispielen, strukturellen Widerständen und allen Günthern zum Trotz immer mehr dieser widerspenstigen Kämpferinnen geben wird.

„Mein Mann würde so gerne Elternzeit nehmen, aber bei ihm geht das leider nicht."

Je nach Lebenssituation klingt dieser Bullshitsatz wahlweise auch so: „Mein Mann würde so gerne Stunden reduzieren, aber in seiner Position ist das leider nicht möglich."

Eine Sache vorweg, die eigentlich für sämtliche Kapitel zutrifft, für dieses aber ganz besonders: Es ist nichts dagegen einzuwenden, wenn ein Elternteil, also auch die Mutter, sich dafür entscheidet, für die Familie beruflich kürzerzutreten. Es ist nichts dagegen einzuwenden, wenn sich ein Elternteil, also auch die Mutter, dazu entschließt, eine lange Elternzeit zu nehmen. Gleichberechtigung bedeutet nicht, dass alle Frauen die Karriereleitern erklimmen und sich in Vollzeitjobs halb zu Tode arbeiten sollen. Aber Gleichberechtigung bedeutet, dass alle Geschlechter die freie Wahl haben sollten, ihre Vereinbarkeits- und Jobmodelle so zu konstruieren und auszuleben, wie sie es *wirklich* wollen. Und nicht, weil die Jobstrukturen sie dazu treiben („Leitung geht bei uns nur in Vollzeit"), weil Politik und Wirtschaft sie dazu treiben („Schatz, lass uns das Ehegattensplitting nehmen, da sparen wir Steuern") oder weil das Umfeld sie dazu treibt („Waaas, du willst jetzt schon arbeiten gehen? Hast du keine Angst, die Kindheit deiner Kinder zu verpassen?") Es kann nicht sein, dass nur ein Modell die Norm darstellt und alle anderen Familienkonstellationen, ob sie es wollen oder nicht, dieser Norm entsprechen müssen oder aber Geldsorgen, Jobverlust und gesellschaftliche Abstrafung befürchten müssen.

Wenn sich also Mütter freiwillig für das klassische Ein-Ernährer-Modell entscheiden, länger in Elternzeit gehen, ihre Stunden reduzieren oder sich komplett der Care-Arbeit widmen, ist das total in Ordnung und soll hier auch nicht kritisiert werden. Das steht mir auch gar nicht zu. Was mir aber zusteht, ist zu hinterfragen, wie frau in diesen Konstellationen finanziell abgesichert wird. Und damit meine ich nicht „Wir sind doch verheiratet" oder „Wir haben ein gemeinsames Haus, das auf seinen Namen läuft". Ich meine damit: Gibt es ganz konkrete Care-Arbeits-Ausgleichszahlungen vom besser verdienenden Mann, oder eine konkrete, vom Mann finanzierte Altersvorsorge auf den Namen der Frau, oder eine Kapitalanlage, die er auf ihren Namen laufen lässt oder oder oder? Wenn das alles vorbildlich und fair geregelt ist und bestenfalls auch noch notarisch festgehalten, ist das wunderbar.

Heißt: Es geht hier nicht um die Frauen, die in dem klassischen Modell glücklich und zufrieden leben. Es geht um all die Frauen, die in diesem Modell zwar leben und damit irgendwie einverstanden sind, aber sich fragen, wie sie da eigentlich gelandet sind, weil sie das so eigentlich nie wollten. Die sich fragen, ob es dazu nicht eigentlich auch eine Alternative gegeben hätte – oder immer noch gibt. Und ob „Mein Mann wäre so gerne in Elternzeit gegangen oder hätte reduziert, aber bei ihm ging das nicht" wirklich so alternativlos war.

Ihr merkt schon an dieser Einleitung, dass das Eis in diesem Kapitel ganz schön dünn sein wird. Denn wir hinterfragen hier viele lebensverändernde Entscheidungen – von Müttern und Vätern. Und wer will schon hören, dass er eventuell unwissentlich (oder noch schlimmer: wissentlich) auf dem Rücken seiner Partnerin gearbeitet hat oder dass er seiner Tochter eventuell kein gutes Beispiel ist? Wir beleuchten auch das Thema Geld und wie viel man davon eigentlich so braucht. Ihr merkt schon, ganz dünnes Eis. Begeben wir uns trotzdem gemeinsam auf diese Eisscholle.

Zuerst ein paar positive Zahlen. Wir hatten es schon an anderer Stelle: Ja, immer mehr Väter nehmen Elternzeit in Deutschland. Die Zahl ist seit der Einführung des Elterngeldes kontinuierlich gestiegen und liegt jetzt laut aktuellem Väterbericht der Bundesregierung bei 42 Prozent. Sprich: Von allen Vätern, deren Kinder 2018 geboren wurden (das sind die aktuellsten Zahlen), haben 42 Prozent Elterngeld beantragt und damit auch Elternzeit.[157] Ganz ohne Sarkasmus finde ich das eine sehr gute Entwicklung.

Ja, die Gesellschaft scheint auch immerhin dahingehend anzukommen, dass ein Kind offenbar auch zum Vater gehört, zumindest theoretisch, und so erwarten 80 Prozent der Bevölkerung von einem Vater heute, dass er mit den Kindern so viel Zeit wie möglich verbringt. Gleichzeitig haben nur 30 Prozent der befragten Väter dies auch in der Generation der eigenen Väter vorgelebt bekommen. Sprich: Auch an Männern ist die Sozialisation nicht spurlos vorbeigegangen, auch Männer hatten zu einem großen Teil keine Vatervorbilder, die sich kümmerten, die ihr eigenes *Paternal Underperforming* kritisch hinterfragten oder ihre Arbeitsstunden für die Familie und die Kinder reduzierten.

Dass das Patriarchat Männer und Väter in den tradierten Rollenbildern ebenso gefangen hält, mit dem *financial load* sitzen lässt und Männer in die Ernährerrolle zwingt (weil wichtig für den Kapitalismus), sollte und muss in der Debatte um faire Care-Arbeit auch immer wieder thematisiert werden. Weswegen übrigens Feminist*innen nicht müde werden, immer wieder herunterzubeten, dass Feminismus für alle Geschlechter super ist, weil es auch Männer aus ihrem toxischen Ernährermännlichkeitsbild befreit.

„Das Leitbild der aktiven Vaterschaft ist damit in der Mitte der Gesellschaft angekommen“[158], heißt es in dem Väterreport. Toll! Aber wie kommt es, dass das Leitbild der aktiven Vaterschaft zwar in der Mitte der Gesellschaft angekommen ist, nicht aber auf den Spielplätzen dieses Landes an einem Dienstagnachmittag? Oder Mittwochnachmittag? Oder Donnerstagnachmittag? Dass da auch heute noch im Schnitt 20 Mütter und vielleicht fünf Väter anzutreffen sind? Macht euch mal den Spaß und zählt die Väter ab, wenn ihr das nächste Mal unter der Woche nachmittags auf einem Spielplatz seid. Und dann die Tage darauf auch. Ich mache das andauernd, und die Zahlen verändern sich einfach nie. Außer am Wochenende – da ist die Geschlechterquote auf wundersame Weise genau umgekehrt, weil dann offenbar die Karriere-Daddys die Kinder übernehmen und die Mamas endlich mal „die Füße hochlegen können“, was ehrlicherweise meist so was bedeutet wie endlich mal in Ruhe putzen oder einkaufen oder kochen oder den Adventskalender für die Kinder vorbereiten. Nimmt man übrigens Spielplätze ins Visier, die nicht im urbanen Raum liegen, wird die Spielplatzgeschlechterquote dort sicherlich noch eindeutiger sein.

Ach komm, Alex, könnte man jetzt meinen, *das sind alles subjektive Beobachtungen, hast du dafür auch belegbare Zahlen?* Klar! Lasst uns zur ordentlichen Zerlegung des Bullshitsatzes kommen, dass Männer doch eigentlich so gern Elternzeit nehmen würden, es aber gerade bei ihnen nicht geht. Zur Einstimmung ein paar weitere Zahlen aus dem Väterreport: Warum geben 55 Prozent der Väter zwar an, dass sie die Hälfte der Kinderbetreuung übernehmen wollen, und 48 Prozent wünschen sich eine partnerschaftliche Aufgabenteilung von Familie und Beruf, aber gleichzeitig beantragen 58 Prozent aller Väter überhaupt gar keine Elternzeit?

Das erste Argument, das an dieser Stelle immer wieder genannt wird, ist der finanzielle Aspekt. 51 Prozent der Väter, die keine Elternzeit beantragt haben, geben an, dass sie es aufgrund finanzieller Nachteile nicht getan haben. Grundsätzlich ein legitimer Grund. Wir hatten es ja schon zu Genüge: Es gibt jede Menge Familien, die finanziell vor allem vom Vater abhängig sind. Diese Familien, die ohne das Gehalt des Mannes in finanzielle Nöte geraten würden, adressiere ich hier nicht. Stattdessen sollte sich die Politik für sie aber mal das Hirn zermartern, ob nicht gerade für Familien mit niedrigem Einkommen das Elterngeld höher ausfallen müsste als die aktuellen 67 Prozent Lohnersatz. Litauen zum Beispiel zahlt seinen Eltern 100 Prozent Lohnausfall während der einjährigen Elternzeit[159], Schweden ist mit 80 Prozent dabei.[160] Den Vogel schießt Estland ab, dort kann ein Elternteil 435 Tage bei vollem Gehalt zu Hause bleiben.[161] Da ist bei Deutschland also noch genug Luft nach oben. Aber wie gesagt, an diese Familien richte ich mich nicht. Mir geht es hier um Paare, in denen beide ganz gut verdienen, wenn auch der Mann etwas mehr.

Ihr Männer fürchtet also finanzielle Verluste. Ihr wisst aber schon, wie viel ihr verdient, oder? Denn der Väterreport hat errechnet, dass die Antwort nach den finanziellen Einbußen überdurchschnittlich oft von Männern kam, die überdurchschnittlich g u t verdienen. Es bleibt also selbst bei „Einbußen" noch jede Menge übrig.

Außerdem: Denkt ihr, dass Frauen durch Elternzeiten keine finanziellen Nachteile haben? Das gilt für Frauen doch genauso wie für Männer. Spannend, wie der finanzielle Nachteil also für Väter ein legitimer Grund ist, keine Elternzeit zu nehmen, für werdende Mütter aber offenbar nicht. Oder wie es Feministin und Journalistin Teresa Bücker mal so treffend beobachtete: „Lustig ist auch, dass gern behauptet wird, es gäbe keinen Gender-Pay-Gap oder zumindest keinen großen. Aber bei der Begründung dafür, dass 60 Prozent der Väter keine Elternzeit nehmen, heißt es dann quasi flächendeckend: ‚Ich verdiene halt so viel mehr als meine Frau.'"[162]

Ja komm, Alex, könnte man jetzt meinen, *wenn der Mann aber nun mal das Doppelte oder Dreifache der Frau verdient und dann plötzlich auf 1800 Euro pro Monat fällt, ist der Lohnausfall doch ganz schön hoch.* Wir reden hier von zwei Monaten! Zwei bezahlte Monate, die gut verdienende Männer nicht in Anspruch nehmen wollen, weil ihnen die finanziellen Einbußen im Vergleich zu ihrem Gehalt zu groß sind? Aber ok, bei mehr als zwei Monaten Elternzeit wäre der Rückfall auf 1800 Euro wahrscheinlich schon spürbar. Und ja, sicherlich ist da ein Haus abzubezahlen, ein Auto oder der Rasenmähroboter. Nur – er verdient das doch nicht erst seit gestern. Familienplanung geschieht meist nicht über Nacht, wenn es nicht gerade ein Unfall ist. Und selbst wenn, so eine Schwangerschaft dauert auch noch mal zehn Monate. Genug Zeit also, um einen Teil des doppelt-und-dreifachen Spitzeneinkommens zurückzulegen. Was spricht also dagegen, aus diesem Ersparten zu schöpfen, um die niedrigeren Elterngeldzahlungen für, sagen wir, fünf oder sechs Monate (und damit wäre der Mann schon die Alice Schwarzer unter den Vätern) auszugleichen? Könnten diese Väter dann nicht problemlos in Elternzeit gehen? Frauenfinanzberater*innen, viele Frauenärzt*innen und Hebammen empfehlen, schon lange vor Geburt des Kindes über die finanzielle Aufteilung der Elternzeit zu sprechen, alles durchzurechnen, zu schauen, was man eventuell schon vorab für diese Zeit zurücklegen kann und nicht in das klassische „12+2-Modell" abzurutschen, nur weil man das halt so macht.

Denn der Punkt ist: Wenn er sowieso mehr verdient als sie, sollte da nicht das Ziel sein, dass sie irgendwann auch bei höheren Gehaltsstufen ankommt? Wie aber soll sie jemals dorthin kommen, wenn die Haltung unserer Gesellschaft dazu immer noch ist: „Aha, sie verdient weniger, dann soll sie doch auch gleich in Elternzeit gehen und danach lebenslang ihre Stunden reduzieren und n o c h w e n i g e r verdienen, auf dass sich der Gender-Pay-Gap niemals schließe." Sollte es also nicht eigentlich andersherum sein? Dass derjenige, der viel mehr verdient hat, in dieser Situation zurücktritt?

Ja komm, Alex, könnte man jetzt meinen, *natürlich ist die Care-Arbeit der Frau unfassbar wichtig, natürlich kommt der Mann dafür eh schon auf, allein, weil er mehr Einkäufe bezahlt, den Großteil der Miete und so weiter. Außerdem ist es bei den meisten Paaren auch nicht so streng getrennt, nach Einkommen oder Konten. Es geht doch um das g e m e i n s a m e Familieneinkommen.* Darauf lasse ich mal die US-amerikanische Anwältin und Buchautorin Jill Filipovic antworten, die sinngemäß erklärte: Es gibt jede Menge Männer, die behaupten, dass ihre Ehefrauen ohne eigenes Einkommen zu Hause genauso viel Macht haben und genauso über das Geld verfügen können, wie ihre Männer. Filipovics Tipp: O.k., soll der Mann das doch mal demonstrieren und seiner Ehefrau monatlich die Hälfte seines Gehalts und seiner Rücklagen überweisen. „Lasst uns schauen, für wie gleichwertig eure Partner euch wirklich halten."[163] *Das ist aber etwas idealistisch, Alex, dass er jetzt sein Erspartes, seine hart erarbeitete Position und seine Karriere mit einer längeren Elternzeit aufs Spiel setzen soll, nur damit ...* Nur damit was?

Seine Frau auch mal eine Chance darauf hat? DAS ist schwierig für einen Mann? Ist es nicht GENAU DAS, was praktisch j e d e Mutter in diesem Land ganz selbstverständlich riskiert, wenn sie zehn Monate und länger in Elternzeit geht? Wieso ist es für sie selbstverständlich, für ihn aber ein selbstloser, idealistischer und damit eigentlich unrealistischer Schritt?

Man sollte übrigens auch nicht schlussfolgern, dass Väter dann häufiger in Elternzeit gehen würden, wenn ihre Frauen nur mehr verdienten. Ich habe dazu mal eine hypothetische Umfrage in meiner Community gemacht. Klar, sie ist nicht repräsentativ, aber von den 2000 Paaren, in denen der Mann mehr verdient, gingen laut Umfrage in 93 Prozent der Fälle die Mütter in Elternzeit. Verdiente die Frau aber mehr, wer ging bei diesen 1000 Paaren länger in Elternzeit? Richtig: Auch in diesem Fall zu 81 Prozent die Mutter. Das nur mal als kleine Randnotiz. Ob das Einkommen also ganz allgemein bei der väterlichen Entscheidung, auf Elternzeit zu verzichten, wirklich eine so große Rolle spielt, sollte nach all den hier genannten Punkten zumindest debattiert werden dürfen.

Kommen wir zu einem zweiten, oft genannten Grund, warum Väter keine Elternzeit nehmen – nämlich den befürchteten beruflichen Stolpersteinen und Repressalien, die Väter theoretisch erfahren können. Ja, sicherlich dominieren in sehr vielen Unternehmen heute noch immer veraltete Männlichkeitsbilder. Ja, wir haben auch hier in dem einen oder anderen Kapitel von den Horrorsprüchen gelesen, die sich diese Väter anhören müssen. Aber – und das ist eine Überraschung – das scheint den meisten Männern laut Väterreport trotzdem gar nicht so viel auszumachen. Denn wisst ihr, wie viele Väter tatsächlich berufliche Nachteile erwarten, wenn sie in Elternzeit gehen? Acht Prozent.[164]

Was gibt es denn noch für Gründe, die von Vätern und ihren Partnerinnen angebracht werden, warum er keine Elternzeit nehmen kann? „Seine Position lässt das nicht zu", „Er hat in der Abteilung gerade erst angefangen", „Das Team ist zu klein", „Seine Arbeit lässt sich nicht umverteilen" oder oder oder. Alles berechtigte Einwände. Und alles Einwände, die sich mit einer einzigen Gegenfrage beantworten lassen, die allerdings meist weder der Mann noch die dazugehörige Partnerin hören möchte: „Und wenn die Stelle deines Mannes eine Frau innehätte? Würde es die Position dann zulassen? Wäre es dann egal, ob sie in der Abteilung gerade erst angefangen hat? Wäre das Team dann plötzlich doch nicht zu klein, und ließe sich ihre Arbeit dann plötzlich doch umverteilen?" Seien wir mal ehrlich: Nichts davon wäre unlösbar, wenn eine F r a u dieselbe Position innehätte. Denn in vielen Fällen, ich muss es so deutlich sagen, ist das Problem nicht der Job, nicht die Position und auch nicht das Team. Das Problem ist: der Penis. Oder wie es Ruth Bader Ginsburg etwas eleganter formulierte: „Einer der Hauptgründe für die Diskriminierung von Frauen in der Arbeitswelt ist ein überkommener, aber weit verbreiteter Irrglaube, der jeglicher Grundlage entbehrt, nämlich dass Frauen und Kinder zusammengehören und Männer und Arbeit."[165]

Spätestens an dieser Stelle habe ich wahrscheinlich sämtliche männliche Leser dieses Buches (falls es sie jemals gegeben hat) vergrault. Und auch wenn ich hier und da Sprüche reiße, zugespitzt oder polemisch formuliere, weiß ich, dass es nicht leicht ist, sich gerade als Mann mit diesen Verhaltensmustern auseinanderzusetzen, sich meine Argumente anzuhören oder diese Hypothesen auch auf sich selbst zu beziehen. Und ich möchte wirklich nicht von einer allgemeinen Lustlosigkeit bei einem Großteil der Väter sprechen, weil es einfach ätzend ist, alle über einen Kamm zu scheren. Gleichzeitig sind aber die folgenden Zahlen sehr schwer zu ignorieren. Und wir sollten und müssen uns ihnen auch einfach stellen. Bereit?

Wenn im aktuellen Väterreport 55 Prozent der Väter zwar angeben, dass sie die Hälfte der Kinderbetreuung übernehmen wollen, Jutta Allmendinger aber beweist, dass sich der konkrete Stundenanteil der Männer an der Care-Arbeit im letzten Vierteljahrhundert nicht verändert hat; wenn 52 Prozent sagen, dass sie weniger arbeiten wollen, aber nur sieben Prozent ihre Arbeitszeit tatsächlich auch reduzieren[166]; wenn 45 Prozent angeben, dass sie sich eine partnerschaftliche Aufteilung der Kinderbetreuung wünschen, aber nur 17 Prozent das tatsächlich auch so leben[167]; oder wenn 27 Prozent der Väter, die keine Elternzeit nehmen, als Grund angeben, dass sie keine Elternzeit nehmen w o l l e n –, dann heißt das: Jeder dritte Vater, der keine Elternzeit nimmt, hat einfach keinen Bock darauf.

Stellt euch an dieser Stelle einfach mal jede dritte Mutter vor, die sagt: Geburt, ja. Aber Elternzeit, sorry, da habe ich einfach keinen Bock drauf. Keinen Bock worauf eigentlich? Auf die gemeinsame Zeit mit seinem (!) Baby? Für eine Bindung von Beginn an, sodass Papa später nicht *Maternal Gatekeeping* schreien muss, wenn das Kind nur zu Mama will, weil er zwei Jahre nur mit seiner Arbeit verheiratet war? Oder hat er keinen Bock, Geld einzubüßen, damit er seine Frau mit entzündeter Kaiserschnittwunde, postnataler Depression, einem trotzigen Geschwisterkind, Milchstau und einem sich anbahnenden Erschöpfungssyndrom entlasten kann? Oder wie es der Feminist und Buchautor Jochen König formulierte: „Zu einem Mann, der wenige Wochen nach der Geburt seines Kindes wieder voll arbeiten geht, sollten die Kolleg*innen sagen: ‚Hey, du nutzt da gerade jemanden aus.'"[168]

Tatsächlich haben sich Männer über die letzten Jahrzehnte kaum bewegt, fasst es Jutta Allmendinger in ihrem Buch zusammen, ihre Erwerbsquoten sind unverändert hoch, ihre Teilzeitquoten äußerst niedrig. Selbst wenn Männer Teilzeit arbeiten, tun sie das gar nicht primär wegen der Kinder, sondern weil sie entweder keinen Vollzeitjob finden oder aus anderen, eher diffusen Gründen. Nur 20 Prozent aller Teilzeitdaddys geben Kinder auch als Grund für die Stundenreduzierung an. Bei den Müttern sind es 75 Prozent. Das alles ist „verbale Aufgeschlossenheit bei weitgehender Verhaltensstarre“[169]. So treffend beschrieb die Verhaltensweise der Väter der mittlerweile verstorbene deutsche Soziologe Ulrich Beck – allerdings schon im Jahre 1986, also vor mehr als 35 Jahren. Viel hat sich seitdem nicht getan.

Sozialisation ist das eine, natürlich. Diese Lanze für die Väter habe ich schon oft genug gebrochen: Ja, es fehlt ihnen immer noch an Vorbildern, sei es aus ihrer eigenen Kindheit oder aus dem aktuellen Kollegiums- und Freundeskreis. Und trotzdem – und dieser Punkt ist mir sehr wichtig – können sich Männer nicht auf ihrer Sozialisation „ausruhen“. Weil Männer von dieser Sozialisation, von diesem System profitieren. Dementsprechend haben sie die Verantwortung, in die kritische Selbstanalyse zu gehen und zu hinterfragen – und wir kommen zum Bullshitsatz zurück – ob sie es nicht ganz schön bequem fanden, sich hinter dem „Ich würde ja gern, aber bei mir geht es leider nicht“-Argument zu verstecken. Denn damit nehmen wir ein strukturelles Problem und individualisieren es. Wir sagen „bei uns“ geht es leider nicht. Obwohl es „in der breiten Gesellschaft geht das leider nicht“ heißen müsste und wir uns alle fragen sollten, warum das so ist. Warum immer noch knapp 60 Prozent der Väter nicht in Elternzeit gehen. Warum

Dreiviertel aller Väter ihre Arbeitsstunden nicht reduzieren. Und *warum* die Gründe dafür nach genauerer Analyse doch irgendwie vorgeschoben klingen.

Darüber müssen wir reden. Und wir müssen uns der Frage stellen, warum es in so vielen Partnerschaften heute immer noch heißt: Wenn ich nicht in Elternzeit gehe, macht Muddi das schon.

„Viele Mütter basteln und nähen nun mal gern. Lass sie doch!“

Um euch auf die Zerlegung dieses Bullshitsatzes einzustimmen, möchte ich mit einem Zitat der Journalistin und Jobcoachin Katrin Wilkens[170] beginnen: „Wer sehen will, welche Erwartungshaltung Müttern heute entgegengebracht wird, der muss bei Instagram nur mal ‚Pausenbrot‘ oder bei Pinterest ‚Schultüte basteln‘ eingeben“, sagt sie und trifft damit den Nagel auf den Mutterkopf. DIY-Schultüten, DIY-Laternen, DYI-Weihnachtskränze. Selbst genähte Halloweenkostüme, selbst genähte Pumphosen, selbst genähte Adventskalendersäckchen. Dreistöckige Geburtstagsregenbogentorten, dreistöckige Einhorneinschulungstorten, dreistöckige Dinkel-Humus-Rote-Beete-Pausenbrote. Glutenfrei. Vegan. Und als Dinosaurier geformt. Was früher professionelle Food-Stylist*innen, Konditor*innen oder Produktdesigner*innen für ein hohes Honorar kredenzt haben, zählt heute gerade auf Social Media zum ganz normalen und natürlich gänzlich unbezahlten Aufgabenrepertoire einer guten Mutter. Wie es zu diesem Wahnsinn kommen konnte, was uns darin gefangen hält und wie man ansatzweise aus diesem Wahnsinn herauskommen kann, möchte ich an zwei exzessiven Bastel-Back-Deko-Ereignissen im Leben einer jeden Frau und Mutter veranschaulichen: der Vorweihnachtszeit und der Einschulung.

„Advent, Advent, die Mutter rennt“

Für die vorweihnachtlichen Gefühle beginne ich mit einem Zitat aus einem Artikel[171] der Journalistin Heike Kleen: „Ein Adventskranz muss her – selbst gemacht oder gekauft? Erste Geschenkeanfragen von Omas und Opas trudeln ein. Natürlich landen sie bei der Mutter. Und die alten Herrschaften sind hilflos: Wo kriegt man das bloß? Kannst du das nicht gleich besorgen? Im Hintergrund lauert die schwierige Frage, welcher Weihnachtsfeiertag bei wem verbracht wird – und was essen wir wann? (Einkaufsliste!). Hoppla, Nikolausgeschenke! [...] Dank Greta kauft man [heutzutage] besonders ungern sinnfreie Plastikteile, wodurch die Anforderungen an die Aufgabe, 24 oder 48 oder gar 72 wohldurchdachte kleine Teilchen zu besorgen, noch weiter gestiegen sind. In den meisten Familien sind es Mütter, die sich darum kümmern, denn häufig sind sie es, die schon jetzt den nächsten Monat planen und die Vorlieben und Besitztümer ihrer Kinder kennen.“

Na, seid ihr so richtig in Stimmung? Gut. Dann kommen wir zum Hintergrund: Vor einiger Zeit habe ich in der Vorweihnachtszeit für den Instagram-Account des Magazins *Eltern* den Weihnachtskranzadventskalenderkeksbackdekowahnsinn beleuchtet und die Frage in den Raum gestellt, warum das alles eigentlich über Frauen läuft und Männer sich davon kaum angesprochen fühlen. Das kam dort mittelmäßig gut an, ich war sogleich als Grinch verschrien, der den Frauen in der Community das heilige Dekorieren klaut.

Warum ich denn wirklich über alles die Feministinnenkeule schwingen würde, fragten sie mich, und nach Problemen suchen, wo keine wären. Schließlich gäbe es genug Frauen – und wir kommen direkt zum Bullshitsatz –, die einfach gern basteln, nähen und dekorieren, außerdem machten Männer dafür halt andere vergleichbare Sachen. (Den Baum im Wald fällen und nach Hause schleppen?) Außerdem: Männer und Frauen seien nun mal unterschiedlich und hätten andere Vorlieben. Aha.

Aber sind persönliche Vorlieben nicht nur dann echte Vorlieben, wenn sie mal bei der einen Person und mal bei der anderen auftauchen? Wenn es genauso viele (oder wenigstens annähernd so viele) Väter gäbe, die Geschenke verpacken, die den Erzieher*innen als Dankeschön glutenfreie Kekse backen und die wissen, wo sich das verdammte Geschenkpapier befindet? So ist es aber nun mal nicht. Ganz besonders nicht an Weihnachten. Demnach sind es auch keine „Vorlieben", sondern es ist ein strukturelles Problem. Oder, um es mit den Worten von Heike Kleen zu sagen: „Es gibt keine Frau, die sich jemals offiziell um diesen Projektleiter-Posten beworben oder wenigstens bewusst dafür entschieden hat. Immer wieder wird versucht, eine biologische Begründung für dieses Phänomen zu finden [...]. Böse Zungen behaupten, dass vor allem Männer nach solchen Erklärungen suchen, um sich vor diesen Aufgaben zu drücken." Na, müsst ihr gerade auch an die britische Studie denken, mit den Männern, die absichtlich schlecht bei der Care-Arbeit performten?

Egal, wie man es dreht und wendet, am Ende ist auch die „freiwillige" Entscheidung, sich um das weihnachtliche Familienheil zu kümmern, vor langer Zeit für Frauen getroffen worden, nämlich von wem? Richtig, von unserem alten Freund, dem Patriarchat. Denn, kommen wir zu dem „Aber Frauen machen das doch freiwillig, lass sie doch"-Argument zurück: Sicher gibt es sie, aber das gilt doch nicht wirklich für alle im Akkord schmückenden Frauen da draußen. Wäre die Entscheidung tatsächlich freiwillig, würde wenigstens die Hälfte, oder – komm, wir wollen mal nicht so sein – wenigstens ein Viertel der Väter auch wissen, was sich hinter den Türchen 7, 14 oder 24 der Adventskalender ihrer Kinder verbirgt. Tun sie aber nicht.

Mehr noch: Als ich an dem Tag eine Umfrage unter den Eltern auf der Instagram-Seite des Elternmagazins gestartet habe und fragte, wer sich in ihrer Kindheit um die Kalender gekümmert hat, gab unter den 4000 Teilnehmenden eine Mehrheit von 95 Prozent die eigene Mama an.

Na gut, könnte man jetzt sagen, *ist ja auch schon 30 Jahre her, in mehr als einem Vierteljahrhundert wird sich da ja wohl etwas getan haben.* Hat es – und zwar um ganze 3 Prozentpunkte. Denn gefragt, wer sich denn j e t z t um die Befüllung der Adventskalender kümmert, wurden zu satten 92 Prozent die Mütter von heute genannt. Nur ganz kurz: Wenn wir in diesem Tempo weitermachen, gibt es eine paritätische Adventskalenderbefüllungsverantwortung erst in circa 420 Jahren. Also im Jahr 2440. Wahrscheinlich haben wir dann jede Menge Astronautinnen im Weltall und Präsidentinnen in den Regierungen dieser Welt, die dann aber doch kurz zu Hause anrufen müssen, um dem Mann zu erklären, in welcher Schublade sich das verdammte Geschenkband befindet.

Wie freiwillig kann eine Entscheidung wirklich sein, wenn in jeder Werbung eine M u t t e r die schönsten Geschenke macht; wenn in jeder Familienserie nur die Mama die Deko aufhängt; wenn auf Insta-Mom-Accounts die hipsten Adventskalender, Brottütensterne und Kränze gebastelt werden und ich in der Kita-WhatsApp-Gruppe (in der selbstverständlich nur Mütter Teilnehmerinnen sind) mit Anleitungen für Wichtelhäuschen, Plätzchen, Teigrezepte und Kerzenwachsgedöns zugeballert werde? Und der Druck gleich mitverschickt wird: „Na, habt ihr auch schon gebastelt? Na, wie sieht es bei euch aus?"

Die Sozialisation, das Pflichtbewusstsein und diese ganz konkrete *Emotionale Arbeit*, als Mutter zauberhafte Weihnachtserinnerungen in die Kindheiten unserer Kinder zu verankern, wurde uns – wen wundert es an diesem Punkt im Buch noch – von Müttern, Omas, Tanten, Nachbarinnen und sämtlichen Filmen, Serien und Märchen als eine der vielen To-do-Listen auf dem Weg zum unerreichbaren Diplom der „Mother of the universe" in die Wiege gelegt.

Natürlich gibt es Mütter, die sich das ganze Jahr über darauf freuen und es von Herzen lieben, sich dem Dekowahn hinzugeben. Ich mag es bis zu einem bestimmten Punkt auch. Ich stelle mir die leuchtenden Augen meiner Kinder vor, suche das ganze Jahr über auf dem Flohmarkt nach Kleinigkeiten, die ich im Dezember in den Kalender stecken kann, bestelle Lichterketten, kaufe Papiertaschen, die ich mit 24 Zahlenaufklebern und weihnachtlichen Wäscheklammern versehe, kümmere mich um Rezepte und Backmischungen, Ausstechformen, bestelle das eine auf Instagram entdeckte Nudelholz, das beim Ausrollen Rentiere auf die Kekse zaubert und und und. Nur darf die Tatsache, dass ich das (einigermaßen) gern mache, doch die Tatsache nicht verschleiern, dass es trotzdem Arbeit ist. Und selbst wenn sie total erfüllend ist, trotzdem Arbeit bleibt. Emotionale Arbeit, Planarbeit, offene Tabs, Mental Load, und damit einfach Care-Arbeit als X-Mas-Edition. Die mit gigantischen Privilegien einhergeht. Mit Zeit und Kraft und Ressourcen, die man haben muss, um fluchend bis spät in die Nacht Adventssäckchen zusammenzunähen. Mit Geld, um sich Kränze, Eukalyptuszweige, Lichterketten und Co. überhaupt leisten zu können. Und mit Geld, diese 24 oder 48 oder 72 (!) Türchen mit pädagogisch sinnvollen Geschenken zu befüllen, „statt nur mit Süßkram".

Das alles hat sich die letzten Jahre ja auch deswegen so verselbstständigt, weil es so unfassbar praktisch für die Wirtschaft (High five Kapitalismus) ist, die mal wieder mit dem Patriarchat Händchen hält. Vor allem seit zusätzlich Adventskalender für Paare, beste Freundinnen, Schwiegereltern, Kolleg*innen, Haustiere und wahrscheinlich inzwischen auch Hausmeister*innen auf den Markt geschmissen werden – oder viel mehr auf die To-do-Liste der zuständigen Frauen.

Dem gigantischen Druck, hier mitmischen zu müssen, können sich auch diejenigen nicht entziehen, die diesen Weihnachtsmarathon nicht mitrennen wollen oder können. Das werden nicht alle hören wollen, aber: Wenn wir basteln, schmücken, verpacken und kaufen, erzählen wir davon. Wir posten Bilder, verschicken WhatsApp-Nachrichten, sind stolz. Wir erzeugen damit aber auch unfassbaren Druck auf alle anderen. Also auch auf diejenigen, die diesen Wahnsinn nicht mitmachen können.

Hier ist eine verrückte Frage: Könnten wir nicht die privilegierten Mütter bitten, ihre 72 Weihnachtstürchen einfach mal nicht alle selbst und eigenhändig zu verpacken? Oder alle Geschwister teilen sich mal einen Kalender? Wie wäre es, einen Adventskalender zu haben, der nur jeden Adventssonntag eine Kleinigkeit enthält? So wie der Adventskalender übrigens auch angedacht war? Mit einem Gedicht oder einem Bild zum Ausmalen – und nicht mit 24 selbst kuratierten, klimaneutralen, in Handarbeit gefertigten Secondhand-Holzspielsachen made im Dorf ums Eck?

Warum machen Frauen diesen ganzen Wahnsinn denn überhaupt mit? Ja, o.k., Sozialisation, dies das. Aber sie sind doch keine hirnlosen, vom Algorithmus fehlgeleiteten, vom Markt gebrainwashten Lemminge. Sie könnten doch auch einfach damit aufhören. Warum tun sie es nicht? Weil sie es für die Kinder schön haben wollen? Das zweifelt Buchautorin Patricia Cammarata gänzlich an. „Wir machen das nämlich gar nicht für die Kinder", schreibt Cammarata in ihrem Buch „Raus aus der Mental Load-Falle". „Dem Kleinkind ist die Torte egal. Dem Kleinkind ist egal, ob die Serviette zur Kerze und zu den Tellern passt. Wir machen das für uns. Wir machen das, weil der ganze fucking Mental Load, die Aufgaben, die Strapazen der Baby- und Kleinkinderzeit endlich einmal gelobt und gehuldigt werden müssen."[172] Und mir fiel es beim Lesen wie Schuppen von den Augen: All die Regenbogentorten, die selbst genähten Pumphosen, die nährstoffreichen Brotdoseninhalte, professionellen Geburtstagspartys und eben selbst gebastelten Adventskalender auf der einen Seite und die Likes, die WhatsApp-Fotos in der Mutti-Gruppe, die sehnlichst erwarteten Daumen-Hoch-, Herzen-in-den-Augen- und Armmuskel-Emojis auf der anderen Seite sind für Frauen eine stellvertretende Anerkennung für ihren Job als Mutter – weil sie diese Anerkennung seit Jahrhunderten weder von der Gesellschaft noch aus ihrem eigenen Umfeld bekommen.

Mir wurde klar, warum auch ich mich hin und wieder vom Pumphosenselbstnähwahn oder Konditorengeburtstagskuchenstreben habe verleiten lassen. Wer kann da also noch von einer freiwilligen Entscheidung für diesen ganzen Bastel-, Deko- und eben besagten Weihnachtszirkus sprechen? Wir versuchen doch offenbar eigentlich die ganze Zeit, etwas ganz anderes zu kompensieren.

Germany's Next Schultüte

Das Bild der hochstilisierten, im Akkord bastelnden Übermutter lässt sich nicht nur in der Vorweihnachtszeit beobachten. Gehört ihr wirklich und wahrhaftig zu den freiwillig-und-gern-bastelnden Mamas, könnt ihr die folgenden Seiten auch einfach überspringen – oder eben auch gerade nicht. Macht man aber die Bastelbüchse der Pandora auf, lässt sich der DIY-Druck Frauen gegenüber heute im Grunde in fast jedem Lebensbereich beobachten. Kinderzimmer gleichen einem Innenarchitektenschlaraffenland und Geburtstage einem durchorchestrierten und dennoch pädagogisch wertvollen Ausflug nach Disneyland. Lasst uns das Ganze an einem zweiten Paradebeispiel der aktuellen Übererwartungshaltung an Mütter näher beleuchten – der selbst gebastelten Schultüte.

Als mein Sohn vor einem Jahr im August eingeschult wurde, trieb mich ab ungefähr Mai der Gedanke um, dass es jetzt langsam mal eine Schultütenplanung braucht. Es war meine erste Einschulung, folglich war ich hier noch ein unbeschriebenes Blatt. Ich muss nicht erwähnen, dass es für mich aus den uns nun ausreichend bekannten Gründen absolut klar war, dass *ich* mich um diese Aufgabe zu kümmern habe und zwar schon Monate vor dem eigentlichen Ereignis. Es begann mit einer einfachen Frage, nämlich: Welche Art von Schultüte soll es werden – gebastelt oder gekauft? Und es artete sehr schnell in einem regelrechten Fragenkatalog aus, an dem ich mich mehrere Abende in mühseliger Googelei abarbeitete: Welches Motiv, welche Größe (es gibt viele), wo gibt es welche Schultüten-Shops (es gibt übertrieben viele), was kommt rein (da will ich gar nicht erst mit anfangen), was sind gute Schultütengeschenke, wie ist das Verhältnis Geschenke vs. Süßigkeiten, wie viel ist zu viel, wie teuer ist zu teuer, auf welchen Blogs gibt es die besten

Antworten, die beste Inspiration, in welchen Shops die besten Stoffe, Rohlinge, Schablonen, Glitzertapes, Tüll, Pompoms, Wackelaugen, Schimmerpapiere und all den anderen überteuerten und ökobilanztechnisch sehr fragwürdigen, aber als „selbst gemacht" besonders nachhaltig verschrieenen Scheiß, den ich für diese Mammutbastelchallenge brauchte?

Ich hatte keinen Bock auf diesen Wahnsinn, aber ich wusste, es muss gemacht werden. Natürlich habe ich auch Freundinnen, die gerne basteln, wahrscheinlich schon im Kreißsaal die Schultütenbastelchallenge sechs Jahre später herbeisehnten und in dieser Aufgabe richtig aufgingen. Sie schickten mir Tipps für Schnittmuster und zeigten mir stolz ihre zertifizierten Biobaumwollstoffe, die sie zur Schultüte vernähen würden, um die Tüte später ganz klimavorbildlich in ein Kissen umzuwandeln und auszustopfen, sodass weder Stoff noch Schweiß verschwendet waren.

Es klingt etwas herablassend, das weiß ich, diese Herablassung gilt aber nicht den bastelnden Müttern, sondern dem Bild der bastelnden Mutter, das alle Mütter zu erfüllen haben – ob sie es nun gern tun oder nicht.

Nun wurde mein Sohn mitten in der Pandemie eingeschult, also in einem Sommer, in dem Eltern und vorwiegend Mütter sich sowieso schon monatelang zwischen Zoom-Calls und Babybrei, zwischen WLAN-Problemen und schreienden Kindern zerrissen haben. Also war es keine Überraschung, dass ich mich dann doch ziemlich schnell entschied, definitiv und unter keinen Umständen selbst zu basteln oder selbst zu nähen. Was allerdings noch lange nicht bedeutete, dass ich einfach eine Schultüte bei Karstadt für 11,99 Euro gekauft hätte. Nein, ich wollte zwar nicht selbst basteln, mir bei der Einschulung aber – besonders vor all den anderen gut situierten Eltern – auf keinen Fall die Blöße geben, mein Kind mit „so einer" Schultüte über den Schulhof zu schicken.

„Wie sieht denn das aus?", dachte ich. „Was für einen ersten Eindruck macht mein Kind denn dann?" Seien wir ehrlich: „Was für einen Eindruck mache i c h denn da als Mutter?" hätte es eigentlich heißen müssen. Denn mein Sohn, der wollte tatsächlich die eine Schultüte von Karstadt, mit dem Motiv von „Drachenzähmen leicht gemacht" für 11,99 Euro. Er sprach wochenlang von nichts anderem. Und ich? Ich überlegte, wie ich ihm zumindest eine handgemacht aussehende Schultüte schmackhaft machen könnte, auf der zwar kein Drache drauf war, dafür aber sein Name in kunstvoll ausgeschnittenen, GOTS-zertifizierten Bio-Baumwollbuchstaben. Eine Mutter schrieb mir später über Social Media:

> „Ich habe über Wochen mit mir gerungen, eine Schultüte zu kaufen, es letztendlich aber nicht übers Herz gebracht. Jetzt liegt bunter Einhornstoff bereit und wartet darauf, vernäht zu werden und ich fluche innerlich über meinen eigenen Anspruch, den ich einfach nicht ablegen kann."

Können wir an dieser Stelle kurz innehalten und reflektieren, wie absurd das alles eigentlich ist? Dass ich hier seitenlang darüber schwadroniere, ob ich mich „traue", eine gekaufte Schultüte für mein Kind zu besorgen? *Was denn eigentlich mit mir los sei*, könnte man mich jetzt fragen, *und ob ich es mit meinen privilegierten First-World-Parent-Problems eigentlich ernst meine.* Das sind absolut berechtigte Einwände. Nur wisst ihr was? Gerade weil privilegierte Mütter wie ich diesen Wahnsinn mitmachen, müssen Eltern, die viel weniger Zeit und Geld zur Verfügung haben, diese Ressourcen irgendwo herbeizaubern, damit ihr Kind nicht schon bei der Einschulung wegen der Schultüte stigmatisiert wird. Damit die Lehrerin nicht denkt: Ach, „so eine Familie" ist das also. Jep, Klassismus in Form einer Schultüte, so läuft es nämlich! So absurd es ist, die Schultüte lässt wirklich tief in den Übermutterabfuck blicken.

Zurück also zu der Mutter, die es „nicht übers Herz gebracht" hat, einfach eine Schultüte zu kaufen. Was um Himmels willen würde passieren und wem ganz konkret würden wir schaden, wenn wir einem Kind im Jahr 2022 eine gekaufte Schultüte schenken würden? Mir ging es ja genauso: *Ich* konnte den Kauf einer Schultüte nicht übers Herz bringen. Ich! Dabei war es doch die Einschulung *meines Sohnes*! Es war die Schultüte *meines Sohnes*. Eine Schultüte, die nicht mir, sondern *meinem Sohn* Freude machen sollte. Ich aber war dabei – und ich stelle die These auf, dass dies in vielen gut situierten Gegenden dieses Landes zum Normalfall geworden ist – ich war dabei, an einem unausgesprochenen Schultütenschaulaufen teilzunehmen, an Germany's Next Top-Schultüte, und es ging dabei nicht um die eingeschulten Kinder, sondern um die einschulenden Mütter.

Anfang Juli stellte ich fest, dass die meisten Etsy-Shops bereits erklärten, für die diesjährige Einschulung wäre ich zu spät dran. Ich wurde panisch, doch dann entdeckte ich die Rettung für verspätete Rabenmütter wie mich: ein DIY-Set samt Rohling mit todschicken Ninjago-Figuren. Als ich meinem Mann von diesem grandiosen Plan erzählte, ihm besagtes Ninjago-Exemplar auf meinem Handy vors Gesicht hielt, er mich fragte, was sie kostete, und ich 60 Euro plus Versand antwortete – fragte er mich, ob ich eigentlich noch alle Latten am Zaun hätte. Was der übertriebene Wahnsinn eigentlich sollte und wozu und für wen ich da Zeit und Geld ausgeben möchte?! Für unseren Sohn ja offenbar nicht, der uns schon seit Monaten erzählt, dass er die Schultüte von Karstadt für 11,99 Euro haben will.

Da war es also, dieses völlig irre Mutterbild, das er mir als Spiegelbild vor Augen hielt. Nicht nur, dass er recht hatte. Allein die Tatsache, dass er sich des Irrsinns bewusst war, dass er ihn von außen an mir hochkriechen sah, wie er mich einnehmen und von innen aufzufressen begann, während der Mann seelenruhig daneben stand und sich selbstverständlich davon distanzieren konnte, im Gegensatz zu meinen zig Freundinnen und Abertausenden Frauen auf Social Media. Das zeigt einfach auch, wie wenig Väter von diesem Mutterbild, von diesem Druck, von diesem irrsinnigen Irrsinn betroffen sind. Warum – das haben wir schon zu Genüge erörtert.

Was mir in dem Zusammenhang aber doch immer wieder negativ auffällt, sind Väter, die eine Art Anti-Haltung diesem übertriebenen Mutti-Zeug gegenüber entwickeln, diesem Basteln, Schmücken, Nähen und Backen.

Ist doch aber super, Alex, könnte man jetzt meinen, *führt das doch vielleicht dazu, dass sich die Mütter besinnen und sich diesem Wahnsinn nicht mehr beugen.* Nur passiert leider ziemlich genau das Gegenteil.

> „Liebe Alex, mein Mann kommentierte das neulich mit den Worten: ‚Natürlich kümmere ich mich um Elternabende, Kita-Mitbringsel und Arzttermine. Aber diesen selbst gemachen Muddi-Mental-Load-Scheiß von Schultüte bis Motto-Torte mache ich einfach nicht mit.' Ich muss sagen: Er hat einen Punkt."

Das schrieb mir eine Leserin, und während jetzt sicherlich viele von euch nicken und auch ich verleitet war, dem „Sind die Muddis halt selbst schuld, wenn sie den Wahnsinn mitmachen"-Bullshit kurzfristig zu verfallen, gibt es auch an dieser Stelle ein Aber: Ja, Mütter müssen den Wahnsinn theoretisch nicht mitmachen. Nur, wir hatten das Thema ja schon zu Genüge: Wenn ein Vater den Wahnsinn nicht mitmacht, straft ihn die Gesellschaft dafür nicht ab. Er wird am Einschulungstag keine schiefen Blicke ernten, er wird sich nicht die Fragen stellen lassen müssen, ob er denn nicht genug Zeit fürs Basteln gehabt habe, ob ihm die Zeit und das Lächeln des Kindes die Mühe nicht wert seien. Und es wird ihm auch niemand daraufhin seine väterliche Kompetenz absprechen. Und das ist der Grund, warum eine Mutter – selbst wenn der Partner sie mit der Klebepistole darauf hinweist, dass dieser ganze Wahnsinn nur Druck auf sie selbst ausübt – es nicht einfach lassen können wird. Was für ein Mutterbild geben wir denn ab, wenn gefühlt sämtliche Mütter aus unserem Umfeld, den WhatsApp-Gruppen, Nachbarshäusern und Social-Media-Blasen selbst basteln, und wir nicht?

Was an der Aussage des Vaters aus der Nachricht aber besonders schwierig ist, ist der herablassende Ton dem „selbst gemachten Mental-Load-Muddi-Scheiß" gegenüber. Zeigt er doch, wie wenig Verständnis und – Achtung – Sichtbarkeit da draußen immer noch vorherrschen für die mentale Planungsarbeit und die Umsetzung von „nur" einer Schultüte, „nur" einem Einhorn-Geburtstagskuchen oder „nur" einem Adventskranzmasterpiece. Denkt man die Analyse von Patricia Cammarata nämlich weiter – dass Frauen basteln wie blöd, um die fehlende Anerkennung für Care-Arbeit zu kompensieren –, entsteht bei der herablassenden Beurteilung des Ehemannes diesem „übertriebenen Basteln" gegenüber nämlich eine Potenzierung des Ganzen: Diese Herablassung treibt uns dem ganzen Basteln noch mehr in die Arme, statt uns davon abzubringen. Eben weil Männer die dahintersteckende Arbeit aus Planen, Googeln, Kaufen, Schneiden, Kleben und Verzieren als übertrieben und unwichtig abstempeln. Und wir uns noch weiter verausgaben. Während der Mann verständnislos und Kopf schüttelnd daneben steht.

Es ist einfach ein einziger unüberwindbarer Teufelskreis: Einerseits wird uns seit Hunderten von Jahren eingeredet, dass Betreuung, Kochen, Basteln, Nähen und Dekorieren ja kaum Arbeit macht. Machen darf. Weil der Kapitalismus es so will – schließlich lässt sich Kinderlächeln nicht skalieren. Also hören wir seit Jahrhunderten „Care-Arbeit ist keine richtige Arbeit und unwirtschaftlich obendrein." Gleichzeitig aber will der Kapitalismus, dass wir unbedingt trotzdem weiter basteln, weiter kochen, weiter dekorieren, nähen und alles Weitere für die Kinder besorgen, konsumieren, kaufen und weitererzählen. Denn das Geld für die Anleitungen, Stoffe, Knöpfe, Schnittmuster, Masking-Tapes, Glitzerschleifen, Einhornschablonen, Wackelaugen, Pompoms, Heißklebepistolen, Perlen, Federn und 83 Milliarden Glitzersteinchen ist natürlich herzlich willkommen. Auch die blinkenden, schimmernden und wohlduftenden Ergebnisse sind natürlich herzlich willkommen, müssen vor anderen auf Social Media abgefeiert werden, weil wir wenigstens da, wenigstens an dieser Stelle, wenigstens durch die anderen Mütter bei der Einschulung oder in der Instabubble endlich mal Anerkennung kriegen. Das Resultat sind ein millionenschwerer DIY-Markt und Millionen besinnungslos-erschöpfte Mütter.

Wow, Alex, es ist bloß eine Schultüte, über die du seit unzähligen Seiten schwadronierst, könnte man jetzt meinen. *Heißt das jetzt, dass wir nicht mehr basteln dürfen, selbst wenn wir total Lust darauf habe? Müssen wir jetzt darauf verzichten, ‚nur' weil sich andere Mütter damit unter Druck gesetzt fühlen?* Wenn jemand gerne bastelt oder backt, ist das total in Ordnung. Nur ist es für die anderen, die das nicht gern tun, in etwa so, als würde man sie dazu verdonnern, Konditorin zu werden, wenn sie keine sein wollen. Oder Schneiderin oder Produktdesignerin. Sie diesen Job aber ausführen m ü s s e n . Würden sie es nicht tun, hätten sie nicht in irgendeinem Job versagt, sondern gleich in ihrer Rolle als Mutter. Herzlichen Glückwunsch.

Der ganze Zirkus schadet am Ende der Alleinerziehenden, die den Schultüten-Bastelwahnsinn nachts um halb vier Uhr abwickeln muss, weil ihr Tag nicht genug Stunden hat. Oder der Mutter of Color, die sich erst recht genötigt fühlt, sich kreativ zu verausgaben, damit ihre Tochter auf dem Schulhof zuerst positiv wegen ihrer hochwertigen Schultüte auffällt – und nicht negativ wegen ihrer Hautfarbe. Unfassbar? Ja. Trotzdem alltagsrassistische Realität in Deutschland? Leider auch.

Was will ich euch mit diesem Kapitel also sagen? Ja, es gibt Mütter, die furchtbar gerne backen, basteln und dekorieren. Ab und zu bin ich eine davon. Die Frage ist nur: Mache ich das wirklich gern oder nur, weil mir eingeredet wurde, es zu mögen? Für wen bastele ich? Tatsächlich für mein Kind? Oder um bei einem Wettbewerb mitzuhalten? Um etwas zu kompensieren, um stellvertretend Anerkennung zu bekommen? Wofür genau? Und was würde passieren, wenn ich das einfach mal lasse? Könnte ich das überhaupt? Oder ist das Basteln mit meiner eigenen Erwartungshaltung an mich als Mutter verknüpft? Und wenn ich richtig ehrlich zu mir selbst bin: Habe ich Angst, dass sich mein Ansehen als Mutter in meinen eigenen Augen verändert, wenn ich aufhöre?

Repeat after me: Die Qualität einer Mutter lässt sich nicht am Grad ihrer Bastelfreude bestimmen. Die Qualität einer Mutter lässt sich nicht am Grad ihrer Bastelfreude bestimmen. Die Qualität einer Mutter lässt sich nicht am Grad ihrer Bastelfreude bestimmen. Nur hätte es das Patriarchat zu gern, dass wir das glauben.

Ich bin euch noch meine persönliche Auflösung schuldig: Am Ende bekam mein Sohn die „Drachen zähmen leicht gemacht"-Schultüte für 11,99 Euro. Und natürlich gab es keine komischen Sprüche und auch keine schrägen Blicke. Nur die funkelnden Augen meines Sohnes, als er die Tüte in seinen kleinen Armen hielt.

„Unter der Woche bin ich quasi auch alleinerziehend."

Ich bin nicht alleinerziehend. Und ich kann mir nicht vorstellen, wie es sein muss, als Alleinerziehende so einen Spruch reingedrückt zu bekommen. Selbst, wenn er nett gemeint ist, selbst wenn er Empathie zeigen soll, so nach dem Motto: „Ich weiß, wie du dich fühlst, ich bin unter der Woche quasi auch alleinerziehend und weiß, wie hart das ist." Aber das wissen wir eben nicht. Nein, auch nicht, wenn unser Mann täglich bis 20 Uhr arbeitet. Nein, auch nicht, wenn er unter der Woche in einer anderen Stadt wohnt. Und hier sind die Gründe dafür:

Natürlich will ich keiner Mutter absprechen, dass sie unter der Woche alleine zuständig ist. Es gibt Beziehungen, in denen die Rollen so klassisch zementiert sind, dass der Partner, selbst wenn er nach 20 Uhr Erwerbsfeierabend hat, trotzdem seinen Teil der Care-Arbeit nicht erfüllt und seine Partnerin damit komplett alleine lässt. Sie also trotzdem die Kinder ins Bett bringen muss („Da akzeptieren sie halt nur die Mama"), sie trotzdem nachts aufstehen muss („Ich muss ja morgens früh raus") und sie trotzdem morgens die Kinder für die Kita fertig machen muss („Ich kenne die Abläufe nicht so gut und außerdem will ich auch mal ausschlafen"). Ja, diese Paare gibt es.

Ob das so gesund ist – für sie und für ihn –, ob der Kontostand w i r k l i c h kein anderes Modell erlaubt, ob seine Stelle w i r k l i c h nicht mal zeitweise eine Reduzierung der Stunden gewährt, ob er w i r k l i c h glücklich damit ist, seine eigenen

Kinder so wenig zu sehen, und ob sie *wirklich* glücklich damit ist, 24/7 zuständig zu sein, und ob die beiden so eine Rollenverteilung *wirklich* ihren eigenen Kindern vorleben möchten – das alles war bereits in den Kapiteln zuvor Thema, also sparen wir uns die Ausführung an dieser Stelle.

Der Unterschied zwischen einer Alleinerziehenden und einer Nicht-Alleinerziehenden ist aber, dass bei Letzterer immer jemand da ist, der sich zumindest theoretisch verantwortlich fühlen könnte. Jemand, den sie anrufen kann, wenn das Kind einen Unfall hatte. Mit dem sie beratschlagen kann, ob das Kind geimpft werden soll. Mit dem sie besprechen kann, welche Therapieform womöglich die bessere ist, wie sie mit der unfreundlichen Lehrerin umgehen sollen, mit dem fiesen Mitschüler oder seiner ersten Sechs in Mathe. Es ist immer jemand da. Selbst, wenn dieser jemand in dem Moment in einer anderen Stadt ist. Diese Entlastung haben Alleinerziehende nicht. Sie haben nicht die Möglichkeit, sich zu beratschlagen, sie müssen allein entscheiden und die Konsequenzen ihrer Entscheidungen auch alleine tragen. Der psychologische Druck der vollständigen Zuständigkeit einer Alleinerziehenden ist mit der Zuständigkeit einer Mutter mit Partner, selbst wenn er wenig involviert ist, nicht zu vergleichen.

Dann ist da noch der Berg an Mental Load. Könnte man den nicht unter der Woche vergleichen, wenn der Partner abwesend ist? Theoretisch, ja. Praktisch, nein. Denn der Unterschied ist, dass viele Alleinerziehende beim Thema Mental Load nur müde lächeln können. Weil diese wichtige Debatte überhaupt erst mal eine Partnerschaft voraussetzt. Die Autorin Jasmin Dickerson wurde kurz nach der Geburt ihrer Tochter mit Behinderung alleinerziehend. In einem Artikel beschreibt sie ihre ersten drei Mutterjahre: „Ich war alleine damit, mich den ganzen

Tag um ein Kind zu kümmern, und auch mit allen Sorgen um unsere Tochter. Mit der Diagnostik, der schließlichen Feststellung ihrer Genanomalie und ihrer damit verbundenen schweren Behinderung. Ich habe mich alleine um Umzug, Hilfsmittel, Pflegegrad, Arztbesuche, Kitasuche, Frühförderungen und Therapien gekümmert. Ich konnte beim Thema Mental Load nie mitreden, denn ich hatte nicht die Möglichkeit, mit einem Partner darüber zu streiten, ob wir beide in Teilzeit gehen, ob er sich nach der Arbeit um sein Kind kümmert oder warum er ihre Schuhgröße nicht weiß. [...] Stattdessen versank ich in Einsamkeit und Angst, in Anträgen, Ablehnungen, Widersprüchen, Gerichtsterminen und DNA-Tests." Und weiter: „Ich konnte mich abends nicht in die Arme meines Partners, der ebenso der Vater unserer Tochter war, flüchten, wenn alles zu viel wurde."[173]

Frauen in Partnerschaften können das. Ein-Eltern-Familien nicht. Klar, ich bekomme auch viele Nachrichten von Alleinerziehenden, die mir schreiben, dass sie auch froh waren, sich nach der Trennung nicht mehr um Zuständigkeiten streiten zu müssen, sich nicht über Paternal Underperforming aufzuregen oder auszufechten, wessen Job, Besprechung oder Termin wichtiger ist. Nur dürfen wir Außenstehende hier nicht dem Gedanken „Dann hat sie sich das freiwillig so ausgesucht" auf den Leim gehen. Diese Frauen haben sich vielleicht freiwillig und aktiv dafür entschieden, diese Kämpfe nicht mehr auszutragen, ja. Sie haben sich aber nicht – ich wiederhole: nicht – freiwillig dafür entschieden, die alleinige Verantwortung für das psychische wie physische Wohlergehen ihrer Kinder zu übernehmen. Eine Verantwortung, die weder nach 20 Uhr noch an jedem zweiten freien Wochenende aufhört.

Ach komm, Alex, könnte man jetzt meinen, *das ist jetzt auch arg streng, die Alleinerziehende weiß schon, wie ich es mei-*

ne, wenn ich uns mit dem Satz vergleiche, es ist doch nicht böse gemeint. Ich will hier aber streng werden. Weil der Satz „Unter der Woche bin ich quasi alleinerziehend" die Last, die Alleinerziehende tragen, verharmlost. Und wir wissen ja inzwischen, woher der Wind weht, sobald Care-Arbeit von Müttern verharmlost und unsichtbar gemacht wird, oder? Wenn Frauen in Paarbeziehungen mit diesem Satz den Ein-Eltern-Familien die Herabsetzung eins zu eins weitergeben, die sie selbst von der Gesellschaft erfahren, reproduzieren sie dieselben patriarchalen Muster. „Das bisschen Haushalt" einer Alleinerziehenden mit dem Haushalt einer Mutter in einer Partnerschaft gleichzusetzen, ist einfach falsch.

„Gerade für Alleinerziehende ist es wichtig, dass wir ein Mutterbild gestalten, das […] eine Gleichverteilung von Lasten und einen Ausgleich bei fehlender Unterstützung durch einen Partner in den Blick nimmt"[174], schreibt Pädagogin und Buchautorin Susanne Mierau. Heißt, dass die Politik Strukturen schaffen muss, für das Auffangen der Doppel-, Dreifach-, Vierfachbelastung, die Ein-Eltern-Familien stemmen. Statt dass wir die Care-Arbeit von Alleinerziehenden verschleiern, sollten wir für sie Strukturen verlangen, die ihnen Care-Arbeit abnehmen. Das kann in Form eines Care-Arbeitsgeldes oder eines Gutscheinsystems für Putz- und Haushaltshilfen geschehen, wie es bereits in Belgien der Fall ist. Immerhin soll die Bundesregierung genau solche Gutscheinsysteme für 2023 tatsächlich anpeilen[175]. Und wenn offenbar schon auf unsere Nachbarländer geschielt wird, lohnt sich auch ein Blick in die Niederlande, wo frischgebackene Mamas die erwähnte Säuglingsschwester („Kraamverzorgende") nach der Geburt nach Hause geschickt bekommen, die zwei Wochen lang einkauft, kocht und sich bis zu acht Stunden täglich um Geschwisterkinder kümmert[176].

Oder ein Blick nach Finnland, wo jede Familie zur Geburt ihres Kindes eine komplette Jahresausstattung fürs Baby (von Strampler, über Schlafsack, Winteranzug bis Kinderbettmatratze) vom Staat finanziert bekommt[177] und sich wenigstens die Sorge um die ständig zu klein werdenden Bodys und Hosen im ersten Babyjahr erübrigt.

Zumal wir – statt mit „Unter der Woche bin ich auch alleinerziehend" um uns zu schmeißen – zusätzlich reflektieren sollten, dass wir unter der Woche sehr wahrscheinlich Teilzeit arbeiten und unsere Kinder relativ entspannt am frühen Nachmittag abholen können. Alleinerziehende hingegen werden allein schon aus finanziellen Gründen meist nahezu Vollzeit arbeiten und ihre Kinder länger in die Betreuung geben müssen. Was kein Problem wäre, wenn wir hierzulande beim Kita- und Ganztagsschulausbau nicht mit Hunderttausenden fehlenden Plätzen hinterherhinken würden. Sodass Alleinerziehende *zusätzlich* zu ihrem Wahnsinn unter der Woche sich auch noch bei der sowieso schon völlig verzweifelten Kitasuche verausgaben müssen, weil für sie ja meist nur Kitas infrage kommen, die von früh bis spät aufhaben – und finde die mal! Auf dem Land! Mit freien Plätzen! Gibt es nicht? Tja, Pech für die Alleinerziehende. Gibt es doch? Ach, am anderen Ende der Stadt? Tja, dann muss die Alleinerziehende eben morgens und abends quer durch die Stadt hecheln, während die Mutter in Partnerschaft auf dem Spielplatz sitzt und anderen Müttern erzählt, wie sie unter der Woche quasi alleinerziehend ist!

Während ich mich schon wieder in Rage schreibe, über so viel Ignoranz bei so einem wichtigen Thema, verlangte die getrennt lebende Journalistin und Mutter Anne Dittmann bei einem Vortrag der KWB Stiftung Ende 2021, dass sobald Gesetze für Eltern neu aufgesetzt oder überarbeitet werden, die

Situation von Alleinerziehenden nicht irgendwo klein als Zusatzparagraf auftauchen muss, sondern als d i e Norm und Grundlage gewertet werden sollte, an der sich diese Gesetze und Regelungen für Familien in Zukunft orientieren sollten. Es heißt doch auch immer: „Geht es der Mutter gut, geht es den Kindern gut." Sollten wir in unserer Gesellschaft diesen Satz nicht weiterdenken und in folgender Ausführung zur Regel machen? „Geht es der alleinerziehenden Mutter gut, geht es allen Müttern gut." D a s wäre doch mal ein erstrebenswerter Paradigmenwechsel.

Kommen wir zum Bullshitsatz selbst zurück. Ich denke, wir haben es begriffen: Es liegen einfach Welten zwischen der Woche einer Alleinerziehenden und der Woche einer Mutter in einer einigermaßen gefestigten Partnerschaft. Die Gewissheit, dass da noch ein Verbündeter ist, macht ganz viel mit einem Menschen. Man kann ihn anschreien, sich bei ihm auskotzen oder gemeinsam planen, wie alles besser zu vereinbaren wäre – aber er ist eben für all diese Dinge da. Ob rund um die Uhr, nach 20 Uhr oder von mir aus auch nur am Wochenende. Der Vater, der unter der Woche abwesend ist, wird die Kinder ja dann am Wochenende auf dem Spielplatz bespaßen oder mit ihnen ins Schwimmbad gehen. Es ist absehbar, wann er das nächste Mal übernimmt. Eine Alleinerziehende hat diese Aussicht meist nicht.

Ich höre schon, wie sich hier Widerstand regt und eine Stimme leise flüstert: *„Ja, aber der Ex-Partner nimmt der Alleinerziehenden die Kinder doch auch mal ab. Und dann hat sie sogar jedes zweite Wochenende Freizeit."* Aha, kommen wir also nahtlos zu einem weiteren Bullshitsatz, den viele Alleinerziehende über sich ergehen lassen müssen.

„Wenigstens hast du als Alleinerziehende jedes zweite Wochenende frei."

Eine Alleinerziehende um ihre „Freizeit" beneiden? Ernsthaft? Wow. Doch ich habe auch Verständnis für das Gegenüber, besonders wenn es eine Frau in Partnerschaft ist, die diesen Satz äußert. Sagt dieser Satz doch viel mehr über sie aus, als sie wahrscheinlich denkt. Sagt er doch aus, dass die Allzuständigkeit, die von Müttern in Partnerschaften heute erwartet und verlangt wird, diese Mütter offenbar s o w e i t treibt, dass sie Ein-Eltern-Familien beneiden, weil sie sich auch endlich mal ein freies Wochenende wünschen. Wie groß muss die Belastung dieser Mütter sein, wenn sie sich diese „Freizeit" wünschen?

Trotzdem an dieser Stelle ein kritischer Perspektivwechsel: Denn das „freie Wochenende" fühlt sich für sehr viele Ein-Eltern-Familien gar nicht so frei an, wie es klingt. Fangen wir mal bei ganz grundlegenden Sorgen um die Kinder an, wenn sie beim Ex sind. Und damit meine ich nicht den Quatsch um Maternal Gatekeeping und die Sorge, ob der Wochenendvater das Kind gut genug mit Sonnencreme eincremt oder ihm auch nicht zu viele Süßigkeiten gibt. Nein. Hier ist etwas gänzlich anderes gemeint: nämlich die Tatsache, dass es genug Alleinerziehende gibt, die sich echte Sorgen um die Sicherheit ihrer Kinder machen, da sie sie selbst für ein Wochenende ungern zum anderen Elternteil schicken wollen, es aber gerichtlich müssen. Mütter, die sich von gewalttätigen Partnern und Vätern ihrer Kinder haben scheiden lassen, zum Beispiel. Oder Mütter, die sich von suchtkranken Partnern getrennt haben.

Dass Familiengerichte und Jugendämter in solchen Fällen oftmals Mütter diskriminieren, ist den meisten nicht bewusst, spiegelt sich aber in vielen Betroffenenberichten wider. So sammelt die gemeinnützige Organisation „Mütterinitiative für Alleinerziehende MiA“ seit einer langen Zeit bereits Berichte aus Gerichtsverhandlungen, mit teils abstrusen Begründungen, weshalb die Kinder wissentlich zu ihren gewalttätig gewordenen Vätern geschickt werden sollten.

An dieser Stelle möchte ich eine Triggerwarnung aussprechen, denn die hier gleich zitierten Passagen sind wirklich nur sehr schwer zu ertragen und könnten zu Retraumatisierungen führen.

So zitiert MiA zum Beispiel einen Jugendamtsmitarbeiter, der für das Umgangsrecht des Vaters ganz im Ernst mit den Worten wirbt: „Dass er das eine Kind geschlagen hat, heißt doch nicht, dass er das andere auch schlägt“[178]. Oder wie ein anderer Jugendamtsmitarbeiter für den Vater argumentiert und bei Sorgerechtsstreitigkeiten der Mutter erklärt: „Er hat schließlich Sie vergewaltigt und nicht das Kind.“[179] Oder als ein Gutachter wirklich den Satz äußerte – ich möchte schreien –: „Der Vater handelte zum Wohl und Schutz des ungeborenen Kindes, als er die Mutter rektal vergewaltigte.“ EINE VERGEWALTIGUNG DER MUTTER ZUM WOHL DES KINDES?! IN WAS FÜR EINER WELT LEBEN WIR EIGENTLICH???!!!

Was die wenigsten wissen: Bei Sorgerechtstreitigkeiten steht das Recht häufig auf der Seite des Vaters, selbst wenn dieser gewalttätig gewesen ist, das berichten Anwälte im Familienrecht immer wieder. Selbst wenn der Mann gewalttätig gegen die Ex-Partnerin oder auch die Kinder gewesen sei, würde abgewogen zwischen der Gefahr einer möglichen Retraumatisierung des Kindes und dem Risiko der Entfremdung, sagt die Familienanwältin Karola Rosenberg.[180] Also: Was wiegt mehr – Angst der Kinder vor dem Vater oder der Wunsch des Vaters, seine Kinder zu sehen?

Gleichzeitig müssen wir natürlich auch über die Tatsache reden, dass laut aktueller Kriminalstatistik der Bundesregierung 19,5 Prozent aller Gewaltopfer bei häuslicher Gewalt männlich sind[181]. Dass also auch Mütter zu Täterinnen werden. Das sind nicht wenige! Und natürlich müssen wir auch darüber reden, was das für die Kinder und die Umgangsrechte von Müttern in diesen Familienkonstellationen bedeutet. Gleichzeitig sagt diese Kriminalstatistik aber eben auch, dass 80,5 Prozent der Opfer von häuslicher Gewalt weiblich sind. Verbände fordern deswegen auch immer wieder, dass Gewaltschutz der Kinder im Sorgerechtsstreit *vor* dem Umgangsrecht der Eltern durchgesetzt werden muss. Das ist aber nicht immer der Fall, wie die Beispiele von MiA zeigen.

Was auch die wenigsten wissen: Seit 2017 lässt sich das sogenannte Wechselmodell, bei dem sich beide Elternteile gleich viel um die Kinder kümmern, auch *gegen* den Willen eines Elternteiles anordnen. Klar, natürlich soll das nicht passieren, wenn Gefahr sogenannter „Hochstrittigkeit" zwischen Vater und Kind oder Vater und Mutter herrscht. Nur beobachtet MiA, dass dieser Aspekt auch oft zugunsten des Vaters ausgelegt wird. Wenn jede vierte Frau in ihrem Leben schon mal häusliche Gewalt erfahren hat, in 80 Prozent der Fälle die Frau das Opfer ist und wir gleichzeitig Wechselmodelle haben, die auch *gegen den Willen* eines Elternteils erzwungen werden können, stellt sich die Frage, wer in solchen Fällen eigentlich potenziell gefährdet werden könnte und wer hier potenziell profitiert. Wie „gern" würde man in so einem Fall also seine Kinder zum anderen Elternteil schicken und sich ein „freies Wochenende" gönnen? Und wie bitter auch, dass hier das Wechselmodell, ein Werkzeug, das eigentlich gesamtgesellschaftlich für die Gleichberechtigung sorgen könnte, jetzt wieder – danke, patriarchale Strukturen – *gegen* Frauen und ihre Kinder eingesetzt wird?

Ich wiederhole mich an der Stelle: Natürlich sollen hier nicht alle Ex-Partner in einen Topf geworfen werden! Mir ist schon klar, dass Vätern Paternal Underperfoming vorzuwerfen eine völlig andere Hausnummer ist, als zu behaupten: Alle Ex-Partner sind schlagende Schweine. Weil das natürlich auch einfach *überhaupt* nicht stimmt! Und selbstverständlich ist das Prinzip, dass sich Väter auch nach der Trennung kümmern sollen und auch wollen, und Paare, die sich nach der Trennung freiwillig für das Wechselmodell entscheiden, absolut zu befürworten. Aber eben nur, wenn die Ex-Partner einigermaßen streitlos auseinandergehen, wenn sie bereit sind, immer wieder in Kontakt zu treten, Termine und Anschaffungen abzustimmen und natürlich, wenn keine psychische wie physische Gewalt von einem der beiden ausgeht. Und auch keine finanzielle Gewalt. Denn wenn das Wechselmodell bedeutet, dass der Unterhalt wegfällt, die Frau aber immer noch viel weniger verdient als der Mann, ist sie schon wieder die Leidtragende. Weil sie anteilig an ihrem geringen Einkommen viel mehr fürs Kind aufkommen muss als ihr Ex. Gleichzeitig fehlt ihr aber Unterhalt. Bevor wir also Zwangs-Wechselmodelle erschaffen, sollten wir den Gender-Pay-Gap abschaffen, weil die Kombination aus beidem leider wieder mal die Frau benachteiligt.

Kurzum: Nicht jede Alleinerziehende wird sich also jubelnd die sheet mask und den Riesling ins Eisfach legen, in Vorfreude auf ein freies Wochenende. Diese Mütter dürfen wir nicht vergessen, wir dürfen sie nicht unsichtbar machen – im Gegenteil – wir müssen sie als Opfer dieser sogenannten institutionellen Gewalt stets und immer in den Vordergrund rücken.

Kommen wir zum zweiten Pfeiler bei der Zerlegung des Bullshitsatzes: 88 Prozent aller getrennt lebenden Kinder leben immer noch mehrheitlich bei der Mutter – und sehen ihre Väter nur an besagten Wochenenden oder zusätzlich mal einen Tag unter der Woche. Leben also getrennt lebende Kinder zu knapp 90 Prozent bei der Mutter und sind es zu 90 Prozent die Mütter, die in dieser Zeit die komplette Care-Arbeit übernehmen, laufen doch auch in dieser „freien Zeit" die Care-Arbeit, der Mental Load und die Allzuständigkeit unbeirrt weiter. Die Anträge, Lehrermails, Adventskalenderbesorgungen, Therapieplatzgesuche, Sportkursanmeldungen, Laternenbastelanleitungen, Kitawartelisten – das Grundrauschen läuft doch auch am freien Wochenende weiter. Kann man die Allzuständigkeit überhaupt für 48 Stunden alle zwei Wochen komplett abschalten?

Der dritte Pfeiler zur Zerlegung ist, dass sehr viele Alleinerziehende aufgrund ihrer finanziellen Situation gezwungen sind, auch am „freien" Wochenende erwerbsarbeiten zu gehen. Klar, viele Mütter in Paarbeziehungen tragen einen großen Teil des Mental Load und der Zuständigkeit auf ihren Schultern. Ja, vielleicht auch fünf Tage und fünf Nächte die Woche alleine. Aber meist ist die Grundlage dafür der Deal, dass der andere Partner für die finanzielle Last, den sogenannten Financial Load, verantwortlich ist. Wenn nicht für das gesamte Einkommen, dann aber doch sicherlich für einen großen Teil. Eine

Alleinerziehende hat diese Gewissheit nicht. Stattdessen hat sie den ganzen Mental und z u s ä t z l i c h noch den gesamten Financial Load, und zwar am Wochenende, unter der Woche, an Neujahr, an ihrem Geburtstag und auch an ihrem kinderfreien Wochenende. Für ein Kind also, das nach der Redewendung ein Dorf braucht, um es großzuziehen, gibt es auch finanziell betrachtet in Ein-Eltern-Familien nur eine Mutter. Die als Frau auf dem Arbeitsmarkt sowieso benachteiligt ist, zusätzlich als Frau und Mutter, als Frau und Mutter und Alleinerziehende.

Und während viele von euch, so wie ich naiverweise früher auch, jetzt wahrscheinlich denken: *Ja, aber Moment mal, Alex, dafür gibt es ja den Unterhalt vom Ex-Partner.* Dem antworte ich: Ja, gibt es. Theoretisch. Aber lasst uns das doch gleich mal am folgenden Bullshitsatz anschauen.

„Aber Alleinerziehende kriegen doch Unterhalt."

Ein Paar trennt sich, in neun von zehn Fällen zieht der Mann aus, das Kind bleibt bei der Mutter, der Vater sieht das Kind meist am Wochenende oder einen Tag unter der Woche, zahlt dafür aber Unterhalt für das Kind, weil die Mutter natürlich Mehrkosten hat – und alle sind einigermaßen zufrieden. In einer perfekten Welt würde es so ablaufen. Die Realität, vor der die meisten die Augen verschließen, sieht aber folgendermaßen aus:

50 Prozent aller Alleinerziehenden bekommt gar keinen Unterhalt vom Vater, obwohl er ihnen zusteht. Und weitere 25 Prozent bekommt weniger, als sie eigentlich bekommen müssten.[182] Das sind schon mal Dreiviertel aller Alleinerziehenden und deren Kinder in diesem Land, denen Unterhalt zustünde. In den betroffenen Kreisen ist längst von Unterhaltprellen als Volkssport die Rede, dabei ist das eigentlich eine Straftat. Der Mindestunterhalt liegt übrigens bei 250 Euro im Monat. Bei einem Kind, das monatlich im Schnitt 763 Euro[183] kostet. Das nur so als „fröhlicher" Einstieg.

Ja komm, Alex, könnte man jetzt meinen. *Das wird halt einfach an den finanziellen Umständen der Väter liegen, kann sich ja auch nicht jeder Unterhalt leisten.* Ähm ja, es ist nur so: Wie Berechnungen zeigen, könnten – Achtung – 70 bis 80 Prozent dieser Väter eigentlich s e h r w o h l zahlen. Das hat das Ifo Zentrum für Makroökonomik und Befragungen München für das ARD-Magazin „PlusMinus" ausgerechnet. Dreiviertel aller Ex-Partner, die angeben, keinen Unterhalt zahlen zu können, könnten es eigentlich problemlos, haben aber keinen Bock!

Wie kommt diese bodenlose Frechheit zustande, fragt ihr euch? Weil es zu viele juristische Schlupflöcher für diese Väter gibt. So vermutet der Professor für Volkswirtschaftslehre und Leiter des Ifo München, Andreas Peichl, in dem Beitrag, dass sich viele dieser Väter auf dem Papier ärmer rechnen, als sie sind. Im Internet findet man problemlos Tipps, Fachanwälte würden offensiv damit werben, wie der Unterhalt gekürzt werden kann. Darin soll es etwa heißen: „Auch die Finanzierung eines neuen Autos kann meist abgezogen werden. Sie sparen nicht nur Unterhalt, Sie haben zudem auch einen neuen Wagen."

Wow.

Für diese Frauen und ihre Kinder springt dann finanziell der Staat ein und zahlt ihnen einen sogenannten Unterhaltsvorschuss, während die Jugendämter versuchen, sich das Geld von den säumigen Vätern zurückzuholen. Theoretisch. Doch sonderlich effektiv sind sie dabei nicht, wie es in dem Beitrag heißt: „Von 2,1 Milliarden Euro Unterhaltsvorschuss im Jahr 2018 hat sich der Staat gerade einmal 270 Millionen Euro zurückgeholt. Auf sage und schreibe 1,8 Mrd. Euro blieb er sitzen."

Ja, komm Alex, könnte man jetzt meinen, *aber was ist mit den besser verdienenden Frauen, die ihren schlechter verdienenden alleinerziehenden Ex-Partnern auch keinen Unterhalt zahlen?* Wir erinnern uns an der Stelle bitte einmal an den Whataboutism („Aber was ist mit …?") und wie diese Argumentation vom eigentlichen Thema ablenken und sie stattdessen im Keim ersticken will. Vor allem aber wollen wir nicht das Verhältnis aus den Augen verlieren: 88 Prozent aller Alleinerziehenden sind Mütter und nur zwölf Prozent Väter. Frauen verdienen im Schnitt immer noch grundsätzlich knapp 19 Prozent weniger als Männer. Während Mütter zusätzlich auf unzähligen Wegen beruflich und finanziell benachteiligt werden und Väter nicht. Sodass sich die Frage „Aber was ist mit den Einzelfällen von reichen Frauen, die ihre armen Ex-Partner, die auch noch alleinerziehend sind …" wirklich nicht stellt.

Und jetzt ratet mal, wie hoch eigentlich die Pauschale des Unterhaltsvorschusses ist, den Frauen bekommen? Für ein Kind zwischen 0 und 5 Jahren sind es 174 Euro pro Monat, für ein Kind bis 11 Jahre 232 Euro und für ein Kind bis 17 Jahre 307 Euro pro Monat.[184] Und ihr wisst ja bereits, dass ein Kind im Schnitt in Deutschland 763 Euro pro Monat kostet. Das sind natürlich lediglich die Ausgaben fürs Kind. Die Care-Arbeit der Mutter, mit ihren 17-Stunden-Schichten in 20 Berufen gleichzeitig wird mal wieder nicht berechnet. Und dafür gibt es dann maximal 307 Euro?! Das ist unserer Gesellschaft also das dauerhafte Kümmern um ein Kind pro Monat wert? Müssen wir uns überhaupt noch länger über den Bullshitsatz unterhalten, Alleinerziehende würden doch Unterhalt bekommen?

Allein deswegen dürfen wir als Mütter, die in einigermaßen gefestigten Partnerschaften leben, uns wirklich niemals mit Alleinerziehenden vergleichen. Denn der Status „allein" bringt meistens nie enden wollende finanzielle Sorgen mit sich, deren Ausmaß den allermeisten einfach nicht bewusst ist.

Aber warum ist das eigentlich so? Warum sind Alleinerziehende in Deutschland eigentlich so extrem armutsgefährdet? Warum werden sie hierzulande fast so hoch besteuert wie ein Single ohne Kind?[185] Warum wurden sie während der Pandemie finanziell so oft nicht mitbedacht? Als die Lohnfortzahlungen von 67 Prozent für alle zu Hause betreuenden Eltern kamen zum Beispiel – wie kann es sein, dass Alleinerziehende nicht mehr Geld erstattet bekommen haben –, einfach aus dem Grund, dass sie ALLEIN-erziehend sind? Als es von der Regierung dann irgendwann einen Kinderbonus von 300 Euro für Familien gab (eine vollkommen lächerliche Summe, aber anderes Thema), wurden die Alleinerziehenden wieder bestraft: Nicht nur, dass sie – gesunder Menschenverstand – auch hier hätten mehr bekommen müssen. Nein, sie bekamen einfach nur die Hälfte! Zahlte der Ex-Partner nämlich Unterhalt, stand ihm auch die Hälfte des Kinderbonus zu.[186] (Ist doch nur fair, könnte man jetzt meinen? Leider nein. Denn die Tatsache, dass – wir hatten es gerade – in neun von zehn Trennungen Kind und Kosten trotzdem bei der Mutter liegen, wurde dabei irgendwie vergessen.)

Fragt ihr euch auch, wie das eigentlich alles sein kann? Ich schätze, es liegt unter anderem daran, dass unser Bundestag auch im Jahr 2022 immer noch nur zu knapp einem Drittel von Frauen, aber zu zwei Dritteln von Männern besetzt ist; und dieses eine Drittel Frauen nicht nur aus Müttern, geschweige denn Alleinerziehenden (und noch viel weniger aus Müttern of Color oder Müttern mit Kindern mit Behinderungen oder anderen mehrfach diskriminierten Frauen) besteht. Und dass wir damit immer noch in einem Land leben, in dem Gesetze meist von Männern für Männer gemacht werden.

Und so scheint es, dass diese Gesetzesgeber den Status „alleinerziehend" auch als einen gänzlich temporären Status ansehen, ein Übergangsmodell, als eine Art Zwischenstation, die man als Frau unbedingt und ganz schnell zu passieren hat. Teresa Bücker äußerte neulich den Gedanken[187] dass die Politik Ein-Eltern-Familien gar nicht als eine eigenständige Familienform ansähe, weswegen es für sie offenbar auch keine finanziell nachhaltigen, unterstützenden Maßnahmen für diese Familienform gäbe.

Und während ich diese Zeilen schreibe, fällt es mir mal wieder wie Schuppen von den Augen: natürlich! Da ist sie wieder! Die vom Patriarchat geliebte Mär einer Frau, die nur dann glücklich wird, wenn sie einen Mann hat! Für sich und erst recht für das Kind! Wie sollte es auch anders sein? Natürlich sollte die Frau nach einer Trennung stets das Ziel vor Augen haben, auf schnellstem Wege und auf Teufel komm raus wieder in einer Partnerschaft zu landen. Natürlich müssen dementsprechend die gesellschaftlichen und finanziellen Auffangnetze für ebendiese Frauen auch nicht wirklich nachhaltig gestaltet sein, ist die Frau hier doch eh nur auf Durchreise auf ihrer Suche nach Mr Right.

So lässt sich die Frage, warum Alleinerziehende eigentlich vom System so im Stich gelassen werden, auch historisch wunderbar begründen: Weil das Patriarchat ein Zeichen setzen will. Ein Exempel statuieren. Ihr erinnert euch noch an den Exkurs, wann in der Geschichte der Menschheit das Patriarchat anfing, Frauen zu unterdrücken? Und dass die Erfindung des Geldes und die Feststellung, dass Erziehung und Pflege blöderweise nicht monetarisierbar sind, Mütter zum Schlusslicht der Gesellschaft machten?[188] Tja, ratet mal, wer damit gesellschaftlich gesehen in noch tieferer Dunkelheit versank? Richtig: Alleinerziehende! Denn sie haben es „gewagt", sich von einem Mann zu trennen. Sie haben es „gewagt", der Welt zu zeigen, dass sie auch ohne einen Mann zurechtkommen. Dass sie sich finanziell a l l e i n durchbringen können. Noch mehr: Dass sie es schaffen, sich und ein Kind a l l e i n durchzubringen – und zwar ohne dabei von einem männlichen Ernährer abhängig zu sein. Das kann ja kein Patriarchat, das bei Sinn und Verstand ist, wollen! Also hat es alles in seiner Macht Stehende getan, um auch und gerade Alleinerziehenden seit Jahrhunderten das

Leben richtig zur Hölle zu machen. So wurden Frauen mit unehelichen Kindern in der Vergangenheit gedemütigt, verstoßen, ihnen wurden die Haare abgeschnitten, eine andere Kleiderordnung aufgezwungen, sie wurden wahlweise ausgepeitscht, ihnen wurde das Kind weggenommen, oder sie wurden allein oder mit dem Kind im Mutterleib gesteinigt. Alles Spukgeschichten von früher? Leider nein. Bis 1938 noch durfte in Deutschland ledigen Schwangeren fristlos gekündigt werden, und bis 1961 hatten sie kein Sorgerecht für ihre eigenen Kinder. Das Jugendamt hatte den Vormund – kein Witz.[189]

Es wirkt alles wie eine Abstrafung von Alleinerziehenden, sagte mir in einem Interview die geschäftsführende Vorständin von der Stiftung Alltagsheld:nnen, Heidi Thiemann: „Nach dem Motto: selber schuld, wenn du dich trennst." Und heute? Bleibt die Peitsche zwar zu Hause, aber mit der Ungleichbehandlung geht es munter weiter. Es ist kein Wunder, dass heute 43 Prozent aller Alleinerziehenden akut armutsgefährdet sind, dass alleinerziehende Frauen 1873 Euro netto verdienen, alleinerziehende Väter aber 2461 Euro netto[190] und dass unser Steuersystem – Stand heute – Alleinerziehende fast genauso hoch besteuert wie Singles ohne Kind.

Kurzum: Da haben sich die patriarchalen Strukturen wieder richtig ins Zeug gelegt, um Ein-Eltern-Familien so gut es geht finanziell zu benachteiligen. Um allen, die überlegen, sich zu trennen, zu signalisieren: „Na, hast du dir das auch gut überlegt? Dich von ‚dem' Ernährer zu trennen? Bist du sicher? Das Steuersystem wird dich nämlich nicht auffangen. Die Jugendämter auch nicht unbedingt. In Frauenhäusern fehlen mittlerweile 14000 Plätze[191]. Die Gesetze werden dich auch nicht immer schützen. Und die Gerichte möglicherweise auch nicht. Und du bist selbst schuld an all dem, wenn du dich trennst."

„Das patriarchalische Paradigma, dass Frauen mit ihren Kindern nicht unabhängig von Männern gut leben können sollen, finden wir bis heute in der Diskriminierung von Alleinerziehenden", fasst es Heidi Thiemann zusammen[192]. Recht hat sie.

Also: Wollt ihr alle drei Alleinerziehenden-Bullshitsätze auf einmal zerlegen, kann ich euch zum Abschluss die folgenden Daten nahelegen: Eine Alleinerziehende wendet für ihr Kind satte 35 Prozent ihres Lohns auf. Bei einem Elternpaar sind es rund 20 Prozent. Und: Während 42,7 Prozent aller Ein-Eltern-Familien mit einem Kind von Armut betroffen sind (Tendenz steigend), sind es bei Paarfamilien gerade mal 8,8 Prozent (Tendenz fallend).[193] Während also die Gedanken der Alleinerziehenden tags und nachts und, ja, auch an jedem zweiten freien Wochenende um solche Ängste und Sorgen kreisen, haben mehr als 90 Prozent der Frauen in Paarfamilien diese Existenzängste nicht. Zum Glück! „Aber wenigstens hast du jedes zweite Wochenende frei?" „Unter der Woche bin ich quasi auch alleinerziehend?" „Aber Ein-Eltern-Familien kriegen doch Unterhalt?" Ihr wisst, was zu tun ist, wenn ihr solche Sätze hört.

„Wir sind doch alle längst gleichberechtigt!“

Lange habe ich überlegt, was ich in dieses letzte Kapitel eigentlich noch reinschreiben soll. Wie ich diesen allerletzten und gleichzeitig quasi allerersten Bullshitsatz zerlegen soll. Weil mit diesem Satz im Grunde alles anfängt. Weil dieser Bullshitsatz das Patriarchat in Person ist, bläut er uns doch ein, dass alles schon längst fair ist, das Patriarchat längst ausgestorben und alle anderen Bullshitsätze veraltet und überwunden.

Und dann hatte ich eine Idee: Wir alle haben doch diese Bücher auf unseren Nachttischen liegen, die wir unbedingt mal lesen wollten, die so wichtig sind, für unser eigenes Vorankommen, für das Wohlergehen unserer Kinder oder – ganz pathetisch – die Entwicklung der gesamten Gesellschaft. Nur schaffen wir es nicht, sie zu lesen, und schon gar nicht, die Gesellschaft damit zu verändern. Weil uns die Care-Arbeit vorher erschlagen hat, der Mental Load, die buchstäblich physikalisch unmöglich zu erfüllenden Rollenbilder und Erwartungen, die finanziellen Sorgen, der Gender-Pay-Gap, Eltern-Burnout und Homeschooling, die „Wer muss beim kranken Kind zu Hause bleiben“-Diskussionen mit dem Partner, den Großeltern und anderen Kitamüttern, die Adventskalender- und Osterbesorgungen der ökologisch wie pädagogisch wertvollen Geschenke, die gewaltvollen Ehemänner und gut gemeinten Ratschläge von Nicht-Betroffenen, die Jobsorgen und Bewerbungsunterlagen, die Regenbogentorten und selbst genähten

Strampler, die Bildungsarbeit, die Elternabendprotokolle, die Notbetreuungsanträge und jede einzelne Familienfeier mit Hans-Günther.

Und weil am Ende des Abends einfach keine Kraft mehr übrig ist, sich durch Hunderte Seiten in diesen Büchern durchzuarbeiten, erspare ich euch jetzt diese Arbeit. Denn ich liefere euch jetzt die Best-of-Munition aus allen Kapiteln für die Zerlegung dieses Bullshitsatzes, und damit eigentlich aller anderen Bullshitsätze gleich mit. Zum Auswendiglernen, zum Fußgängerzonen-damit-Beschallen und zum Auf-Menschen-Einprügeln – verbal, versteht sich. Wir sind also alle längst gleichberechtigt? Ich habe da mal was Kleines vorbereitet:

91 Prozent aller Bürgermeister*innen deutschlandweit sind männlich.

Während des Bundestagswahlkampfes 2021 bekam Kanzlerkandidatin Annalena Baerbock 71 Prozent aller Fake News ab, während ihre beiden männlichen Kontrahenten zusammen nur auf 29 Prozent kamen.

42 Prozent aller Väter gehen in Elternzeit. 98 Prozent aller Mütter gehen in Elternzeit.

95,4 Prozent dieser Mütter nehmen mehr als zehn Monate. 7,6 Prozent aller Väter nehmen mehr als zehn Monate.

Die obligatorischen zwei Monate nehmen 75,4 Prozent der Väter. Wie viele Mütter nehmen zwei Monate? 0,7 Prozent.

1992 lag der Anteil der Männer an der Care-Arbeit bei 31 Prozent.

im Jahr 2016 bei 37 Prozent. In einem Vierteljahrhundert ist das ein Anstieg von sechs Prozentpunkten. Das bedeutet, dass wir bei der Geschwindigkeit noch mal mehr als 50 Jahre warten müssen, bis wir bei einer 50/50-Aufteilung angekommen sind. Selbst diese sechs Prozentpunkte sind nur zustandegekommen, weil Frauen einfach mehr erwerbsarbeiten waren und dadurch zwangsläufig weniger Care-Arbeit machen konnten. Der Beitrag der Männer ist also eigentlich komplett gleich geblieben.

Bei einem heterosexuellen Paar, 34 Jahre alt, mit Kindern, carearbeitet ein Mann heute pro Tag 2 Stunden 31 Minuten, eine Frau 5 Stunden 18 Minuten. Das ist ein Care-Arbeits-Gap von 110,6 Prozent.

Frauen haben im Verlauf der Coronawellen immer mehr Kinderbetreuung übernommen, der Wert stieg kontinuierlich von 52 Prozent im April 2020 auf 69 Prozent im Juli 2021. Die Verantwortlichkeit der Väter sank im gleichen Zeitraum von sowieso schon niedrigen 12 Prozent auf schlappe 7.

Zwar geben im aktuellen Väterreport 25 Prozent aller Väter an, dass sie in ihren Beziehungen etwa die Hälfte der Kinderbetreuung übernehmen. Fragt man aber die Mütter, können das nur 10 Prozent von ihnen bestätigen.

Bis zu 86 Prozent aller Frauen fühlen sich für den Mental Load zu Hause verantwortlich. Gleichzeitig glauben 69 Prozent der Bevölkerung, dass Väter sich heute mehr an der Care- und Hausarbeit beteiligen als noch vor 10 bis 15 Jahren.

Es gibt das Wort „Rabenmutter", aber nicht „Rabenvater".

Der Ökonom Hans Rusinek geht davon aus, dass der Gender-Pay-Gap nicht bei den offiziellen 19 Prozent liegt, sondern dass durch all die Gelder, die Frauen durch die umsonst geleistete Care-Arbeit durch die Lappen gehen, die Lücke zwischen Männern und Frauen eigentlich bei rund 45 Prozent liegt.

Die Soziologin Gabriele Winker hat analysiert, dass wenn man all das Kochen, Putzen, Planen, Pflegen, Waschen, Denken, medizinische Versorgen, Reparieren, Kümmern, Trösten, Lernen usw. aufaddiert, die Menschen in Deutschland – meist Frauen – feststellen würden, dass sie an einem Tag mehr Stunden für unbezahlte Care-Arbeit aufbringen als – für ihre bezahlte Lohnarbeit. Nämlich 1,3-mal so viel.

58 Prozent aller Väter gehen gar nicht in Elternzeit. Nur 2 Prozent aller Mütter gehen nicht in Elternzeit.

Umfragen zeigen, dass Frauen eine schlechtere Meinung haben von „den Frauen" als Gruppe, Männer dagegen haben eine recht gute von „den Männern".

Von 241 empfohlenen Werken für die Gymnasialzeit im Fach Deutsch in Baden-Württemberg sind 22 von Frauen geschrieben, 219 von Männern. Das sind weniger als zehn Prozent.

Von den Professuren an deutschen Hochschulen sind 75 Prozent von Männern besetzt.

Unter den zehn größten überregionalen Zeitungs- und Nachrichtenredaktionen befinden sich in den Chefpositionen zu 75 Prozent Männer.

Mütter, die im Lebenslauf nur zwei Monate Elternzeit angaben, wurden eineinhalb mal seltener zu Bewerbungsgesprächen eingeladen als Mütter, die ein Jahr ausgesetzt hatten. Selbst wenn die Elternzeit schon mehrere Jahre zurücklag, wurden die Mütter für diese Entscheidung bei der Bewerbung trotzdem abgestraft. Bei Männern spielt die Länge der Elternzeit keine Rolle. Väter, die laut den fiktiven Lebensläufen ein Jahr lang Elternzeit genommen hatten, wurden fast genauso oft zu Vorstellungsgesprächen eingeladen wie Männer mit einer zweimonatigen Auszeit.

77 Prozent aller Menschen hierzulande finden, dass eine Mutter nachmittags Zeit haben sollte, um ihrem Kind beim Lernen zu helfen, und 88 Prozent glauben, dass das eine allgemein geltende Annahme ist.

Es gibt das Wort „bemuttern", aber nicht „bevatern".

Unter allen OECD-Ländern tragen die Frauen in Deutschland mit 22,4 Prozent am allerwenigsten zum Familieneinkommen bei und sind damit OECD-Schlusslicht.

Mehr als 60 Prozent aller Mütter hierzulande arbeiten in Teilzeit, bei den Vätern sind es weniger als 10 Prozent.

Mütter müssen rund ein Drittel mehr Bewerbungen schreiben, um zu einem Vorstellungsgespräch eingeladen zu werden, als Frauen ohne Kinder. Männer werden genauso oft zu Gesprächen eingeladen, völlig egal, ob sie Kinder haben oder nicht.

30 Prozent der Männer in Partnerschaften gaben an, bei der Hausarbeit absichtlich schlecht zu performen, um hinterher damit nicht noch mal belästigt zu werden.

Während der Corona-Pandemie hatten 63 Prozent aller selbstständigen Frauen Einkommensverluste, im Vergleich zu 47 Prozent der selbstständigen Männer. Selbstständige Frauen waren außerdem zu 56 Prozent von temporären Schließungen oder veränderten Öffnungszeiten ihrer Betriebe betroffen, bei männlich geführten Firmen traf das auf 35 Prozent der Selbstständigen zu.

Es gibt das Wort „verbrüdern", aber nicht „verschwestern".

Unter verheirateten Frauen im Alter zwischen 30 und 50 Jahren haben nur 6 Prozent ein eigenes Nettoeinkommen von mehr als 2000 Euro.

63 Prozent aller verheirateten Frauen zwischen 30 und 50 haben ein Einkommen von weniger als 1000 Euro netto.

19 Prozent aller verheirateten Frauen zwischen 30 und 50 haben gar kein eigenes Einkommen.

Jede vierte Frau hat in ihrem Leben schon häusliche Gewalt von ihrem Partner erfahren.

Bei *Kika*, *Super RTL*, *Nickelodeon* und *Disney Channel* sind 72 Prozent der dort auftretenden Protagonist*innen männlich. Tierfiguren in Cartoonproduktionen sind zu 87 Prozent männlich, und selbst Fantasiepflanzen hören zu 88 Prozent auf männliche Namen.

In den hundert erfolgreichsten Filmen von 2017 verfolgten nur 34 Prozent der Frauen Ziele bei der Arbeit, dafür aber fast doppelt so oft wie ihre Filmmänner Ziele im Privatleben.

Nur etwa zwölf Prozent aller Mütter, die nicht erwerbstätig sind, haben sich freiwillig dafür entschieden. Und: Nur 12 Prozent der Mütter, die Teilzeit arbeiten, gaben an, dass sie das freiwillig tun.

Berechnungen zeigen, dass 70 bis 80 Prozent der Väter, die angeben, kein Geld für Unterhalt zu haben, diesen sehr wohl aufbringen könnten, sich aber „arm" rechnen.

Alleinerziehende Frauen verdienen 1873 Euro netto, alleinerziehende Väter 2461 Euro netto. Gleichzeitig leben in neun von zehn Fällen die Kinder bei der Mutter.

Während 43 Prozent aller Ein-Eltern-Familien mit einem Kind von Armut betroffen sind, sind es bei Paarfamilien nur 8,8 Prozent. Gleichzeitig werden Alleinerziehende von unserem Steuersystem fast genauso hoch besteuert wie Singles ohne Kind.

Ein Elternpaar wendet für sein Kind rund 20 Prozent seines gemeinsamen Lohns auf. Bei einer Alleinerziehenden sind es 35 Prozent. Sie muss zudem Leistungen wie Kinderbetreuung bezahlen, die sonst durch einen Partner „umsonst" aufgefangen werden.

Eine Frau mit Kind wird in ihrem Leben 40 Prozent weniger verdienen als ein Mann. Eine Frau mit drei Kindern verliert sogar fast 70 Prozent ihres potenziellen Vermögens. Bei Männern wirken sich statistisch gesehen Kinder weder auf ihr Gehalt noch auf das Vermögen aus.

52 Prozent der Väter geben an, dass sie weniger arbeiten wollen, aber nur 6,9 Prozent tun das auch.

Frauen mit Kindern werden vom Arbeitsmarkt systematisch unterdrückt, diskriminiert, degradiert und schlechter bezahlt als Frauen ohne Kinder. Männer mit Kindern verdienen mehr als Männer ohne Kinder.

Eltern verbringen mehr Zeit damit, mit Jungs über Geldanlagen zu sprechen, als mit Mädchen. Söhne bekommen hierzulande elf Prozent mehr Taschengeld als Töchter.

Frauen verhandeln ihre Gehälter genauso oft wie Männer – nur blitzen sie öfter ab. Während 20 Prozent der Kollegen mit mehr Geld aus den Gesprächen gehen, sind es bei den Kolleginnen nur 13 Prozent.

Unter 6500 befragten Frauen zwischen 18 und 60 hält mehr als jede zweite eine Elternzeit von drei Jahren und zwei Monaten für Mütter als angemessen. Erst nach diesem Zeitpunkt sollte eine Mutter wieder arbeiten gehen dürfen, aber nicht Vollzeit, sondern nur rund 15 Stunden die Woche. Vollzeit sollte die Mutter erst anpeilen, wenn das Kind sieben Jahre alt sei. An Väter werden solche Ansprüche nicht gestellt.

55 Prozent der Väter geben an, dass sie die Hälfte der Kinderbetreuung übernehmen wollen, gleichzeitig hat sich der kon-

krete Stundenanteil der Männer an Care-Arbeit im letzten Vierteljahrhundert nicht verändert.

45 Prozent der Väter geben an, dass sie sich eine partnerschaftliche Aufteilung der Kinderbetreuung wünschen, nur 17 Prozent machen das auch so.

27 Prozent der Väter, die keine Elternzeit nehmen, geben als Grund an, dass sie einfach keine Elternzeit nehmen wollen.

Wenn Männer Teilzeit arbeiten, geben 28 Prozent als Grund an, „keine Vollzeiterwerbstätigkeit zu finden", weitere 27 Prozent geben „sonstige Gründe"" an. „Kinder" als Grund nennen lediglich 20 Prozent der Teilzeit arbeitenden Väter. Von teilzeitarbeitenden Müttern geben 75 Prozent Kinder als Grund an.

Bei mehr als 100 fiktiven Bewerbungen von Gleichqualifizierten auf Ausbildungsplätze schneiden Frauen um eine ganze Schulnote schlechter ab.

Bei fiktiven Lebensläufen werden Gehälter von gleichqualifizierten Männern und Frauen um die 30 als gleich angemessen angesehen. Sind diese Männer und Frauen allerdings um die 50, wird die Gehaltssumme beim Mann als angemessen, dieselbe Summe bei der Frau aber als überzogen erachtet.

Wenn Frauen durch das Homeoffice Zeit hinzugewinnen, nutzen sie sie für Care-Arbeit. Männer nutzen sie, um Überstunden zu sammeln.

58 Prozent der Teenagermädchen gehen heute davon aus, später für die Familie im Beruf deutlich kürzer zu treten, während es bei den Jungs 16 Prozent sind.

Damit endet das Best-of, wobei ich mich frage, ob man hier nicht eigentlich besser von einem Worst-of sprechen sollte. Fühlt ihr euch gut bewaffnet für die nächste Diskussion um „Gleichberechtigung"?

Ich weiß, „die" Männer kommen hier wirklich nicht besonders gut weg. Und es mag unfair klingen, dass „der" Mann immer wieder die Verantwortung für Missstände übernehmen soll. Es gibt allerdings ein sehr passendes russisches Sprichwort dafür: „Wenn du gern Schlitten fährst, musst du den Schlitten auch wieder den Berg hinaufziehen." Soll heißen – und ich spreche die Männer jetzt mal direkt an –, wenn ihr als gesellschaftliche Gruppe quasi seit mindestens 5000 Jahren Nutznießer eines Systems wart, das Frauen ausbeutet – und das wart ihr –, seid ihr nun einfach auch in der Pflicht, die Verantwortung zu übernehmen. Klar, ihr habt vielleicht nicht aktiv am Stuhl der schwangeren Kollegin gesägt, ABER ihr wurdet vielleicht auf ihre Stelle befördert, während sie in Elternzeit war; ihr habt theoretisch gemeinsam mit eurer Frau entschieden, dass sie zwölf Monate Elternzeit macht, ABER ihr habt eure Karrierechancen und eure finanziellen Mittel damit unmittelbar ausgebaut; auch die Prospekte und Social-Media-Accounts für die einkaufenden, kochenden, kranke Kinder pflegenden und Schultüten bastelnden Mütter habt ihr euch nicht alleine ausgedacht und das Internet damit zugepflastert, ABER ihr profitiert davon, dass sich eure Frauen diesem Bild fügen *müssen*, und zwar völlig egal, ob sie es wollen oder nicht; ihr habt vielleicht die Kollegin nicht als inkompetent bezeichnet,

ABER im Zweifelsfall bekommt ihr die Gehaltserhöhung, den Job oder die Beförderung, weil man euch nun mal unbewusst als kompetenter einschätzt, einfach, weil ihr Männer seid.

Am Ende ist es ziemlich simpel: Ihr durftet viele Jahre, Jahrzehnte und Jahrhunderte von diesem System profitieren, ihr durftet federleicht auf besagtem Schlitten den schneeweißen pudrigen Berg hinunterrauschen. Während die Frauen diesen Schlitten danach für euch den Berg hochziehen mussten, ohne jemals selbst rutschen zu dürfen oder dafür entlohnt zu werden. Und ihr profitiert noch heute. Auch, indem es wahrscheinlich eure Frau ist, die dieses Buch gerade in den Händen hält; indem es eure Frau ist, die sich mal wieder mit dieser Beziehungsarbeit beschäftigt; indem es eure Frau ist, die sich schon die Argumente zurechtlegt, und wie, wann und in welcher Situation sie euch in ein Gespräch über das eine oder andere Kapitel dieses Buches verwickeln kann, nach ihrer 17-Stunden-Schicht in 20 Berufen gleichzeitig. Genau aus diesem Grund seid ihr auch in der Bringschuld, endlich mal eure Hintern zu bewegen, auch mal andere auf dem Schlitten sitzen zu lassen und das verdammte Teil den verdammten Berg endlich mal selbst hochzuziehen.

Und an all die Männer, die sich schon so bemühen, die Männer, die schon in Elternzeit gehen und das sogar länger als die obligatorischen zwei Monate: Ihr wollt mit diesen nicht care-arbeitenden Männern nicht in einen Topf geschmissen werden? Verstehe ich. Aber dann lehnt euch doch bitte auch gegen diese Männer auf! Dann diskutiert doch mit d e n e n! Dann macht i h n e n Vorwürfe. Statt euch über die Frauen zu beschweren, dass sie ja nur noch über „die" Männer schimpfen würden. Statt euch mit eurem Nichtstun und eurem Stillsein mit diesen anderen, nicht care-arbeitenden Vätern zu solidarisieren.

Ich weiß, dass das alles wehtut. Es tut weh, all diese Gedanken an sich heranzulassen. „Veränderung entsteht durch Schmerz", sagte neulich Vereinbarkeitscoachin Hanna Drechsler. Es ist schmerzvoll – für Mann und Frau –, sich einzugestehen, dass man möglicherweise doch nicht so gleichberechtigt lebt, wie man stets von sich dachte. Es ist schmerzvoll, sich als Mann einzugestehen, dass man seine Frau vielleicht ausgenutzt hat. Es ist schmerzvoll, sich einzugestehen, dass man sich als Frau finanziell abhängig gemacht hat. Obwohl beide das so niemals vorhatten und sich das auch so nie für ihre Kinder wünschen würden. Aber es waren nie unsere individuellen Entscheidungen. Wir alle sind Opfer eines Systems, eines historisch gewachsenen und auf alle öffentlichen Bereiche Einfluss nehmenden, patriarchalen Systems. Bevor wir anfangen können, es aufzubrechen, müssen wir verstehen, dass es immer noch existiert – und deutlich lebendiger ist, als es behauptet. Ich glaube ganz fest daran, dass erst durch diese Erkenntnis Veränderung beginnen wird.

Und erst d a n n können wir die Fortschritte, die es natürlich auch gibt, so richtig feiern. Dass wir 1961 die erste Ministerin im Bundeskabinett hatten und heute erstmalig in der deutschen Geschichte das gesamte Kabinett paritätisch aufgestellt ist; dass die neue Regierung vorhat, das Antidiskriminierungsgesetz in Bezug auf mögliche Lücken bezüglich Eltern- und Mütterdiskriminierung im Job zu überarbeiten; dass es eine zweiwöchige Freistellung für Partner*innen nach der Geburt eines Babys geben wird – und kein Vater mehr aus dem Kreißsaal direkt ins Büro marschieren muss; dass Müttern nicht mehr am ersten Tag nach der Elternzeit einfach so gekündigt werden kann; dass der unsägliche Paragraf 218 zur Kriminalisierung von Schwangerschaftsabbrüchen kritisch überprüft und Paragraf 219a endlich komplett gestrichen wird; dass neu erlassene Gesetze in Zukunft immer einen Gleichstellungscheck durchlaufen müssen; dass eine Kindergrundsicherung kommen wird und Alleinerziehende steuerlich stärker entlastet werden sollen. Das alles und noch viel mehr wird kommen. Es sind Teile einer riesigen, gigantischen Bewegung. Und sie wird unaufhaltsam sein. Allen noch bestehenden Widerständen zum Trotz. Weil es gar nicht anders geht. Weil a l l e Geschlechter davon profitieren werden. Weil feministische Stimmen immer wütender, lauter und unüberhörbarer sein werden. Weil sie Paritäten fordern und Paritäten durchsetzen werden. Vielleicht sogar schneller als erst in den 120 Jahren, die uns die Forschung für dieses Ziel prophezeit.

Es ist genauso, wie die legendäre Ruth Bader Ginsburg einmal sagte: „Nur weil wir einer Gruppe angehören, die historisch gesehen immer diskriminiert wurde, soll uns das nicht davon abhalten, unser Talent voll auszuschöpfen, das zu tun, was wir wirklich wollen."[194]

Also: „Wir sind doch alle längst gleich berechtigt?" Dieser Satz ist heute immer noch Wunschdenken. Lasst uns gemeinsam dafür sorgen, dass er endlich Wirklichkeit wird.

Danke

Ich wäre nicht ich, und mein Buch wäre nicht mein Buch, wenn ich nicht an erster Stelle einer der wichtigsten Personen in meinem Leben danken würde: mir selbst. Ich kann immer noch nicht glauben, dass ich tatsächlich ein Buch geschrieben habe, dass ich es tatsächlich b e e n d e t habe, mitten in einer Pandemie, neben einer Vollzeitstelle, mit zwei kleinen Kindern, die um mich herumhüpften und teilweise von zu Hause beschult und bespaßt werden wollten. Und auch wenn ich dabei stets eine Wagenladung Privilegien dabeihatte, bin ich mir und meinem Hirn einfach unfassbar dankbar, dass wir das gemeinsam gewuppt haben.

Ihr kennt doch diese Preisverleihungen, auf denen immer schon große Männer auf großen Bühnen standen und erklärten, dass sie das alles niemals erreicht hätten, ohne ihre Frau, die ihnen den berühmten Rücken freihielt? Der Mann und ich witzelten seit Jahren schon, dass – sollte ich jemals ein Buch schreiben – dies meine Worte an ihn sein würden. Also, liebster Philipp: Ohne dich wäre dieses Buch nicht möglich gewesen, ohne die ganzen Abendschichten, Nachmittagsschichten und Wochenendschichten, die ich am Laptop verbracht habe, in denen du dich, mal frei-, mal widerwillig, um Kids und Care-Arbeit gekümmert hast. Danke, dass du diesen Weg mit mir gegangen bist. Ohne dich wäre es nicht möglich gewesen. Danke, dass du mir den Rücken freigehalten hast. Danke auch, dass du nur selten die Augen verdreht hast, wenn ich unsere Filmabende crashte, weil da mal wieder patriarchaler Schwachsinn reproduziert wurde und ich mich lautstark darüber aufregte. Danke, dass du – auch wenn du es nicht gern hörst – für mich der größte widerwillige Feminist bist, den ich je kennenlernen durfte. Danke.

Ich danke meinen Kindern, die mit ihrer schieren Existenz und meinem Wunsch, dass sie es später besser haben sollten, zum Motor für dieses Buch wurden. Und ich danke Ihnen für ihr Verständnis (mal mehr, mal weniger), wenn sie sich im letzten Jahr öfter ein „Nein, ich kann nicht, ich muss am Buch schreiben" anhören mussten.

Ich danke meinen Eltern, die mir von klein auf vorgelebt haben, wie es ist, wenn sich beide Eltern kümmern. Denke ich an meine Kindheit zurück, sehe ich Bilder einer Mama, die in ihrem Job aufging, aber auch mit uns knetete und kochte, und Bilder eines Papas, der seine Arbeit liebte und uns auch Kartoffelpuffer machte und die Böden schrubbte.

Ich danke meiner starken weiblichen Verwandtschaft, bestehend aus vielen Tanten, Großtanten und Omas, die mir meine ganze Kindheit lang mit zig Anekdoten vermittelte: Alex, verlass dich nur auf dich, und sei gut zu dir selbst.

Ich danke meinen Freundinnen, die nicht fragen, warum ich immer so laut und fordernd sein muss, sondern feiern, dass ich es bin. Meistens jedenfalls.

Ich danke meiner Lektorin, die mich vor eineinhalb Jahren fragte, ob ich meine Wut über die Ungerechtigkeiten Frauen gegenüber nicht mal in ein Buch gießen möchte. Ihre Ideen, Hinweise und vor allem Ermutigungen waren von unschätzbarem Wert.

Und ich danke den unzähligen lauten und leisen, großen und kleinen, so klugen aktivistischen Frauenstimmen aus diesem Internet, die mir mit ihren Gedanken, Nachrichten, Meinungen, Analysen, Zahlen, Fakten, Links, Sharepics, Infografiken, Zitaten und Büchern unzählige Male die Augen geöffnet haben. Mit vielen von ihnen bin ich heute nicht nur aktivistisch, sondern auch beruflich und freundschaftlich verbunden. Wie viel ich von euch allen gelernt habe, wie viele verschiedene Perspektiven und Ansichten ihr mir aufgezeigt habt und wie viel ich immer noch tagtäglich von euch lerne, ist unbezahlbar.

Ohne euch alle wäre dieses Buch nicht möglich gewesen. Von Herzen danke.

Verweise

1 https://editionf.com/weibliche-wut-interview-ciani-sophia-hoeder-buch/

2 https://www.ifd-allensbach.de/fileadmin/studien/Monitor_Familienleben_2012.pdf. S. 33.

3 https://www.focus.de/politik/deutschland/nach-kritik-an-baerbock-heute-haben-es-frauen-in-der-politik-nicht-mehr-schwerer-sagt-schaeuble_id_13484868.html

4 https://www.presseportal.de/pm/116841/4721795

5 https://www.zeit.de/digital/internet/2021-09/fake-news-bundestagswahl-annalena-baerbock-gruene-desinformation

6 https://www.destatis.de/DE/Themen/Gesellschaft-Umwelt/Soziales/Elterngeld/Publikationen/Downloads-Elterngeld/elterngeld-geburten-j-5229201189004.pdf?__blob=publicationFile. S. 27.

7 https://www.destatis.de/DE/Themen/Gesellschaft-Umwelt/Soziales/Elterngeld/Publikationen/Downloads-Elterngeld/elterngeld-geburten-j-5229201189004.pdf?__blob=publicationFile. S. 14.

8 Jutta Allmendinger, (2021): Es geht nur gemeinsam. Wie wir endlich Geschlechtergerechtigkeit erreichen. Ullstein. S. 46f.

9 Ebd. S. 23.

10 https://www.bmfsfj.de/bmfsfj/themen/gleichstellung/gender-care-gap/indikator-fuer-die-gleichstellung/gender-care-gap-ein-indikator-fuer-die-gleichstellung-137294

11 https://www.bmfsfj.de/blob/jump/186176/vaeterreport-update-2021-data.pdf. S. 9.

12 https://www.br.de/kultur/mit-mental-load-besser-umgehen-100.html?fbclid=IwAR3OOeqaSQRAzXP4EC7C2laSYOHetP4zlKu0jmfEfQfBbtG1bumn0u5nXFM

13 https://www.businesswire.com/news/home/20171220005984/en/New-Research-Shows-the-%E2%80%9CMental-Load%E2%80%9D-is-Real-and-Significantly-Impacts-Working-Mothers-Both-at-Home-and-Work

14 https://www.ifd-allensbach.de/fileadmin/studien/Monitor_Familienleben_2012.pdf. S. 33.

15 https://www.eigeneszimmermag.de/post/wo-ist-das-tv-event-%C3%BCber-pflegende-angeh%C3%B6rige

16 Almut Peukert / Projekt „Flipped Gender", gefördert durch die Fakultät der Wirtschafts- und Sozialwissenschaften der Universität Hamburg: Videoprojekt: „Wie arbeiten und leben wir? Und was hat das mit dem Geschlecht zu tun?", unter https://www.youtube.com/watch?v=wncuKIXIe6U

17 Kerstin Lücker, Ute Daenschel (2017/2020): Weltgeschichte für junge Leserinnen. Kein & Aber. S. 371–388.
Kerstin Lücker, Ute Daenschel (2017/2020): Weltgeschichte für junge Leserinnen. Kein & Aber. S. 374–376.

18 Almut Peukert / Projekt „Flipped Gender", gefördert durch die Fakultät der Wirtschafts- und Sozialwissenschaften der Universität Hamburg: Videoprojekt: „Wie arbeiten und leben wir? Und was hat das mit dem Geschlecht zu tun?", unter https://www.youtube.com/watch?v=wncuKIXIe6U
Ebd.

19 Kerstin Lücker, Ute Daenschel (2017/2020): Weltgeschichte für junge Leserinnen. Kein & Aber. S. 427.

20 https://www.derstandard.at/story/2000072780950/charles-darwin-und-die-unterlegenheit-der-frau

21 https://www.globalcitizen.org/de/content/feminismus-und-sprache-gunda-windmueller/

22 https://www.tagesspiegel.de/kultur/jean-jacques-rousseau-querkopf-der-aufklaerung/6788314.html

23 Kerstin Lücker, Ute Daenschel (2017/2020): Weltgeschichte für junge Leserinnen. Kein & Aber. S. 428.

24 https://www.bpb.de/apuz/care-arbeit-2020/317855/wirtschaft-neu-ausrichten-wege-in-eine-care-zentrierte-oekonomie#fr-footnode6

25 https://www.tagesanzeiger.ch/es-geht-nicht-nur-ums-kloputzen-oder-mittagessenkochen-789377052545

26 https://www.deutschlandfunkkultur.de/gabriele-winker-solidarische-care-oekonomie-mein-ziel-ist-100.html

27 https://www.oxfam.de/ueber-uns/aktuelles/oxfams-studie-sozialer-ungleichheit-12-milliarden-stunden-arbeit-ohne-bezahlt

28 https://www.bpb.de/apuz/care-arbeit-2020/317855/wirtschaft-neu-ausrichten-wege-in-eine-care-zentrierte-oekonomie

29 https://www.zeit.de/arbeit/2020-02/gabriele-winker-care-arbeit-gender-pay-gap

30 https://www.deutschlandfunkkultur.de/wirtschaftslehre-care-

arbeit-darf-nicht-laenger-ignoriert.1005.de.html?dram:article_id=497828

31 https://taz.de/Unbezahlte-Arbeit-in-Deutschland/!5297798/

32 https://www.deutschlandfunkkultur.de/wirtschaftslehre-care-arbeit-darf-nicht-laenger-ignoriert.1005.de.html?dram:article_id=497828

33 https://whocares.oxfam.de/deutschland-b/

34 https://mobile.twitter.com/teresabuecker/status/1403271420994633733

35 https://www.vogue.de/kultur/artikel/emilia-roig-interview-gesellschaftliche-norm-das-ende-der-unterdrueckung

36 https://sz-magazin.sueddeutsche.de/literatur/frauen-literatur-schullektuere-88783?reduced=true

37 Virginia Woolf (2020): Ein Zimmer für sich allein. Neuübersetzung. Anaconda Verlag. S. 103 ff.

38 http://www.bildungsplaene-bw.de/,Lde/LS/BP2016BW/ALLG/GYM/G

39 http://www.bildungsplaene-bw.de/,Lde/LS/BP2016BW/ALLG/GYM/G/IK/7-8/05

40 https://www.deutschlandfunkkultur.de/wirtschaftslehre-care-arbeit-darf-nicht-laenger-ignoriert-100.html

41 https://de.statista.com/statistik/daten/studie/160365/umfrage/professoren-und-professorinnen-an-deutschen-hochschulen/

42 https://www.pro-quote.de/wp-content/uploads/2019/11/ProQuote-Studie_print_online_digital-2019.pdf, S. 25.

43 https://sz-magazin.sueddeutsche.de/freie-radikale/mental-load-teilen-teresa-buecker-89594

44 https://www.destatis.de/DE/Themen/Gesellschaft-Umwelt/Soziales/Elterngeld/Publikationen/Downloads-Elterngeld/elterngeld-geburten-j-5229201189004.pdf?__blob=publicationFile. S. 14.

45 Susanne Mierau (2019): Mutter. Sein. Von der Last eines Ideals und dem Glück des eigenen Weges. Beltz. S. 23.

46 https://www.spiegel.de/karriere/oecd-studie-frauen-in-deutschland-arbeiten-weniger-als-in-anderen-laendern-a-1135137.html

47 https://www.welt.de/politik/deutschland/article181518544/Ifo-Studie-Deutsche-Jugendliche-haben-ein-konservatives-Frauenbild.html

48 https://www.sueddeutsche.de/politik/spaetfolgen-des-zweiten-weltkriegs-die-kinder-der-traumatisierten-1.2632536

49 https://www.sueddeutsche.de/panorama/frauen-corona-burn-out-muettergenesungswerk-1.5487452?reduced=true

50 https://www.oecd-ilibrary.org/deliver/1a23bb23-en.pdf?itemId=%2Fcontent%2Fpublication%2F1a23bb23-en&mimeType=pdf. S. 11.

51 https://www.focus.de/familie/eltern/familie-heute/gastbeitrag-von-karella-easwaran-groesserer-fokus-auf-die-familien-denn-wir-koennen-uns-einen-kollektiven-burnout-nicht-leisten_id_12385592.html

52 Patricia Cammarata (2020): Raus aus der Mental Load-Falle Beltz.

53 Sabine Maus (2021): „Nö, Schatz. Jetzt nicht." Aus: Eltern 1/21. S. 49.

54 Kerstin Lücker, Ute Daenschel (2017/2020): Weltgeschichte für junge Leserinnen. Kein & Aber. S. 428.

55 https://editionf.com/warum-eltern-und-alleinerziehende-mehr-urlaub-brauchen/

56 https://www.bmfsfj.de/bmfsfj/themen/gleichstellung/frauen-vor-gewalt-schuetzen/haeusliche-gewalt/haeusliche-gewalt-80642

57 https://www.destatis.de/DE/Themen/Arbeit/Arbeitsmarkt/Qualitaet-Arbeit/Dimension-3/eltern-teilzeitarbeit.html

58 Abigail Tucker (2021): Was es bedeutet, eine Mutter zu werden. Ullstein extra. S. 345.

59 https://www.tagesspiegel.de/berlin/familienpflege-in-berlin-ohne-helga-wuerde-hier-gar-nichts-mehr-gehen/23640418.html

60 https://www.tagesspiegel.de/berlin/berliner-krisenszenario-bei-corona-infektion-was-wenn-beide-eltern-gleichzeitig-krank-werden/26573116.html

61 Little Years: https://www.instagram.com/p/COvfGHGBKVM/

62 https://www.demografie-portal.de/SharedDocs/Informieren/DE/ZahlenFakten/Erwerbstaetigenquote_Kindesalter.html;jsessionid=08693E3251F2180F4881F7878C510E4E.1_cid380

63 https://www.welt.de/icon/partnerschaft/article233149667/Spiegel-Cover-ueber-dominante-Muetter-Reisst-Euch-mal-zusammen-Vaeter.html

64 Gemma Hartley (2019): Es reicht. Goldmann. S. 97.

65 https://www.telegraph.co.uk/men/the-filter/11215506/Men-deliberately-do-housework-badly-to-avoid-doing-it-in-future.html

66 Der goldene Zaunpfahl: https://www.instagram.com/p/CWYJRG8KFiX/

67 Der goldene Zaunpfahl: https://www.instagram.com/p/CP-lotmKwgI/

68 Arthur Kirchhoff (Hrsg.) (1898): Die Akademische Frau. Gutachten hervorragender Universitätsprofessoren, Frauenlehrer und Schrift-

steller über die Befähigung der Frau zum wissenschaftlichen Studium und Berufe. S. 257 f. Aus: Susanne Mierau (2019): Mutter. Sein. Von der Last eines Ideals und dem Glück des eigenen Weges. Beltz. S. 40.

69 https://www.businesswire.com/news/home/20171220005984/en/New-Research-Shows-the-%E2%80%9CMental-Load%E2%80%9D-is-Real-and-Significantly-Impacts-Working-Mothers-Both-at-Home-and-Work

70 Ebd.

71 https://sz-magazin.sueddeutsche.de/freie-radikale/mental-load-teilen-teresa-buecker-89594

72 Jutta Allmendinger (2021): Es geht nur gemeinsam! Wie wir endlich Geschlechtergerechtigkeit erreichen. Ullstein. S. 59 ff.

73 Jutta Allmendinger (2021): Es geht nur gemeinsam! Wie wir endlich Geschlechtergerechtigkeit erreichen. Ullstein. S. 75 ff.

74 https://www.dji.de/fileadmin/user_upload/bibs2020/Ergebnisbericht_Kindsein_Corona_2020.pdf. S. 40.

75 https://www.zeit.de/2020/25/franziska-giffey-corona-krise-familienministerin-kritik

76 https://www.faz.net/aktuell/karriere-hochschule/buero-co/giffey-homeoffice-und-homeschooling-geht-nicht-zusammen-17132705.html

77 https://www.rbb24.de/politik/thema/2020/coronavirus/beitraege_neu/2020/05/brandenburg-wirtschaftsminister-steinbach-kritik-twitter.html

78 Jutta Allmendinger (2021): Es geht nur gemeinsam! Wie wir endlich Geschlechtergerechtigkeit erreichen. Ullstein. S. 86 f.

79 https://www.dji.de/fileadmin/user_upload/bibs2020/Ergebnisbericht_Kindsein_Corona_2020.pdf. S. 38.

80 https://www.stern.de/wirtschaft/faktencheck--hat-die-corona-pandemie-frauen-am-arbeitsmarkt-haerter-getroffen--30782236.html

81 Jutta Allmendinger (2021): Es geht nur gemeinsam! Wie wir endlich Geschlechtergerechtigkeit erreichen. Ullstein. S. 86 f.

82 https://www.oecd-ilibrary.org/deliver/1a23bb23-en.pdf?itemId=%2Fcontent%2Fpublication%2F1a23bb23-en&mimeType=pdf. S. 11.

83 https://www.augsburger-allgemeine.de/themenwelten/leben-freizeit/OECD-Studie-Familie-So-haeufig-arbeiten-Muetter-in-Deutschland-id40607891.html

84 Ebd.

85 https://www.oecd-ilibrary.org/deliver/1a23bb23-en.pdf?itemId=%2Fcontent%2Fpublication%2F1a23bb23-en&mimeType=pdf. S. 11.
86 https://www.econstor.eu/bitstream/10419/222881/1/1726011917.pdf. S. 1.
87 Ebd.
88 Jutta Allmendinger (2021): Es geht nur gemeinsam! Wie wir endlich Geschlechtergerechtigkeit erreichen. Ullstein. S. 70.
89 https://twitter.com/WSIInstitut/status/1422466720749531165
90 https://www.derstandard.de/story/2000099331985/flexibles-arbeiten-verfestigt-die-rollenverteilung
91 https://www.diw.de/de/diw_01.c.823640.de/publikationen/wochenberichte/2021_34_1/kita-_und_schulschliessungen_haben_bei_westdeutschen_vaetern_einstellung_zur_erwerbstaetigkeit_von_muettern_veraendert.html
92 https://www.boeckler.de/pdf/pm_wsi_2021_08_03.pdf. S. 4.
93 https://www.bmfsfj.de/bmfsfj/themen/gleichstellung/frauen-vor-gewalt-schuetzen/haeusliche-gewalt/haeusliche-gewalt-80642
94 https://www.bmfsfj.de/bmfsfj/themen/familie/chancen-und-teilhabe-fuer-familien/alleinerziehende
95 https://www.bka.de/SharedDocs/Downloads/DE/Publikationen/JahresberichteUndLagebilder/Partnerschaftsgewalt/Partnerschaftsgewalt_2020.pdf
96 https://www.bmfsfj.de/blob/jump/93968/gewalt-paarbeziehung-langfassung-data.pdf
97 https://www.bmfsfj.de/blob/jump/93968/gewalt-paarbeziehung-langfassung-data.pdf. S. 60.
98 https://www.bmfsfj.de/blob/83858/928434dae7d841aadc5d2b0ef137573b/20160307-studie-mitten-im-leben-data.pdf?fbclid=IwAR1gt6YnFoZMu3SyAZTCwwPNDMuUj4Leb1Wdb6U06JObnQ7npNstk67Dk_M&mc_cid=fa78678aa9&mc_eid=44da3f7e3f. S. 9.
99 https://www.bpb.de/nachschlagen/zahlen-und-fakten/soziale-situation-in-deutschland/61603/erwerbstaetigkeit-nach-zahl-der-kinder
100 https://www.bmfsfj.de/blob/jump/93968/gewalt-paarbeziehung-langfassung-data.pdf. S. 65.
101 https://www.bmfsfj.de/bmfsfj/aktuelles/presse/pressemitteilungen/vaeterreport-2021-wunsch-und-wirklichkeit-der-partnerschaftlichen-vereinbarkeit-von-familie-und-beruf--186270

102 https://www.sueddeutsche.de/politik/emanzipation-aufstieg-und-niedergang-des-patriarchats-1.2971721

103 Meike Stoverock (2021): Female Choice. Vom Anfang und Ende der männlichen Zivilisation. Tropen. S. 126.

104 Rona Duwe (2021): Mutterwut Muttermut. Fundamente und Anstoß für die Revolte der Mütter. Books on Demand. S. 71.

105 Meike Stoverock (2021): Female Choice. Vom Anfang und Ende der männlichen Zivilisation. Tropen. S. 128.

106 Abigail Tucker (2021): Was es bedeutet, eine Mutter zu werden. Ullstein Extra. S. 36. Auch: Susanne Mierau (2019): Mutter. Sein. Beltz. S. 32.

107 Meike Stoverock (2021): Female Choice. Vom Anfang und Ende der männlichen Zivilisation. Tropen. S. 141 ff.

108 Ebd.

109 Meike Stoverock (2021): Female Choice. Vom Anfang und Ende der männlichen Zivilisation. Tropen. S. 145.

110 Evke Rulffes (2021): Die Erfindung der Hausfrau. HarperCollins Deutschland. S. 21.

111 María Guadarrama: https://www.instagram.com/p/CUtLNvjtZeL/

112 https://www.spiegel.de/kultur/kino/bechdel-test-fuer-kinofilme-frauenfilme-bringen-mehr-geld-ein-a-962473.html

113 https://bechdeltest.com/index.pl/statistics/

114 Carolin Kebekus, Mariella Tripke (2021): Es kann nur eine geben. Kiepenheuer & Witsch. S. 44 ff.

115 https://www.derstandard.de/story/2000068999135/kinderfernsehen deutsche-expertin-vermisst-vielfalt-fuer-maedchen

116 Franziska Schutzbach (2021): Die Erschöpfung der Frauen. Wider die weibliche Verfügbarkeit. Droemer. S. 98–101.

117 Ebd.

118 Ebd.

119 Ebd.

120 Katapult-Magazin: https://www.instagram.com/p/CTPj5rfKg-q/

121 https://www.stern.de/politik/quotenfrauen/palina-rojinski---es-war-wichtig-zu-lernen--selbst-die-verantwortung-zu-ueber nehmen--9504228.html

122 https://www.faz.net/aktuell/finanzen/meine-finanzen/ueber-geld-spricht-man-nicht-tabuthema-unter-deutschen-13738804.html

123 Ebd.

124 https://www.sciencedaily.com/releases/2014/04/140429092549.htm

125 https://www.sueddeutsche.de/leben/soziales-stuttgart-umfrage-

maedchen-bekommen-weniger-taschengeld-als-jungen-dpa.urn-newsml-dpa-com-20090101-210712-99-352577

126 https://www.spiegel.de/start/verschwiegenheitsklausel-zum-gehalt-im-arbeitsvertrag-ist-das-erlaubt-a-9794fe75-f7ba-48bf-91fe-c80df4fc5160

127 https://www.sueddeutsche.de/karriere/gleichberechtigung-im-job-sechs-huerden-die-es-frauen-im-beruf-schwer-machen-1.2961470-0#seite-2

128 Franziska Schutzbach (2021): Die Erschöpfung der Frauen. Wider die weibliche Verfügbarkeit. Droemer. S. 214.

129 Franziska Schutzbach (2021): Die Erschöpfung der Frauen. Wider die weibliche Verfügbarkeit. Droemer. S. 215.

130 Franziska Schutzbach (2021): Die Erschöpfung der Frauen. Wider die weibliche Verfügbarkeit. Droemer. S.216.

131 https://www.hermoney.de/ihr-wissen/vorsorgen/altersvorsorge/ein-mann-ist-keine-altersvorsorge/

132 https://warwick.ac.uk/fac/soc/economics/research/working papers/2016/twerp_1127_oswald.pdf

133 https://www.econstor.eu/bitstream/10419/183109/1/1032551453 .pdf

134 https://bibliothek.wzb.eu/pdf/2017/ii17-201.pdf, https://www.wiwo.de/erfolg/jobsuche/studie-personaler-bewerten-frauen-im-schnitt-eine-note-schlechter/23910292.html

135 Franziska Schutzbach (2021): Die Erschöpfung der Frauen. Wider die weibliche Verfügbarkeit. Droemer. S. 72.

136 https://www.welt.de/kultur/article114898017/Lean-in-Der-weibliche-Wille-zur-Macht.html

137 https://www.equalpayday.de/fileadmin/public/dokumente/EPD_Journale/EPD_Journal_2020.pdf

138 Lena Hipp (2019): Do hiring practises penalize women and benefit men for having children? Experimental Evidence from Germany. In: European Sociological Review. S. 1–15.

139 https://www.sueddeutsche.de/wirtschaft/job-bewerbung-diskriminierung-1.5390253

140 https://www.vogue.de/lifestyle/artikel/dr-natasha-a-kelly-im-interview-ueber-black-studies-die-rueckschrittlichkeit-deutscher-universitaeten-und-ihren-erfolg

141 Gail Hackett, Nancy E. Betz (1981): A self-efficacy approach to the career develeopment of women. In: Journal of Vocational Behavior. Volume 18, Issue 3. S. 326–339.

142 https://www.theatlantic.com/magazine/archive/2014/05/the-confidence-gap/359815/

143 http://doku.iab.de/kurzber/2017/kb1017.pdf

144 https://www.spiegel.de/karriere/elternzeit-muetter-die-nur-kurz-elternzeit-nehmen-haben-nachteile-im-job-a-1224733.html

145 https://www.destatis.de/DE/Themen/Gesellschaft-Umwelt/Soziales/Elterngeld/Publikationen/Downloads-Elterngeld/elterngeld-geburten-j-5229201189004.pdf?__blob=publicationFile. S. 14.

146 Jutta Allmendinger (2021): Es geht nur gemeinsam! Wie wir endlich Geschlechtergerechtigkeit erreichen. Ullstein. S. 80.

147 https://projekte.sueddeutsche.de/artikel/wirtschaft/wie-sich-die-arbeitswelt-in-50-jahren-radikal-aenderte-e505362/?reduced=true

148 https://www.bertelsmann-stiftung.de/de/unsere-projekte/beschaeftigung-im-wandel/projektnachrichten/kurzexpertise-frauen-auf-dem-deutschen-arbeitsmarkt, https://www.zeit.de/gesellschaft/familie/2020-06/bertelsmann-studie-frauen-gehalt-muetter-lebenserwerbseinkommen-karriere

149 https://taz.de/Stereotype-Frauentypen-im-Hollywoodfilm/!5493292/

150 https://www.sueddeutsche.de/wirtschaft/muetter-erwerbstaetigkeit-teilzeit-1.5378774

151 Jutta Allmendinger (2021): Es geht nur gemeinsam! Wie wir endlich Geschlechtergerechtigkeit erreichen. Ullstein. S. 72.

152 https://www.swisslife.de/ueber-swiss-life/presse/pressemitteilungen/newsfeed/2021/08-18.html

153 https://www.wiwo.de/erfolg/beruf/lohnunterschiede-zwischen-mann-und-frau-ab-30-ist-schluss-mit-gleichberechtigung/27742386.html

154 https://www.iwkoeln.de/presse/iw-nachrichten/default-db56b8982e.html

155 Ebd.

156 https://www.spiegel.de/wirtschaft/soziales/rwi-studie-abschaffung-des-ehegattensplittings-koennte-hunderttausende-fuer-job-motivieren-a-ee79a7bf-c34f-4b62-a524-c28ef5de2523?utm_source=pocket-newtab-global-de-DE

157 https://www.bmfsfj.de/blob/jump/186176/vaeterreport-update-2021-data.pdf. S. 15.

158 https://www.bmfsfj.de/blob/jump/186176/vaeterreport-update-2021-data.pdf. S. 10.

159 https://www.tagesschau.de/ausland/mutterschutz-elternzeit-eu-101.html

160 https://www.businessinsider.de/karriere/arbeitsleben/schweden-erziehungstrend-unter-jungen-eltern-2018-4/

161 https://www.tagesschau.de/ausland/mutterschutz-elternzeit-eu-101.html

162 https://twitter.com/teresabuecker/status/1291641539123449858?ref_src=twsrc%5Etfw%7Ctwcamp%5Etweetembed%7Ctwterm%5E1291641539123449858%7Ctwgr%5E%7Ctwcon%5Es1_&ref_url=https%3A%2F%2Fwww.egofm.de%2Fblog%2Farbeit%2Faltersarmut-bei-frauen

163 Radfemblack: https://www.instagram.com/p/CKKSFfuLP0j/

164 https://www.bmfsfj.de/blob/jump/186176/vaeterreport-update-2021-data.pdf. S. 16.

165 Helena Hunt (Hrsg.) (2020): Ruth Bader Ginsburg: 300 Statements der berühmten Supreme-Court-Richterin. btb Verlag. S. 81.

166 https://www.bmfsfj.de/bmfsfj/aktuelles/presse/pressemitteilungen/vaeterreport-2021-wunsch-und-wirklichkeit-der-partnerschaftlichen-vereinbarkeit-von-familie-und-beruf--186270

167 https://www.bmfsfj.de/blob/jump/186176/vaeterreport-update-2021-data.pdf. S. 11.

168 Fluter Magazin: https://www.instagram.com/p/CIdsh4gntQ8/

169 Ulrich Beck (1986): Risikogesellschaft. Auf dem Weg in eine andere Moderne. Suhrkamp. S. 169.

170 i.do.hamburg: https://www.instagram.com/p/CRTMa4gsyNX/

171 https://www.spiegel.de/gesundheit/psychologie/familie-warum-muetter-immer-alles-im-kopf-haben-muessen-a-1296211.html

172 Patricia Cammarata (2020): Raus aus der Mental Load-Falle. Beltz. S. 48.

173 https://www.solomuetter.de/2021/08/23/alleinerziehend-mit-partner/

174 Susanne Mierau (2019) : Mutter. Sein. Von der Last eines Ideals und dem Glück des eigenen Weges. Beltz. S. 117–118.

175 https://www.tagesschau.de/inalnd/innenpolitik/haushaltshilfe-heil-familien-101.html

176 Abigail Tucker (2021): Was es bedeutet, eine Mutter zu werden. Ullstein extra. S. 345.

177 https://www.brigitte.de/familie/haben-wollen/hei-baby---ein-paket-fuer-jede-finnische-mutter--das-wollen-wir-auch--10195350.html

178 https://twitter.com/diemias_/status/1330847988449763330

179 Ebd.

180 https://www.freitag.de/autoren/der-freitag/wohl-der-kinder-schutz-der-mutter
181 https://www.bka.de/SharedDocs/Downloads/DE/Publikationen/JahresberichteUndLagebilder/Partnerschaftsgewalt/Partnerschaftsgewalt_2020.pdf?__blob=publicationFile&v=2 S. 3.
182 https://www.sueddeutsche.de/leben/familien-studie-der-bertelsmann-stiftung-alleinerziehende-haben-besonders-hohes-armutsrisiko-1.3065335?reduced=true
183 https://www.destatis.de/DE/Presse/Pressemitteilungen/Zahl-der-Woche/2021/PD21_26_p002.html;jsessionid=F4911CE6948042CBA6CDF1B38305FDB0.live721
184 https://www.solomuetter.de/zahlen-fakten/
185 Alexandra Zykunov (2021): Wir brauchen eine Kindergrundsicherung. In: Brigitte 19/21. S. 20.
186 Ebd.
187 One Mom Show: https://www.instagram.com/stories/highlights/17934320020773644/
188 Meike Stoverock (2021): Female Choice. Vom Anfang und Ende der männlichen Zivilisation. Tropen. S. 145.
189 One Mom Show: https://www.instagram.com/p/CU1n7NWMjCE/
190 https://www.bertelsmann-stiftung.de/fileadmin/files/Projekte/Familie_und_Bildung/Factsheet_WB_Alleinerziehende_in_Deutschland_2021.pdf. S. 5.
191 „One Mom Show“: https://www.instagram.com/p/CWsB2oQMwaw/
192 Stiftung Alltagsheld:innen: https://www.instagram.com/p/CV5pd_Tscua/
193 https://www.bertelsmann-stiftung.de/fileadmin/files/Projekte/Familie_und_Bildung/Factsheet_WB_Alleinerziehende_in_Deutschland_2021.pdf S. 6.
194 https://www.woman.at/a/ruth-bader-ginsburg-zitate